U0727484

中国城乡家庭财富
与收入研究

武鑫　胡琼　单敬群 ◎ 著

中国财经出版传媒集团

经济科学出版社

Economic Science Press

图书在版编目（CIP）数据

中国城乡家庭财富与收入研究/武鑫，胡琼，单敬
群著 . —北京：经济科学出版社，2020. 1
ISBN 978 - 7 - 5218 - 1304 - 3

Ⅰ . ①中… 　Ⅱ . ①武…②胡…③单… 　Ⅲ . ①家庭收
入 - 研究 - 中国 　Ⅳ . ①F063. 4

中国版本图书馆 CIP 数据核字（2020）第 072762 号

责任编辑：孙丽丽　胡蔚婷
责任校对：蒋子明
责任印制：李　鹏　范　艳

中国城乡家庭财富与收入研究

武　鑫　胡　琼　单敬群　著

经济科学出版社出版、发行　新华书店经销

社址：北京市海淀区阜成路甲 28 号　邮编：100142

总编部电话：010 - 88191217　发行部电话：010 - 88191522

网址：www. esp. com. cn

电子邮件：esp@ esp. com. cn

天猫网店：经济科学出版社旗舰店

网址：http://jjkxcbs. tmall. com

北京季蜂印刷有限公司印装

710 × 1000　16 开　16. 25 印张　230000 字

2020 年 6 月第 1 版　2020 年 6 月第 1 次印刷

ISBN 978 - 7 - 5218 - 1304 - 3　定价：65. 00 元

（图书出现印装问题，本社负责调换。电话：010 - 88191510）

（版权所有　侵权必究　打击盗版　举报热线：010 - 88191661

QQ：2242791300　营销中心电话：010 - 88191537

电子邮箱：dbts@ esp. com. cn）

目　录

第1章

绪 论

1.1 研究背景及意义

1.1.1 研究背景

过去30年，中国居民家庭的资产积累经历了存款时代和房产时代，当前居民家庭资产中金融资产的份额正迅速增加，未来我们或许将步入崭新的金融时代。21世纪以来，中国经济和金融市场的发展情况已经表现出了金融崛起的势头，图1-1呈现了我国近十年的经济总量和居民资产积累的大致情况，具体可以概括为以下三点：其一，国内经济稳中有进，金融行业迅速发展。以国内生产总值（以下简称GDP）衡量的经济总量在1991～2014年一直保持7%以上的增长速度，2017年仍然保持6.8%的水平，且总量已突破80万亿元；从折线图可以看出金融业国内生产总值在逐年递增，其绝对值从2010年的2568.04亿元上升到2017年的6547.89亿元，增加了近四千亿元左右。其二，居民人均可支配收入稳步增长，民间资本富足。在八年的时间内居民人均可支配收入从12520元一直提高到25973.79元，翻了两倍，充足的社会资本推动了居民投资需求的增加。根据中信银行私人银行与胡润研究院联合发布的《全球视野下的责任与传承——2017 中国高净值人群财富管理需求白皮书》，截至 2017 年 1 月 1 日，大中华区千万资产的"高净值家庭"数量达到 186 万，拥有亿万资产的"超高净值家庭"数量达到 12.1 万；拥有 3000 万美金的"国际超高净值家庭"数量达到 7.9 万①。其三，居民金融资产总量迅猛增加，远超 GDP。居民金融资产总量在 2011 年以后迅速增加，已经远远超过相应年份的 GDP，根据当年统计人口计算，人均金融资产积累量也要远高于人均可支配收入水平。招商银行和贝恩公司联合发布的《2017 中国私人财富报告》中指出：2016 年，中国个人持有的可投资资产总体规模达到 165 万亿元，其中，其他境内投资增速达 35%，领先所有资产类别，私募证券基金、券商资管产品和互联网金融等新兴投资产品贡献较大②。从 1978 年改革开放以来，随着我国经济体制改革的不断深入，经济结构的优化升级，金融资产、耐用消费品以及自有房产等财富资本开始在居民的总财产中占有重要的比重。总的来看，1978 年，我国家庭金融资产总量仅为 380.2 亿元；1990 年为 10507.75 亿元；2014 年，达到了 951631.34 亿元③。《安联2017 全球财富报告》指出，中国家庭 2016 年的财富涨幅为 17.9%，成为继阿根廷之后金融资产增长速度最快的国家，中国家庭资产逐步从存款转向理财产品和证券④。从 2010 到 2016 年，金融资产总量占全部总资产的比重依次为 4.13%、4.68%、6.27%、8.91%、10.48%、12.69% 和13.28%⑤。同时，根据《中国家庭财富调查报告（2017）》显示，在全国家庭的人均财富中，房产净值占比为 65.99%，2016 年全国居民的房产净值增长幅度达 17.95%，房产净值的增长额占家庭人均财富增长额的

---

① 《2017 中国私人财富报告》，2018 年 2 月 27 日，搜狐新闻 http：//www.sohu.com/a/224267227_100014622

② 招商银行与贝恩公司联合发布《2017 中国私人财富报告》，2017 年 6 月 20 日，招商银行 http：//www.cmbchina.com/cmbinfo/news/newsinfo.aspx？guid = c494eb40 - 1c03 - 4397 - 866d - c4c35a9aca02

③ 该结论参考的文章为马燕舞：《中国家庭金融资产分析》，载于《金融市场》2016 年第 3 期。

④ 安联 2017 全球财富报告：《中国人均财富排名升至全球第 27 位》，2017 年 9 月 29 日，第一资讯 http：//wemedia.ifeng.com/31509965/wemedia.shtml

⑤ 资料来源：国家统计局。

68.24%，城镇居民和农村居民房产净值的增长额分别占到了家庭人均财富增长额的 75.62% 和 41.48%。此外，以汽车和家用电器为主的耐用消费品在城镇居民的总资产中也占有重要的地位[①]。

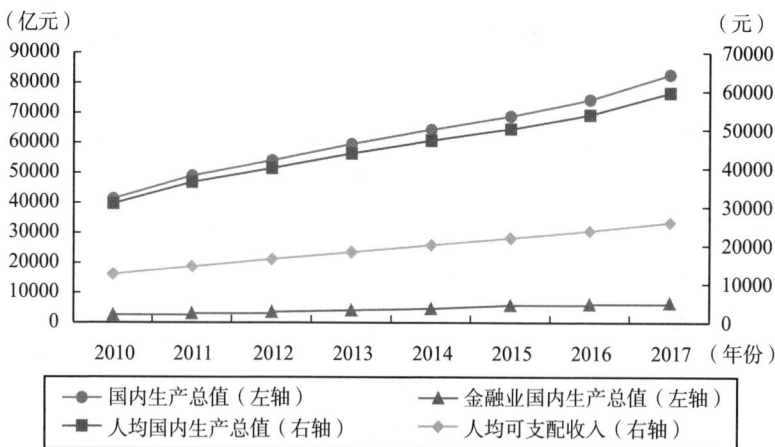

图 1-1 经济发展和居民资产状况

资料来源：国家统计局。

在经济发展和资本积累的过程中，也存在着一些问题。首先，家庭资产不平等程度很高。《中国民生发展报告 2015》显示，中国目前的收入和财产不平等状况日趋严重。顶端 1% 的家庭占有全国约 1/3 的财产，底端 25% 的家庭拥有的财产总量仅在 1% 左右。其次，居民收入增长伴随着收入差距不断拉大。如图 1-2 所示，我国居民的基尼系数从 1997 年的 0.37 逐渐升高至 2003 年的 0.48，此后，在 2003~2016 年间，基本维持在 0.46 左右的水平；值得注意的是，2002~2016 年间，我国居民的基尼系数始终高于 0.4 的国际警戒线，这充分地说明了我国长期以来都存在着严重的收入分配不均的问题。再如图 1-3 所示，我国城镇与农村的人均可支配收入在 2013~2017 年整体表现为上升趋势，但很明显地看出城镇高等收入上升

---

① 《中国家庭财富调查报告（2017）发布——房产净值成家庭财富最重要组成部分》，2017 年 5 月 24 日，中国经济网，http://finance.sina.com.cn/roll/2017-05-24/doc-ifyfkkme0300917.shtml

趋势最为明显，而农村低等收入近 5 年来却几乎没发生变化。再次，居民金融资产增值保值难度加大。这主要表现为两方面：一是居民家庭金融资产配置不够合理。2016 年，中国家庭金融调查与研究中心和小牛资本开展的"中国家庭金融资产配置风险研究"报告显示，中国家庭资产配置主要以房产为主，金融资产为辅，其中房产配置占比超过六成，金融资产占比仅为一成左右。具体地，房产配置占比由 2013 年的 62.3% 上升到 68.8%，而 2013 年房产占美国家庭资产的比例只有 36%①。二是通货膨胀压力。2015 年 2 月居民消费价格指数同比上涨 2%，食品类和衣着类居民消费价格指数分别上涨 3.7% 和 2.9%，而 8 月 26 日金融机构一年期存款基准利率下调 0.25 个百分点至 1.75%，低于 CPI 增速，这对以现金和存款为主的居民金融资产保值和增值是一个挑战。最后，我国的金融发展环境尚且不完善，尤其是农村地区。农村正规信贷呈现增长疲软的现象，对"三农"发展的资金支持力度有待进一步加强。

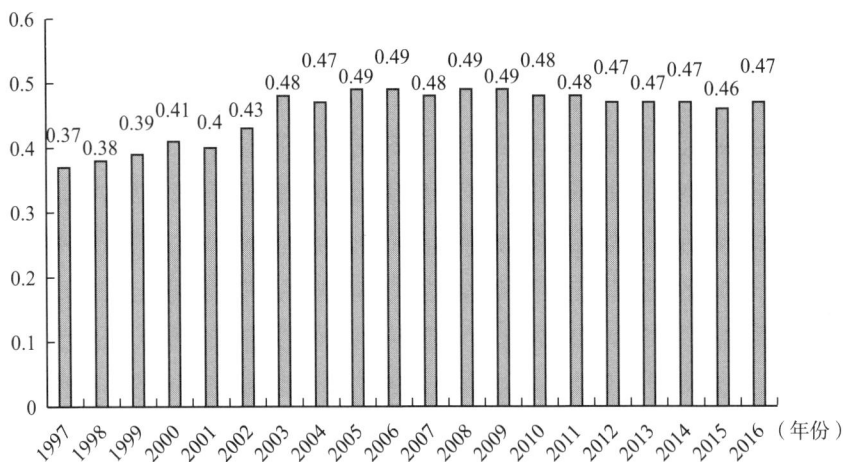

图 1 - 2　1997～2016 年我国居民的基尼系数

资料来源：国家统计局。

---

① 《中国家庭资产配置金融资产仅占一成》，2016 年 11 月 8 日，宁夏日报 http：//finance. china. com. cn/roll/20161108/3976302. shtml

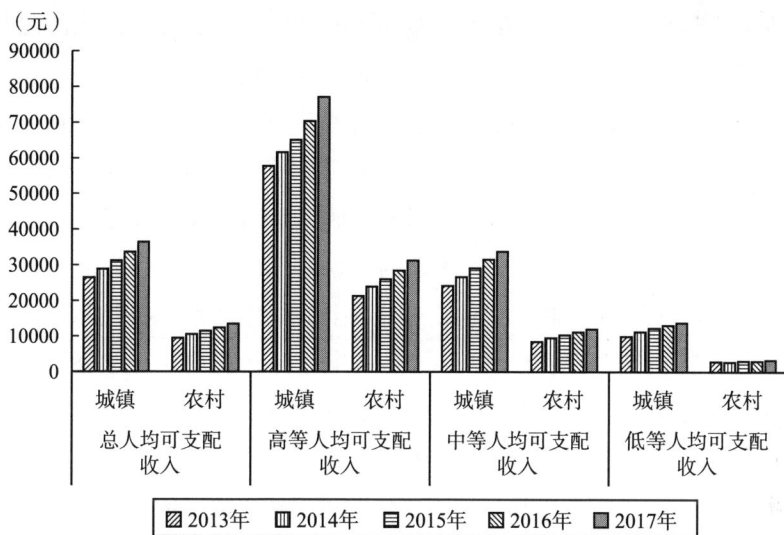

图 1 – 3　2013 ~ 2017 年我国人均可支配收入情况

资料来源：国家统计局。

那么，在财产性收入差距持续扩大，金融资产在家庭总资产中的份额迅速上升的背景下，作为财产性收入主要来源的家庭金融资产是否也表现出极大的不平等？如果是，导致这种不平等形成的作用机制又是什么？它是否会在长期内存在？在财富资本的视角下，我国城镇居民近年来代际收入流动性的变化趋势是怎样的？不同群体之间的代际收入流动性有何差异？子代收入不同分位点的代际收入流动性的差异及变化趋势是怎样的？我国城镇和农村居民代际收入流动性的影响机制是怎样的？本文将从异质性和代际传递两个角度分别对我国家庭金融资产和收入不平等情况及其在长期内形成和变化的作用机制进行分析，并从中获取有利于改善家庭资产不平等和收入差距的政策启示。

1.1.2　研究意义

首先从理论上讲，现有关于家庭金融资产的研究多是以家庭整体为对象分析某个时间点上的居民家庭金融资产的持有特征、金融市场的参与行为及其影响因素。这类分析只能使用短期内观察到的宏观经济环境和个体特征来解释家庭金融资产选择行为差异这种现象，不能够深刻阐释导致这种行为结果的长期过程，也不能够预测家庭金融资产不平等在未来的变化趋势。家庭金融资产的积累不是短期内形成的，而是基于家庭成员在很长一段时间内的消费、储蓄和投资决策的结果。因此，要理清家庭金融资产选择行为背后的逻辑不能只考察某一时点上的代内因素，将代际传递因素考虑进分析框架中就显得十分必要了。本书在分析代内居民家庭金融资产持有特征和变动情况时分别考察了城乡家庭和不同分位阶层家庭的金融资产结构和社会流动性，这是对代内居民金融资产选择行为理论的补充。同时，本书在 Bewley 模型中加入了包含代际传递特征的家庭资产和人力资本因素，这对解释家庭金融资产不平等的长期形成过程和 Bewley 模型在家庭金融资产领域中的应用具有理论意义。在代际收入不平等的研究中，目前主要集中在代际收入流动性的测度及其传递机制两个方面。代际收入流动性的测度充分利用了微观数据样本量充足的优势，估计误差也相对较小。而代际收入的传递机制是相对其测度更有意义的研究方向，其中最为广泛研究的传递机制是人力资本。此外，随着金融市场的发展，目前国外已有文献讨论了信贷约束对代际收入传递的重要性，但相应的实证研究较少。已有的实证研究也仅是证明了信贷约束对代际收入流动性具有抑制作用，并未进一步研究导致这一抑制作用发生的机制。基于此，本书将更深入地探讨信贷约束对代际收入流动性的影响，以期从信贷约束角度找出改善代际收入流动性的关键所在。

从实际意义上讲，伴随着居民家庭金融资产的迅速增加，财产性收入已经成为居民家庭收入的新增长点，但家庭金融资产分布不均衡和财产性收入差距急速扩大的问题不容忽视。继党的十七大倡导的"创造条件让更多群体拥有财产性收入"以及十八届三中全会强调的"多渠道增加居民财产性收入"之后，十九大又进一步提出坚持在经济增长的同时实现居民收入同步增长、在劳动生产率提高的同时实现劳动报酬同步提高。在农村发展方面,国务院印发的《"十三五"脱贫攻坚规划》也明确指出"全面建成小康社会最艰巨的任务是脱贫攻坚,最突出的短板在于农村贫困人口",十九大报告又再次强调实施乡村振兴战略。家庭资产是居民获得财产性收入的基础和来源,财产性收入差距的扩大源于家庭资产分布不均衡,随着金融资产在家庭总资产中份额的增加,有必要对我国当前居民家庭金融资产总量和结构分布的不平等情况和长期内的变化机制进行分析。本书研究不同类别城乡居民家庭金融资产代内不平等和代际传递因素在家庭金融资产积累过程中的作用机制,有助于理解不同资产水平的家庭在长期内积累金融资产的行为逻辑,这对改善居民家庭金融资产配置、缩小财产性收入差距、提高全社会家庭的总资产水平和配合相关政策的施行具有现实意义。

1.2 研究内容与框架

本书是在我国经济稳定增长、金融市场快速发展、社会资本富足和居民家庭金融资产总量大幅增加的背景下,基于居民贫富差距悬殊、家庭金融资产持有不平等和结构失衡的特征事实,对中国居民家庭金融资产持有的代内差异以及代际传递在居民金融资产不平等形成和变化中的作用机制进行分析。具体思路是根据微观数据统计结果分析在某一时点上的城乡家庭和不同分位阶层家庭的金融资产持有特征(不平等和社会流动性情况),来了解当下我国居民家庭选择和持有金融资产的行为特征;同时,借助Bewley 模型和世代交叠模型研究家庭积累金融资产的动机及代际传递在家庭金融资产不平等的形成和变化中扮演的重要角色;最后,根据理论与实证分析的结果,从代内行为和代际传递的角度对增加居民家庭金融资产总量、改善家庭金融资产结构、提高家庭持有金融资产的社会流动性、降低家庭金融资产不平等程度等方面提出了意见与建议。

1.3 各章内容简述

本书的大致框架如下：

第 1 章是绪论。首先介绍了本书的研究背景与研究意义，其次是本书的研究思路、研究方法和框架，最后是本书的创新点。

第 2 章是文献综述。本章从家庭财富代内和代际不平等两个方面入手，关于代内不平等的文献，将从家庭金融资产不平等的早期理论成果、数据库的建立、基于微观数据的经验分析和 Bewley 模型在家庭金融资产不平等中的应用四个方面进行论述。首先在理论研究成果部分以完全市场和同质经济人经典假设的变化为主线，介绍了与家庭金融资产相关的传统经济模型；其次，讨论了学术界对家庭金融资产的测算和微观数据库的建立，这是检验理论经济模型和实证分析工作的基础；然后分类论述了已有的实证分析成果；再次，介绍 Bewley 模型的优势及其在家庭金融资产不平等问题研究中的应用；最后总结了已有研究成果的不足之处及本书拟使用的方法。关于代际不平等的文献，本书先描述了代际不平等的定义以及测算方法，又具体阐述了代际收入流动性的国际比较、我国现状及主要的影响因素，最后是财富资本对代际收入流动性的分解。

第 3 章是理论模型。本章先讨论了无限期界的 Bewley 模型和世代交叠的 Bewley 模型。前一种模型构建了本书探究金融资产不平等问题的基本框架，突出了不完全市场假设下，预防性储蓄动机和个体异质性在解释居民家庭金融资产配置代内差异中的重要性。后一种模型引入了代际传递因素，强调了货币资本的直接传递和人力资本的间接传递对家庭金融资产不平等在长期内形成和变化的作用机制。接着本书基于世代交叠模型构建的基本框架，对比无信贷约束的情况，考虑信贷约束存在及加深时家庭人力资本投资决策的变化，以及家庭遗产及长期财富均衡情况，进而揭示信贷约束对代际收入流动性影响的内在机制。

第 4 章是家庭财富代内不平等的研究。本章根据 CFPS 数据库的调查结果，分别对总体样本家庭、城乡家庭样本和不同分位阶层家庭的金融资产分布特征、不平等情况和社会流动性进行统计分析，验证了第 3 章无限期界 Bewley 模型中预防性储蓄动机和个体异质性对居民家庭金融资产代内不平等形成的重要作用。

第 5 章是我国城镇居民的代际收入流动性分析。首先分析我国城镇居民代际收入弹性的总体变化趋势；其次，分子代性别、子代工作单位以及区域，分析不同群体之间代际收入弹性的变化趋势及差异。

第 6 章为我国城镇居民代际收入流动性的分位数回归分析。首先分析我国城镇居民总体不同分位点代际收入弹性的变化趋势；其次，分析父子和父女之间的不同分位点代际收入弹性的变化趋势；最后，分析不同区域子代收入不同分位点的代际收入弹性的变化趋势。

第 7 章为我国城镇居民代际收入流动性的内在传递机制分析。首先，采用条件对数收入模型分析不同中间变量对代际收入弹性的影响程度；其次，通过代际收入流动性的分解分析不同中间变量对代际收入流动性的解释度。

第 8 章实证分析了信贷约束对代际收入流动性的影响。借助 CHIP2013 农村数据，首先，通过结构图分析了我国农户受信贷约束的情况。其次，利用含信贷约束与父代收入交互项的方程，整体实证分析了信贷约束对代际收入弹性的影响。再利用分位数回归法，考察了信贷约束对不同收入阶层家庭的代际收入流动性影响。最后分东、中、西地区情况进行考察。

第 9 章是实证分析信贷约束对代际收入流动性影响的机制分解。首先，利用信贷约束与父代收入的交叉项，分收入阶层考察了信贷约束对代际收入传递机制的影响。其次，又分东、中、西地区考察了信贷约束对代际收入传递机制的影响。最后，根据比较可得信贷约束对货币资本直接传递机制以及人力资本间接传递机制影响的大小程度。

第 10 章是总结与建议。首先基于前文理论和实证分析结果对得到的结论进行归纳与总结；然后结合我国经济金融发展现状和居民家庭资产水平，根据文章结论有针对性地提出可能提高居民家庭金融资产水平、改善家庭金融资产配置、降低家庭金融资产不平等程度的政策建议；最后对本书研究过程中存在的不足和未来可能的发展方向进行说明，预期得出的结论是较强的信贷约束抑制了代际收入流动性，特别是中等收入阶层及西部地区，而且信贷约束加强了货币资本传递机制，同时阻碍了人力资本传递机制。基于实证结论，本书将提出缓解借贷约束，从而提高代际收入流动性的相关政策建议。

1.4 研究创新与不足

1.4.1 研究创新

第一，借助 Bewley 模型，从代际传递的角度剖析了家庭金融资产在长期内形成和变化的作用机制。国外学者对 Bewley 模型的研究更多的是对该模型的调整及完善，以使其能够更加真实地模拟现实数据，但拟合度更高的经济模型往往对求解算法的要求很高。本书借助无限期界的 Bewley 模型分析了居民家庭金融资产代内不平等形成的行为动机，并以微观数据库的统计结果加以佐证；同时在考虑生命周期的 Bewley 模型中引入代际传递因素，考察了家庭金融资产不平等在长期内形成的原因及未来可能的发展趋势。相较于分析某一时点上家庭总体金融资产持有特征及其影响因素的实证研究，这种同时考虑代内特征和代际传递因素的分析方法更能准确刻画家庭金融资产不平等在长期内形成和变化的路径。

第二，使用代际传递分解的方法考察了货币资本和人力资本在家庭金融资产不平等形成中的作用路径和重要性。现有研究人力资本代际传递对子代资产状况影响的文献多是从父代受教育程度对子代受教育程度的影响角度进行的，而忽视了父代总资产水平对子代教育的影响，尤其是父代收入的增加对子代人力资本边际投资意愿的影响。本书通过分析不同样本家庭父代总资产水平增加对子代人力资本的边际作用，考察人力资本投资对子代收入水平的影响，能够直接比较人力资本投资意愿和投资回报在不同分组家庭间的差异。

第三，采用 CHIPS 1995 年、1999 年、2002 年、2008 年和 2013 五年的数据，通过财富资本的视角分析我国城镇居民近 20 年来的代际收入弹性的变化趋势以及不同群体之间的差异。

第四，采用分位数回归的方法来分析子代收入不同分位点代际收入弹性的差异及变化趋势。分位数回归是使用残差绝对值的加权平均作为最小化的目标函数，所以不容易受到极端值的影响，较为稳健。更重要的是，相对于 OLS 回归，分位数回归还能够提供关于研究主体不同分位点处的代际收入流动情况，这为研究我国城乡居民的代际收入流动性提供了新的方法，也为之后的研究者提供了新的研究视角。

第五，由于计量理论及微观数据可获得性的限制，目前在代际流动性影响因素方面的文献，主要集中在人力资本、社会资本及财富资本等因素，多数未考虑信贷约束因素。本书不是将所有样本直接进行线性回归，而是将利用分位数回归方法，考察了不同收入阶层的情况，并不损失样本量，而且对极端值也并不敏感，进一步完善了代际收入传递机制方面的研究，为提高我国农村居民代际收入流动性提供了新的研究视角。

第六，在考虑信贷约束的代际收入流动性的相关文献中，有实证研究验证了信贷约束对代际收入流动性的抑制作用，且研究了诸如公共教育支出等缓解信贷约束政策对代际收入流动性的影响，但很少有文献进一步研究信贷约束如何影响代际收入流动性的。本书将从人力资本和货币资本两方面，进一步深化信贷约束对代际收入流动性方面的研究。

1.4.2　研究不足

第一，本书在分析家庭金融资产代内不平等问题时，使用的是 CFPS

数据库中包含家庭的金融资产相关数据，详细测算了样本家庭金融资产持有总量和结构的差异。但在考虑代际传递因素对子代家庭金融资产持有及家庭金融资产不平等的未来变化趋势时，限于数据库中只有以家庭为单位统计的金融资产信息，笔者使用父代和子代的个人收入作为研究金融资产代际传递的替代变量。因此，今后的研究可以通过数值模拟个体金融资产数据进一步分析该问题，或者基于更详细的微观数据直接分析各项金融资产在代际间的传递情况，深入挖掘父代金融资产选择行为对子代金融资产持有的影响。

第二，本书在考察家庭金融资产代内不平等和代际传递问题时虽然同时考虑了宏观环境异质性和微观家庭异质性的影响，但没有进一步控制诸如经济发展阶段、经济金融政策和利率水平等一系列宏观政策的影响。然而家庭金融资产持有总量和结构都会随着以上宏观因素的波动而变化。比如居民在经济繁荣时能够积累更多的金融资产和配置更高比例的风险性金融资产，经济萧条时可能更倾向于保守的投资方式；我国东、中、西部地区居民金融资产的配置方式也会因为经济发展水平和金融市场化程度不同而存在很大差异。因此，未来的研究可以考虑控制更详细的宏观条件和微观因素。

第三，由于 1988 年、1995 年、1999 年、2002 年、2007 年、2008 年的 CHIP 数据可与 CHIP2013 农村数据匹配的样本量较少，并且缺少家庭财富以及政治身份等重要变量，所以本书无法获得父代的永久性收入数据或较合理的替代变量，来减少代际收入弹性的度量误差。再加之本书的研究重点是信贷约束对代际收入传递机制的影响，所以并没有在提高代际收入弹性估计的精准度上做太多文章。今后的研究可使用父代家庭多年收入均值代替父亲个人的单年收入，不仅停留在信贷约束对代际收入传递的横截面影响，甚至可进一步研究其纵向层面的变化趋势，比如考察信贷约束对代际收入弹性抑制作用的变化趋势。

第四，本书的信贷约束仅用虚拟变量对其程度进行粗略的衡量。为进一步研究，将来可考察信贷约束程度大小对其影响的变化。这是在本书研究的基础上更深一层次的研究，因而可以继续利用 CHIP2013 数据库里关于农户家庭借贷的问卷回答，使用直接引出法，根据借贷被拒绝、部分满足、全部满足等做等级划分，构建信贷约束程度的虚拟变量，从而更精准地衡量家庭所受的信贷约束状况，以研究其对我国家庭代际收入流动性的影响，也将进一步的验证本书结论的科学性。

第五，由于受到样本量、工作量及精力的限制，本书没有进一步考虑社会资本等其他间接传递机制。未来的研究方向可进一步涵盖社会资本、财富资本等，更全面地实证检验信贷约束影响代际收入弹性的传递机制，完善信贷约束影响代际收入流动性的作用机制。

第 2 章
研究综述

2.1 家庭财富代内不平等的相关研究

2.1.1 家庭金融资产不平等的理论研究

1. 家庭金融资产不平等问题的早期研究

有关家庭金融资产总量积累的相关理论研究最早可以追溯到学者们关于消费理论的讨论。凯恩斯（Keynes，1936）在《就业、利息和货币通论》中提出的简单消费函数只考虑了当期收入对当期消费的影响，而忽略了家庭积累的总资产对消费的作用。之后的消费和储蓄理论将居民的储蓄与借贷考虑进跨期消费的模型中，为永久收入假说的提出奠定了基础。弗里德曼（Friedman，1957）提出的永久收入假说认为消费者的消费和储蓄行为不是取决于其当期的收入，而是由他可以预计到的长期收入决定的，这种长期收入不仅包括劳动收入，还包括通过积累金融资产等家庭财产获得的财产性收入。

关于家庭金融资产配置的结构差异是基于经典的投资组合理论展开的。马科维茨（Markowitz，1952）认为所有的家庭都应该根据自己的风险态度，将家庭金融资产在多种不同风险属性的金融工具中进行配置，以在家庭能够承受的风险范围内实现家庭投资收益的最大化。萨谬尔森（Samuelson，1969），默顿（Merton，1969）在此基础上将单个投资期扩展到多期来分析家庭的投资行为，并得出了与单期投资行为一致的结论，即家庭金融资产的配置方式不会受到随时间变化的因素的影响。这一结论与生命周期假说中的结果相悖。生命周期假说认为家庭的收入、金融资产总量和结构都会因家庭所处的生命周期阶段不同而存在很大差异。之后，很多学者的研究进一步支持了生命周期理论。如格特（Huggett，1996）定量分析了纯生命周期模型中生命周期的不确定性对美国家庭总资产不平等的解释力，吴卫星、易尽然和郑建明（2010）、周月书和刘茂彬（2014）验证了我国居民家庭金融资产投资结构的生命周期特征并对不同风险性质金融资产的生命周期特征进行分析。

2. 家庭金融资产不平等问题研究的新发展

以上经典理论在家庭的消费决策和投资决策框架下分析了家庭金融资产总量不平等和金融资产配置的结构差异。近年来，新的研究视角不断对传统的理论框架进行补充和修改，主要是从储蓄动机、信贷约束和异质性三方面展开讨论。

储蓄动机方面。在消费和储蓄理论中，居民家庭储蓄是为了实现收入的跨期分配，通过平滑消费来达到总体效用的最大化。之后对家庭储蓄目的的研究主要集中在预防性动机和遗赠动机两方面。虽然大部分学者倾向于支持预防性动机在家庭金融资产积累中的贡献（Skinner，1988；Zeldes，1989；Caballero1990；Carroll，Dynan & Krane，2003），但是玛丽亚克里斯蒂娜和杨（Mariacristina & Yang，2015）也证明了遗赠动机是家庭金融资产不平等的主要来源，莫迪里阿尼（Modigliani，1988）认为遗赠行为在穷人和富人家庭都可能发生，但只有富人才会是出于纯粹的遗赠动机。

信贷约束方面。弗拉通托尼（Favilukis，2012）发现放宽借贷约束会增加家庭总资产的不平等程度，说明市场的不完全性在家庭资产积累过程中是不容忽视的。弗拉通托尼（Fratantoni，1998）、刘进军（2015）证明信贷约束的存在会降低家庭风险资产的持有比例，这在一定程度上解释了家庭对股票市场参与不足的现象。

异质性方面。坎贝尔（Campbell，2000）提出信贷约束、家庭收入和偏好等的异质性在家庭风险性资产的持有和资产定价中都表现出了重要作用。卡杰蒂（Cagetti，2003）和劳伦斯（Lawrance，1991）证明了偏好的异质性可能是解释金融资产持有差异的一种合理的方式，偏好异质性尤其是耐心的异质性会加剧家庭金融资产不平等。王聪和田存志（2012），胡振、王春燕和臧日宏（2015）使用实证分析的方法证明了家庭金融资产的配置行为受到家庭异质性特征的显著影响，因而在制定家庭金融的相关政策时应该充分考虑家庭异质性特征。

早期的理论研究已经开始涉及家庭金融资产的选择行为及这种行为下的金融资产分布差异，为家庭金融领域的相关研究铺设了基础的研究框架，但是其中的假设条件较为苛刻，不能够完全刻画家庭金融行为中更复杂、更微观的机制。之后的研究在传统理论分析的基础上，从微观的储蓄动机、借贷约束和异质性等角度对家庭金融资产的分布情况做出了进一步的解释。然而这些理论只是从其中的某一个角度对可能影响家庭金融资产不平等分布的因素进行阐释，并没有形成系统的分析框架，也没有在一个框架中同时考虑这些因素共同作用的结果。但这种系统性的分析方法是研究家庭金融资产不平等形成的原因及厘清其中各种因素作用机制的重要途径，只从某一个角度进行分析可能会导致研究结果偏误。

2.1.2 家庭金融资产的定义和测算方法

1. 家庭金融资产的定义

涉及金融资产的理论研究已有较长的历史，但学术界对金融资产的定义并没有统一明确的标准。何丽芬（2010b）在家庭金融研究回顾中指出世界货币基金组织（IMF）定义的家庭金融资产包括通货和存款、非股票证券（主要是各类债券）、股票和其他股权、保险技术准备金（人寿养老储备和养老基金储备）等。但吴卫星、易尽然和郑建明（2010）在研究中国居民家庭投资结构时定义的金融资产种类更丰富，除 IMF 罗列的项目外还包括基金、外汇、期货、理财产品、借出款、住房公积金、家庭经营活动占用资金、企业投资及住房，而沃尔夫（1989）也将房产这一实物资产归入家庭金融资产名下。卡杰蒂（2008）对此做出的解释是没有必要拘泥于概念本身的确切意义，而应根据数据的可得及研究目的来选择金融资产这类变量的定义方式。比如说涉及财富的概念时，如果研究的目的是为了探索持有财富的原因，则应将其定义为不动产和金融资产这些物质资本；而在研究其他问题时有必要使用更严谨的测算财富的方法，比如剔除家庭财富中的非流动性资产，此时的家庭财富所包含的意义便是家庭金融资产。本书在第 4 章探究家庭金融资产分布特征和不平等的动态变化时就是使用这种定义方式。

2. 家庭金融资产的宏观测算方法

家庭金融数据的获取不如公司金融那样准确和容易，出于隐私保护，消费者一般不愿意透露详细的家庭财务信息，这是家庭金融相对资产定价和公司金融发展较慢的主要原因。最初，学者们是通过宏观统计数据来测算家庭金融资产的整体情况。斯潘（Spant，1987），戴维斯和肖罗克斯（2000）通过政府部门的财产税数据推算样本家庭资产分布和金融资产持有情况。孔丹凤和吉野直行（2010）利用资金流量金融表中的住户部门的流量金融资产年度数据，分析了中国家庭部门 1992~2006 年间流量金融资产配置的特点，结果表明中国家庭部门的金融资产具有流量总额不断上升和结构日益多样化的趋势。这与于雪（2011）基于中国居民金融资产存量表测算的情况一致。但是在这种方法下得到的家庭和个人资产情况可能较为片面，缺乏详细的微观信息。比如根据房产税记录获得的数据只能反应个体拥有的房地产信息，金融资产存流量表的数据也只能代表国家整体居民持有的金融资产分布情况，诸如家庭耐用消费品等其他家庭资产容易被忽视；同时，该方法只能给出家庭金融资产的整体分布情况，无法为进一步分析总资产分布背后的行为机制提供翔实的微观数据。

2.1.3 家庭金融微观数据库的建立

为深入探究家庭金融行为的内在机制，各国逐步建立了可以为家庭金融研究服务的微观数据库。加拿大、澳大利亚、法国和意大利早在 20 世纪 60 年代就进行了一系列的家庭资产持有情况调查。加拿大自 1964 年开始消费者金融调查（SCF），之后每隔 7 年左右调查一次，1984 年的调查样本已经达到 14000；意大利银行从 1965 年开始展开了连续 20 年的家庭收入和资产调查（Davies and Shorrocks，2000）。在这个过程中，调查问卷在不断被改进，微观样本量在不断扩大，信息的准确度和真实性也在不断提高。目前，很多国家都已经拥有了很多版本的微观数据库，以中国和美国为例。国内学者常用的家庭金融方面的微观数据库有中国奥尔多中心数据库（王聪、田存志，2012）、中国家庭追踪调查数据库 CFPS（刘建和、胡跃峰，2014）和中国家庭金融调查数据库 CHFS（刘进军，2015）。在研究美国家庭金融问题时常用的数据库主要有消费者金融调查数据库 SCF（Cagetti and Mariacristina，2008）、收入动态追踪调查数据库 PSID（Mariacristina & Yang，2015）和美国健康与退休调查数据库 HRS（Rosen and Wu，2004）。

这些数据库基本涵盖了家庭和个人的收入、金融资产状况、个人特征等信息，从截面数据到纵向数据，再不断完善生成面板数据，为国内外学者深入研究家庭金融问题提供了一定的数据支撑。但是通过问卷调查构建微观数据库的过程中存在两个主要问题，使得家庭金融资产数据相对收入数据不那么可靠。一是抽样误差问题，即抽样调查的原始数据很可能不能够全面精确地反映所有样本家庭的金融资产分布情况，尤其是最富有人群的资产持有情况。二是调查对象无法准确回答问卷中的问题或者故意低报家庭财产持有量，这会使得统计得到的家庭金融资产等其他财产数据低于实际值，最终的财富报告也会低估整体的财富水平。不可否认的是，微观数据库包含的海量信息为我们调整理论模型和深入挖掘家庭金融行为背后的逻辑创造了可能和极大的便利，微观数据库建立过程中存在的问题在未来很有可能通过测算方法和技术的改良得到解决，因而如何获得准确可靠的家庭金融微观数据仍然是今后家庭金融研究领域需要重点攻克的难题。

2.1.4　家庭金融资产配置差异的实证研究

得益于微观数据的完善，关于家庭金融资产结构不平等的实证研究开始大量涌现，主要集中在家庭金融资产选择行为、家庭股票资产投资问题、家庭金融资产配置的国际比较及其影响因素分析方面。基于微观数据的实证结果检验了理论模型的有效性，同时也挖掘出了部分理论模型中无法观察到的现实状况，是对家庭金融研究领域的一大补充。

1. 家庭金融资产选择行为

伴随经济和金融市场的快速发展，居民可选择的金融资产种类也愈加丰富，家庭金融资产选择行为开始出现分化，学者们从家庭持有金融资产的总量分布、结构差异和风险性质来刻画不同家庭金融资产选择行为下的结果。首先，金融资产的分布不均衡，少部分人拥有着绝大多数的金融资产。艾亚加里（1994）、戴维斯和肖罗克斯（2000）的结果表明美国家庭资产分布存在严重的右偏现象。之后，玛丽亚克里斯蒂娜和杨（2015）使用美国消费者金融调查数据证明了美国的资产分布极度不均衡，最富有的1%持有全社会29%的净资产，最富有的5%群体拥有总资产的53%，资产分布十分集中。其次，家庭金融资产的组成结构差异很大。美国居民家庭在1900~1983年持有的固定收益资产、房产和储蓄在家庭资产的比例增加，股票所占比例降低，1983~2001年储蓄占比开始大幅下降，而公开交易的股票和共同基金的比重则大幅上升（Wolff，1989；Kennichell & Mc-

Manus，1993；Kennichell 2003）。我国金融市场发展得较晚，证券、保险和债券在 20 世纪 90 年代才逐渐成为居民家庭金融资产的选择对象。易纲、宋旺（2008）的研究证明我国家庭金融资产组成在 1991～2007 年发生较大变化，保险资产在家庭金融资产构成中的比例迅速增长，但银行存款仍然是家庭金融资产的主要持有方式。富裕家庭的金融资产组合趋于多样化，相对贫穷的家庭金融资产结构较为单一（陈斌开、李涛，2011）。但与发达国家相比，我国家庭金融资产结构中通货和存款占比偏高，保险准备金、股票、股权和债券的占比仍然偏低（何丽芬，2010a）。最后，不同家庭对风险性金融资产的态度不一致。格林伍德（1983）发现总资产水平较低的家庭持有的资产组合以低回报的无风险资产为主，高回报的风险资产只占少数，而富裕家庭的资产组合正好相反。卡罗尔、戴南（2003）发现，相对富裕的美国家庭倾向于持有风险性金融资产，穷人持有风险性金融资产的概率则相对较低。

针对家庭金融资产选择行为的差异，学者们从储蓄动机、个体特征、生命周期效应、财富效应和代际传递角度做出了以下解释。（1）储蓄动机。财富分布底端的人群积累金融资产的目的是为了退休储蓄及预防未来收入的不确定风险，预防性动机会降低家庭风险性金融资产的比重；而财富顶端的家庭储蓄的目的主要是为了给后代留下遗产，遗赠动机提高了富有人群的储蓄率（Carroll，1997；Hochguertel，2002；Mariacristina & Yang，2015）。这就解释了金融资产分布不均衡和贫富家庭金融资产组成的差异。（2）个体特征。国内外学者的研究证明个人年龄、性别、风险态度、受教育程度、职业状况和政治身份等因素都会影响家庭金融资产的配置和风险市场的参与（Meng，2007；Worthington，2009；张学勇、贾深，2010；周月书、刘茂彬，2014）。（3）生命周期效应。学者们从生命周期效应角度对家庭投资风险性金融资产的行为进行解释，但并没有得出一致的结论。史代敏、宋艳（2005）的研究结果表明我国 36～45 岁居民持有的股票比重低于平均水平；周月书、刘茂彬（2014）认为随着年龄的增加，居民家庭持有的风险资产比例呈倒"U"型；吉索、哈利亚索斯和哈佩利

（2010），吴卫星、易尽然和郑建明（2010）分别研究了不同国家居民风险性金融资产持有比例的生命周期特征，发现居民家庭的风险性金融资产投资比例是一个"钟型"结构，即中年家庭最可能持有风险性金融资产。（4）财富效应。家庭金融资产的总量和结构会随着家庭总资产水平而变化。一般来说，总资产水平越高，家庭参与金融市场的比例越高，也越倾向于投资风险性金融资产，总资产水平越低的家庭持有的安全性资产相对较多（Campbell，2006；周月书、刘茂彬，2014；王刚贞、左腾飞，2015）。（5）代际传递。代际传递对居民家庭金融资产选择的影响表现在物质财富和非物质财富的代际传递两方面。物质财富的代际传递是指父代对子代在金融资产、不动产等方面的转移，这将直接改变子代家庭拥有的总资产水平。盖尔和肖尔茨（1994）研究发现资产的代际转移占总体资产积累的50%～60%，但贝克尔和托姆斯（1979）将遗赠视为奢侈品，只有足够富裕的父代才可能出于纯粹的遗赠动机而储蓄，这也是顶端财富形成的主要原因（Carroll，1997）。非物质财富的代际传递是指父代对子代在人力资本、社会关系、健康、智商、性格和习惯等方面的影响，这种传递方式会通过影响子代个体特征变量间接作用于子代家庭金融资产的组成（邸玉娜，2014）。

2. 家庭股票资产投资问题

学者们在研究家庭金融资产选择行为的过程中发现居民家庭在股票市场中的参与比例并不如理论模型导出的结果那样高。如曼昆和泽尔德斯（1991）在分析美国家庭金融资产持有状况时发现尽管股票的预期收益率比无风险收益率要高，但只有25%的美国家庭持有股票。凯斯勒和沃尔夫（1992）的测算结果表明即使是最富有的那部分人持有的有价证券和股票资产占比也只有22%。

理论界主要从金融市场的发展水平、房地产的挤出效应和社会互动三个角度对家庭在股票资产上的投资不足问题进行了讨论。（1）金融市场发展水平。宋光辉和徐青松（2006）对中国居民金融资产的组成结构的估算结果，储蓄存款占比高达 60%，而股票资产的实际比重不足 8%，他们认为这从根本上是由于中国股市的投资功能较弱导致的，因而完善中国资本市场的发展是促进居民金融资产多样化的关键。孟亦佳（2014）也认为我国在 2002 年的股票投资仅占城市居民人均金融资产的 10.37% 主要是因为金融市场起步较晚导致家庭的金融市场参与率很低。（2）挤出效应。房地产投资对居民家庭股票资产投资存在挤出效应这一看法得到了众多学者的支持（Pelizzon and Weber，2008；周月书、刘茂彬，2014），而且这种排挤对低净值家庭和年轻投资者的影响尤为显著（Yao and Zhang，2005）。维辛·约尔根森（2002）认为之所以存在挤出效应是因为参与股票市场需要支付一定的固定成本，这就导致了居民是否参与股票投资以及参与的深度取决于居民的总资产水平，富裕的居民家庭才更有可能参与到这类风险性金融市场中去。吴卫星和启天翔（2007）使用奥尔多投资中心 2005 年进行的"投资者行为调查"数据证明了这一解释。（3）社会互动。李涛（2006）、周铭山等（2011）和孟亦佳（2014）认为社会互动能够推动居民对股票资产的投资，缓解股票市场参与不足的问题。而洪、库比克和斯坦（2004）、吉索（2008）、郭士祺、梁平汉（2014）分别从股市参与的净成本、股票投资的预期收益率、内生互动的社会规范机制和社会乘数效应角度对社会互动这一外部因素作用于投资者股市参与的机制进行了解释。

3. 家庭金融资产配置的国际比较

相较于美国和英国以市场为主导的金融系统不同，我国的金融系统与日本、德国和法国更为相近，这直接导致了各个国家居民金融资产配置结果的差异。王聪、张海云（2010）通过比较中国和美国家庭金融资产组合的数据发现我国居民家庭储蓄存款比重过高，而在股票等风险性金融资产方面的投资较少。何丽芬（2010a）比较了我国与美国、德国等发达国家居民参与债券市场的情况，认为我国家庭债券市场参与度较低是导致我国家庭存款比例过高和金融资产的配置不合理的直接原因。于雪（2011）使用 2004～2009 年中国居民金融资产核算数据与国外居民金融资产最新统计数据的横向比较，发现我国居民金融资产总量迅速增长但收益率偏低，主要是因为居民家庭持有的金融资产以储蓄存款为主，我国家庭持有金融资产的结构与韩国和日本更接近；美国居民家庭的金融资产集中在基金、股票和股权上，通货和存款占比相对较低；英国居民持有的金融资产中人寿保险和养老保险占比最高，其次是通货和存款，基金和股票类占比相对较低。

家庭金融资产组合的国际差异可以由经济环境和金融发展水平解释。王聪、张海云（2010）在对比中国和美国家庭金融资产组合的基础上，得出了中国家庭金融资产水平偏低的根本原因是居民可支配收入水平较低的结论，不完善的社会保障制度和发展滞后的资本市场是我国居民家庭保持高储蓄率和低风险市场参与率的主要原因。杰奥加莱克斯和哈利亚索斯（2011）发现经济因素比人口特征变量对 30 多个欧美国家的家庭金融资产配置差异的解释力更强。金融发展水平直接决定了金融产品的供给状况和家庭金融资产的配置情况，而金融产品和服务的供给在发展中国家比家庭金融资产持有总量更为重要，因为较低的金融发展水平可能导致严重的金融排斥现象，降低居民家庭在正规金融市场的参与程度（高明、刘玉珍，2013；尹志超、吴雨和甘犁，2015）。我国资本市场起步较晚，改革开放初期居民持有的金融资产还只有现金和存款，但根据（易纲、宋旺，2008）对 1991～2007 年中国金融资产结构的测算，我国股票、债券等金融资产迅速增长，居民家庭金融资产组合也更多样化。相比于金融可得性，金融产品创新对发达国家家庭金融资产配置的影响更显著，但不同投资者对新型金融产品的反应并不一致（Campbell and Cocco，2003）。

愈加丰富和完善的微观数据库突破了家庭金融领域在经验分析方面的局限，大量的实证研究开始涌现。这部分研究成果在对传统理论进行检验和完善的同时，也挖掘出了新的问题和解释机制，对家庭金融理论进行了有益补充。但是在得益于微观数据带来的便利时，定量分析存在过度依赖这种便利的问题，大量研究都只是集中在基于家庭金融资产测算结果的特征分析上，而忽视了对导致该结果更深层次原因的探究。已有的少量文献或从宏观的经济金融环境角度，或从微观的个体异质性和储蓄动机等角度对家庭金融资产分布差异和不平等问题进行了深入探究，但很少有文献结合现有经济背景，同时考虑宏微观因素对家庭金融资产分布差异的共同作用。

2.1.5 Bewley 模型在家庭资产不平等中的应用

经典的投资组合理论认为在不存在借贷约束的市场中，家庭会将总资产在所有风险性资产和无风险资产之间进行分配以达到效益最大化的目标，而且同质性假设下的家庭在风险资产与无风险资产之间的投资比例是固定的。但随着金融市场的不断发展和家庭微观数据的逐渐完善，学者们发现家庭的实际投资情况越来越不符合传统的经济理论。如很多家庭从不储备金融资产，即使是在发达国家亦是如此（Davies & Shorrocks，2000），尽管股票市场存在超额收益率，但居民家庭对股票资产的持有亦是十分有限（Guiso，Sapienza & Zingales，2008；孟亦佳，2014）。虽然近年来的理论研究能够在一定程度上解释现实生活中居民家庭的储蓄和投资行为，但大多数研究都停留在从某个现象特征去解释另一种现象，没有对导致这些行为结果在长期内形成的作用机制进行深入挖掘，也没有能够形成一个较为系统的分析框架来完整地刻画家庭行为。基于不完全市场和异质性假设的 Bewley 模型对该问题进行了补充，为研究家庭资产不平等问题提供了一个基础的框架。

Bewley 模型的基本框架是在不完全市场中，刻画了异质性个体在面对特定的收入冲击时的行为反应及导致这种行为发生的原因。最初，Bewley 模型假设促使家庭积累资产的最主要动力是应对未来收入冲击的预防性储蓄动机，宋铮（1999）使用中国宏观数据证明了预防性动机确实是 20 世纪 90 年代中国居民储蓄余额高速增长的重要因素。之后，学者们（Dynan，Skinner & Zeldes，2004；Cagetti & Mariacristina，2008）发现纯粹的预防性动机不能够完全解释富裕家庭的储蓄行为，并从模型参数调整和其他储蓄动机设定两个角度来尝试提高理论模型对现实数据的拟合程度。

参数调整方面。休格特（1996）通过调整模型中的家庭借贷约束条件来拟合现实数据，但是发现放宽家庭借贷约束会增加没有资产和资产为负的那部分人群的比例，但是不会明显增加富人的比例，因而增加这一条件不能使得模型与现实更贴近。夸德里尼（2000）在 Bewley 模型中考虑了企业家选择问题，即经济个体在每一期都可以选择是否要成为企业家，尽管夸德里尼（2000）调整后的模型较简单的 Bewley 模型更接近现实中富裕人群的资产情况，但仍然没有能够完全反应出现实中最富有的 1% 人群的资产持有状况。卡杰蒂（2008）分别在考虑了企业家偏好和生命周期的 Bewley 模型中对家庭总资产积累进行数值模拟，结果发现两者对现实数据的拟合程度明显高于简单的 Bewley 模型。

储蓄动机设定方面。艾亚加里（1994）在异质性和不完全市场的假设下，定量分析了个体面临的特定风险会在多大程度上影响总储蓄，实证结果表明不确定的特定风险对总储蓄的影响是有限的，即预防性储蓄不足以解释现实中的储蓄结果。莫迪利亚尼（1988）认为人们储蓄的动机不完全是为了预防收入风险，还可能是为了给子代留下遗产，而纯粹的遗赠动机只适用于富人。玛丽亚克里斯蒂娜（2015）通过模型导出的数据与现实数据对比证实了简单的 Bewley 模型没有考虑集中在少数人手中的资产，忽视了富人也会储蓄的这一事实，并进一步证明了富人储蓄的目的不再是简单的预防性储蓄，更多的是为了给子代留下资产。

学者们对 Bewley 模型的不断改善，使得其对现实数据的拟合程度越来越高，但其求解过程也变得相对复杂，例如，在不改进算法的前提下，使用一台当前的主流计算机运行一次克鲁塞尔和史密斯（1998）的含有总体波动的 Bewley 模型，大概需要 1 ~ 2 个小时（陈彦斌、邱哲圣、李方星，2010）。因此，未来对于 Bewley 模型的研究与发展还有很大的上升空间。

2.2　家庭财富代际不平等的相关研究

家庭财富不平等的内涵主要从代际流动入手，是指家庭子代社会地位或收入阶层相对父代的变化，其测算方法有转移矩阵和代际收入弹性，前者虽然简单，但存在诸多缺陷，后者是目前学者们更常使用和普遍认同的方法。从国际视角看，我国代际流动水平较低，意味着我国居民的社会阶层较为固化，尤其是农村地区，固化现象更为严重。代际流动的传递机制主要归为人力资本、社会资本、选型婚配、基因遗传和财富资本，利用不同的分解方法对代际收入弹性分解，得到各因素对代际收入弹性的贡献度。

2.2.1 家庭财富代际不平等的相关定义及测算方法

1. 家庭财富代际不平等的相关定义

本书的代际不平等是指社会流动，是从动态角度分析社会成员从某一种社会地位转移到另一种社会地位的现象。如果代内流动被视为每个人一生中发生的社会地位变化，那么代际流动则是指子代与父代社会地位的升降比较，用通俗的话讲，代内流动是指个体一生的沉浮，代际流动是指家庭的兴衰。通过这两个角度来考察人们的社会流动，就可以分析出社会地位的继承性，而这往往又是评估社会开放程度的一个标杆。代内流动和代际流动的方向基本上是一致的，不过后者跨越的时间更长，更能反映社会的开放程度。

对"代际流动"这一课题的研究最早可追溯到社会学家高尔顿（1877），他以个人特征为中间变量，研究了社会经济阶层在代际间的流动，开启了"代际流动"研究的先河。对代际流动的研究做出巨大贡献的是布劳和邓肯（1967），他们研究了影响代际职业流动的因素，结果表明，子代的受教育水平对自身职业影响更大。在经济学领域，对代际收入流动最先进行研究的是贝克尔和托姆斯。贝克尔和托姆斯（1986）最先提出了"代际收入弹性"这一概念，并且估计了美国的代际收入弹性值为0.2。从此，经济学家对代际收入流动的研究逐渐深入。

还有学者指出代际流动有三种含义：一是用以描述某种事物如教育、

职业从一代到下一代相对位置的变动；二是作为机会平等的度量；三是可以作为生活运气的平等性的度量。本书着重考虑代际流动的第一层含义，即代际间收入相对位置的变动。在测度代际收入流动方面，一般采用代际收入弹性这一指标，即子辈收入对父辈收入的弹性。代际收入弹性指的是一个人在总体收入分配中的地位由上一辈的地位所决定的程度，即父辈的收入对子辈收入的影响程度，更精确地说是子辈收入对父辈收入的弹性，而代际收入弹性也可以认为是代际收入传递性，即父辈的收入能够通过某些途径传递给子辈。一个社会的代际收入弹性越大，子辈收入对父辈的依赖程度越高，那么代际收入流动性就越低，社会的机会不平等程度越高。反之，一个社会的代际收入弹性越小，子辈收入对父辈的依赖程度相对较低，代际收入流动性越高，社会的机会不平等程度也就越低。

2. 家庭财富代际不平等的测算方法

经济学家有关代际收入流动性的研究最早始于 20 世纪 70 年代，当时主要通过相关系数来度量代际收入流动性。阿特金森和梅纳德（1978）通过相关系数法发现英格兰约克郡 307 对父子收入的相关系数为 0.17。此后，贝克尔和托姆斯（1979）首次提出用人力资本模型来研究代际收入流动性问题，并用代际收入弹性来对代际收入流动性进行度量。当前在代际收入流动性的研究中，一般通过以下两种途径度量代际收入流动性：

一是代际收入转换矩阵。国内部分学者也采用代际收入转移矩阵来研究我国居民的代际收入流动性。周兴、王芳（2010）采用代际收入转换矩阵分析我国城乡居民 1989～2004 年的代际收入流动性，发现城市第 1 和第 2 收入阶层向上流动的概率低于农村，但城市第 4、第 5 收入阶层向下流动的概率高于农村。方鸣、应瑞瑶（2010）利用代际收入转换矩阵，发现城乡居民在各个收入阶层的代际收入流动性存在明显的差异，且高收入阶层和低收入阶层的城乡居民的代际收入流动性较差。李小胜（2011）采用代际收入转换矩阵，发现我国总体代际收入流动性较差，2004 年的代际收入流动性低于 2005 年；低收入阶层进入高收入阶层和高收入阶层进入低收入阶层的概率均较差。何石军、黄桂田（2013）采用代际收入转换矩阵，发现从2000年到2009年近十年来从低收入阶层流向较高收入阶层的流动性有所下降，但是从高收入阶层流向较低收入阶层的流动性有所上升。周兴、张鹏（2013）采用代际收入转换矩阵分析我国从1991年到2011年的代际收入流动性，发现低收入阶层家庭的子代进入较高收入阶层的概率有所增加，高收入阶层的子代仍处于高收入阶层的概率有所降低，说明我国居民的代际收入流动性有所增加。周兴、王芳（2014）采用代际收入转换矩阵，发现我国城乡居民的代际收入流动性较差，对比城乡可知，农村居民代际收入向上的流动性要低于城镇；此外，新生代农村家庭子代进入较高收入阶层的能力高于父代，新生代城镇家庭子代进入较高收入阶层的能力低于父代，在与农村同龄人的对比中也处于劣势。刘奕君（2014）采用代际收入转移矩阵，发现我国从1988年到2002年的代际收入流动性逐渐减小，阶层固化现象越来越严重。胡洪曙、亓寿伟（2014）采用代际收入转换矩阵，发现低收入阶层和高收入阶层存在严重的阶层固化现象，代际收入流动性较低。徐晓红（2015）采用代际收入转移矩阵，发现处于低收入阶层的农村居民代际收入弹性较高，容易陷入低收入陷阱；同时，处于低收入阶层和高收入阶层的城镇居民的代际收入流动性有所上升。江求川（2017）采用代际收入转换矩阵，发现低收入阶层和高收入阶层的代际收入流动性较差，中等收入阶层的代际收入流动性相对较高，说明代际收入流动性与父代所处的收入阶层有关。

二是更主流的代际收入弹性。贝克尔和托姆斯（1979）以家庭经济学和人力资本投资理论为框架，开创性地构建了代际收入流动性的经济学理论模型。此后至今的三十多年，西方学者运用欧美多国的数据，对这一模型进行了广泛的实证分析。使用单年的收入作为持久性收入的代理变量，将父代收入对子代收入进行最小二乘回归，其系数就代表了代际收入弹性，越大表示流动性越低。但是该基础模型的设定和假设条件中，存在偏差，后续文献对此进行了修正。

首先，模型设定问题。虽然假定子代收入是父代收入的线性函数，这极大简化了计算，但现实中往往是非线性关系，从而也会带来衡量误差。解决办法：第一，索伦（1992）在基准多元回归模型中加入了子代年龄、父代年龄及其平方项的控制变量，并使用过去多年的父代对数收入均值作为一生收入的替代变量。第二，模型设定为半参数可变系数部分线性模型，β 变成 $\beta \cdot \ln G$（Fan 和 Huang，2005；周波和苏佳，2012），这意味代际收入弹性随人力资本投入量的变化而变化。第三，建立子辈与父辈收入阶级的线性函数。虽然子辈收入与父辈收入是非线性的，而且对数线性回归模型对子代收入为零或者非常小的收入较为敏感，但是子辈收入所在收入分布中的阶级与父辈收入所在收入分布函数中的阶级更接近线性的。将子辈与父辈收入阶级处理后再做线性回归会更稳健（Raj chett el al.，2014）。

其次，暂时性收入冲击。父辈和子辈一生的收入无法测量，用单年收入代替会使代际收入弹性严重下偏。主要解决办法：用多年收入均值作为一生收入的代理变量（Solon，1992；Zimmerman，1992；Deng et al.，2012）。后来，国际上的研究大多采用了双样本两阶段最小二乘法（TS2SLS）来测度代际收入流动性（Bjorklund et al.，1997；Gong et al.，2012）。该方法综合了两个独立的样本，避免了由短期收入测度代际收入弹性时带来的误差。

最后，生命周期偏误。这是由使用父代单年收入替代一生收入带来的代际收入弹性间误差。海德和索伦（Haider and Solon，2006）认为该误差来源于子代单年收入对一生收入以及父代一生收入对单年收入的回归系数。海德和索伦（2006）利用美国的样本数据，发现上述两个系数随个体年龄的增长均呈倒 "U" 型，这也就是说使用中年期的单年收入作为样本一生收入的代表，代际收入弹性估计误差最小。尼尔森等（Nilsen et al.，2012）基于挪威的数据，认为生命周期偏误可能是造成代际收入弹性估计偏误的主要原因。

2.2.2 代际收入流动性的国际比较及我国现状

1. 各国代际收入流动性的情况

布劳和邓肯（1967）最早研究美国子代与父代收入的相关性，认为二者的相关性很低，称美国是一个充满机会的大陆。贝克尔和托姆斯（1986）测算出的美国代际收入弹性低于 0.2，支持了布劳和邓肯（1967）的观点。后来，索伦（1992）通过年龄修正模型，发现美国实际的代际收入弹性较高（大于 0.4）。随着研究方法的改进以及数据可获得性的改善，不同国别估计及国家之间的对比研究逐渐增多。查德威克和索伦（2002）研究美国父代收入对儿子和女儿收入影响的区别，研究发现，父子和父女之间的代际收入弹性分别为 0.535 和 0.429，说明父亲对儿子收入的影响要大于女儿。延蒂等（2006）和马苏德（2008）测算的美国代际收入弹性介于 0.5 和 0.6 之间。比约克隆（Bjorklud et al.，2012）发现美国高收入阶层的代际收入弹性为 0.9，存在严重的两极固化现象。英国、意大利、法国代际收入弹性的估计值总体稍小于美国（Nicoletti and Ermisch，2007；Blanden，2011），迪尔登和梅钦（1997）研究英国父代收入对儿子和女儿收入影响的区别，研究发现，在 OLS 回归下，父子和父女之间的代际收入弹性分别为 0.428 和 0.455；在引入父代的职业地位作为工具变量后，代际收入弹性分别为 0.439 和 0.481，说明父亲收入对女儿收入的影响要大于儿子，格劳（2001）发现英国的代际收入弹性约为 0.6。北欧国家比如瑞典（Hirvonen，2008；Nunez and Miranda，2010）、芬兰（Pekkarinen，2009）和挪威（Nilsen et al.，2012）等国的代际收入弹性更小，具体数值均小于 0.3，比如乔拉克（Corak，2006）发现，在美国，当父代年龄小于45 岁时的代际收入弹性为 0.43；当父代年龄在 45~49 岁时的代际收入弹性为 0.41。对于巴基斯坦、尼泊尔、南非等发展中国家，其代际收入弹性比美国更高（Blanden，2011），虽然利拉德（1995）早年间发现马来西亚的代际收入弹性为 0.26，但随着计量方法以及获取数据便利性的进步，后来赫兹（2001）发现南非的代际收入弹性为 0.609，邓恩（2007）发现巴西的代际收入弹性为 0.69，但亚洲的发达国家弹性较低，纳克（Ng，2007）发现新加坡的代际收入弹性在 0.25 左右。

2. 我国代际收入流动性情况

在国内研究中，可以看出国内"二代"现象相对国外较为严重，尤其是农村地区。例如，有些学者利用 2004 年城市家庭教育与就业调查（UHEES）和城市家庭收入与支出调查（UHIES）的数据，考察我国城市的代际收入流动性，发现我国城市居民父子间的收入弹性为 0.63，父女之间的代际收入弹性为 0.97，母子之间的代际收入弹性为 0.36，母女之间的代际收入弹性为 0.64，这表明我国城市居民的代际收入流动性很低且父女之间的代际收入弹性要高于父子之间的代际收入弹性（Honge Gong、Andrew Leigh and Xin Meng，2012）。邓等（Deng et al.，2013）发现 1995 年和 2002 年我国居民的代际收入弹性分别为 0.47 和 0.53。王海港（2005）利用中国社会科学院的调查数据测算了中国农村 1995 年和城市 1988 年的代际收入弹性，分别为 0.424 和 0.384；韩军辉（2010）采用 CHNS 数据估算的中国农村居民的代际收入弹性是 0.448。王美今和李仲达（2012）估计的我国代际收入弹性约为 0.830。徐晓红（2015）对比了我国和世界上其他国家和地区的代际收入弹性，与新兴经济体相比，我国的代际收入弹性低于巴西；与发达国家相比，高于瑞典、英国、澳大利亚，低于意大利、法国、美国和日本。

国内对代际收入流动性的研究起步较晚，最早的由王海港（2005）采用中国社会科学院"城乡居民收入分配课题组"的数据，发现我国城镇地区 1988 年和 1995 年的代际收入弹性分别为 0.384 和 0.424。郭丛斌、闵维方（2007）发现我国总体代际收入弹性为 0.320，分不同组群来看，最高收入组群、中等偏上收入组群、中等偏下收入组群和最低收入组群的代际收入弹性分别为 0.231、0.020、0.024 和 0.378。方鸣、应瑞瑶（2010）

采用两阶段最小二乘法，发现我国总体的代际收入弹性为 0.57，说明我国总体的代际收入流动性较差；分城乡来看，农村居民的代际收入弹性为 0.546，城镇居民的代际收入弹性为 0.584，说明农村地区的代际收入流动性要高于城镇。李小胜（2011）采用 Atkinson 模型分析我国城乡居民的代际收入流动性，发现我国总体代际收入弹性为 0.309，农村居民的代际收入流动性低于城市，东部、中部和西部地区的代际收入流动性依次增加，且家庭背景、受教育年限、年龄和性别对个人收入有重要的影响。黄潇（2014）发现农村贫困家庭和非贫困家庭的代际收入弹性分别为 0.255 和 0.162，贫困家庭的代际收入弹性是非贫困家庭的 1.6 倍，说明农村贫困家庭的代际收入流动性比非贫困家庭更低。胡洪曙、亓寿伟（2014）通过普通最小二乘法发现父子之间的代际收入弹性为 0.385，父女之间的代际收入弹性为 0.428，说明女儿收入受父代的影响要大于儿子；母子之间的代际收入弹性为 0.280，母女之间的代际收入弹性为 0.296，说明儿子和女儿的收入受母亲收入的影响没有明显的差异。此外，城镇居民的代际收入流动性要高于农村居民。龙翠红、王潇（2014）发现 2009 年我国总体代际收入弹性为 0.6，分城乡来看，农村居民的代际收入弹性为 0.5，城镇居民的代际收入弹性为 0.8。陈琳（2015）采用 1995 年和 2002 年中国家庭收入调查系列数据库（CHIP）的数据，纠正了我国城镇居民代际收入弹性的偏误，研究发现，纠正偏误后，我国居民从 1990 到 1995 年和从 1998 到 2002 年的代际收入弹性分别为 0.8 和 0.4 左右。杨亚平、施正政（2016）发现我国代际收入弹性主要是由父代收入本身决定的，父代对子代的投资是代际收入传递的主要机制；同时，我国的代际收入弹性的估计值高于 0.339，真实值大约为 0.6，父代收入在代际收入流动中的显著作用表明将父代投资平均化将有利于降低我国的代际收入弹性。郭建军、王磊、苏应生（2017）发现用 TS2SLS 估计方法得到的母子、父子的代际收入弹性分别为 0.5134 和 0.4937，高于用 IV 和单样本 OLS 方法得到的估计值。江求川（2017）发现我国居民总体的代际收入弹性为 0.6，其中，城镇居民代际收入弹性约为 0.5，农村居民代际收入弹性约为 0.7，说明我国的代际收入流动性较差。李超、商玉萍、李芳芝（2018）采用两阶段最小二乘法，发现城镇居民的代际收入流动性高于农村居民，此外，在城镇地区，父子之间的代际收入流动性高于父女；在农村地区，父女之间的代际收入流动性高于父子。

从趋势上来看，也是比较复杂的形式。何石军，黄桂田（2013）发现我国 2000 年、2004 年、2006 年和 2009 年的代际收入弹性分别为 0.66、0.49、0.35 和 0.46，呈先下降后上升的趋势，总体代际收入流动性有所上升。刘奕君（2014）发现我国从 1988 年到 2002 年的代际收入弹性逐渐上升，代际收入流动性逐渐降低。邸玉娜（2014）发现我国居民的代际收入弹性总体上呈先下降后上升的"U"型变化趋势。严斌剑、王琪瑶（2014）发现从 1988 年到 2007 年代际收入弹性呈先下降后上升的"U"型变化趋势，总体代际收入流动性有所上升，其中，农村代际收入弹性呈先下降后上升的"U"型变化趋势，城镇代际收入弹性呈先上升后下降的倒"U"型变化趋势，农村和城镇的总体代际收入流动性均有所提高。进一步研究发现，父代从事第三产业的代际收入流动性最大，从事第二产业的代际收入流动性最小；东部地区的代际收入流动性最小，中部地区的代际收入流动性最大。杨娟，张绘（2015）发现我国城镇居民的代际收入流动性呈逐渐上升的趋势，且父女之间的代际收入流动性高于父子之间的代际收入流动性。徐晓红（2015）发现我国城乡居民从 2000 年到 2012 年的代际收入弹性呈下降趋势，且城镇居民的代际收入弹性高于农村居民。陈杰、苏群（2015）发现我国居民的代际收入弹性在 1991～2011 年间平均值为 0.57，其中，1991～2004 年间的代际收入弹性呈上升的趋势，并在 2004 年达到最高点 0.7，在 2004～2009 年间的代际收入弹性呈下降的趋势，在 2009～2011 年间的代际收入弹性有所反弹。王学龙、袁易明（2015）发现在"60 后""70 后""80 后"群体中，中国城镇居民的代际收入流动性呈现先下降后上升的趋势，其中，1960 后的代际收入流动性最高，1980 后的代际收入流动性居中，1970 后的代际收入流动性最低。教育对代际收入流动性有着重要的影响，尤其对 1970 后代际收入流动性下降的原因有很强的解释力。吕光明、李莹（2017）发现我国居民的代际收入弹性呈"M"型的变化趋势；代际收入弹性在不同收入阶层之间存在异质性，高收入阶层的代际收入弹性低于低收入阶层。

2.2.3 代际收入流动性的主要影响因素

1. 人力资本

人力资本是近年来代际传递机制研究的核心。人力资本的含义较广，包括教育、健康、习惯、性格等。根据研究数据的可得性和量化的简易性，子代受正规教育的年限是作为人力资本的主要衡量指标。教育对代际收入流动性有着显著的影响，父母可以通过对子女的人力资本投资来影响子代的受教育年限，进而影响子代的收入。其中，高收入家庭不会面临信贷约束的问题，父母可以给予子女更多的人力资本投资，使得子女接受更好的教育，而中低收入家庭由于面临严重的信贷约束问题，使得父母无法在子女的教育上投资过多，最终可能导致阶层固化的现象发生。

贝克尔和托姆斯（1986）把信贷约束引入模型，发现贫困家庭由于面临严重的信贷约束，使得父母对子女的教育投资减少，从而子女最终的受教育程度会相比于高收入家庭的子女更低，进而使得社会的代际收入流动性降低。罗伯特（Robert，2013）发现教育对子代的收入存在很大的影响，父代收入对子代收入的影响随着子代年龄的增长而上升，因为教育的回报率上升了。

当低收入家庭的父母收入不足，无法对子女进行教育投资时，子代收入受父代收入的影响较大（Becker and Tomes，1976）。教育是影响职业阶层的最重要因素，其重要性随时代演进而增强。雷斯图恰（2004）的研究表明，代际收入主要通过父母对子女的初等和中等教育投资传递。此外，政府的公共教育支出水平也是人力资本投资的一部分，影响着代际收入流动性（Susan and Leonard，2008）。在国内的研究中，教育不平等效应对不同年龄群组的代际流动性变迁具有重要影响，尤其对"70 后"代际流动性的下降具有很强的解释力（王学龙和袁易明，2015）。陈琳、袁志刚（2012）发现人力资本对代际收入流动有着显著的影响，能够促进教育资源的均等分布，能够有效地提高代际收入的流动性。周波、苏佳（2012）采用 1997 和 2000 年中国健康与营养调查（CHNS）数据，发现随着我国县级教育事业费支出的增加，代际收入弹性会随之减少，这说明政府提高对教育的投入，有助于提高代际收入的流动性。孙三百、黄薇和洪俊杰（2012）发现教育对代际收入流动性存在很大的影响。李力行、周广肃（2014）发现信贷约束会提高收入和教育的代际传递弹性，降低代际流动性；同时，公共教育支出可以提高家庭对子女的人力资本投资，降低教育的代际传递弹性。周兴、王芳（2014）发现人力资本对代际收入流动有着重要的影响，在子代职业生涯的早期，教育对促进代际收入向上流动的作用还不明显，但是随着子代职业生涯的发展，教育对代际收入流动的促进作用越来越强。陈琳（2015）通过分析不同等级的教育对代际收入流动性的影响，发现增加对幼托和初中阶段教育的公共投入更有利于提高代际收入流动性，而增加对高等教育投入的作用可能有限。林莞娟、张戈（2015）采用 2005 年全国 1%人口抽样调查的数据，研究发现，基础教育会显著影响贫困家庭子女的收入，政府应该通过延长义务教育年限、增加公共教育投资以及资助贫困家庭子女等教育改革促进代际收入流动性。杨娟、赖德胜、邱牧远（2015）研究发现义务教育是除天生禀赋外影响代际收入流动性的最主要因素。贫困家庭的子女虽然在早期和富裕家庭子女的能力相差不大，但是由于受到预算约束的限制，他们早期接受的教育投资较少，导致后来高等教育参与率不高，从而使得收入差距扩大，通过加大义务教育的公共支出力度，有助于缓解代内的收入不平等并提高代际间的收入流动性。李勇辉、李小琴（2016）发现教育在迁移决策中起到了重要的推动作用，而迁移决策可以大幅度地提高代际收入流动性；进一步研究发现，对于未迁移人群和迁移人群来说，人力资本投资都对代际收入流动性有着促进作用，因此，完善社会保障制度、合理分配教育资源、降低高等教育入学门槛以及促进劳动力的迁移对提高代际收入流动性、防止阶层固化有着重要的作用。李仁玉、陈悉榕、甘梨（2017）发现我国城镇和农村的代际收入流动性均呈倒"U"型的变化趋势，在20世纪60年代前出生的子代，教育的代际流动性呈上升的趋势，而在20世纪60年代中期以后出生的子代，教育的代际流动性呈下降的趋势。

2. 社会资本

虽然研究者们认同正规的人力资本投资是影响代际收入流动的主要机制，但无法解释穷人在有经济约束时，社会上仍存在中低层向上流动、高收入阶层难以向下流动情形的问题。因此，学者们开始分析社会资本（Bourdieu，1983）对收入流动性的影响。社会资本概念模糊且复杂，社会资本是指个人所拥有的表现为社会结构资源的资本财产（Coleman，1988），包含的内容也较广泛，主要有子代的政治身份、职业、行业和单位性质等。

社会资本代际传递机制的理论认为，低收入的父代可能具有懒散和对生活要求低等特点，而这种生活环境在长期内将对子代产生潜移默化的负面影响，从而增强了家庭贫困的代际传递。此外，一个家庭与家庭外在的组织环境密切相关。低等收入阶层的家庭居住的地方多数也是同等社会阶层的群体，形成较强的社会关系网络，将进一步加强贫困的传递（Antoni and Mattew，2005）。丹和弗雷德里克（Dan and Fredrik，2007）发现父母的社会关系会影响子女的收入，如果父母是高收入阶层，则他们接触的群体中更多的为高收入人群，这种社会关系使得其子代有更多的机会进入高收入行业工作；反之，如果父母是低收入阶层，则他们接触的群体中更多的为低收入人群，其子女未来更容易进入低收入行业工作。有学者发现父代所在的公司更加倾向于选取本单位职工的子女为公司职工（Kramarz and Skans，2010）。有些学者发现父母的社会关系网络能够帮助子代提高收入（Bian，2015）。

中国是一个十分重视社会关系的国家，父代所处的社会阶层、职业、行业等方面均会对子代的收入产生影响，国内学者也实证支持社会资本对中国代际收入传递的重要作用（陈琳和袁志刚；2012；周兴和王芳，

2014)。何石军、黄桂田（2013）采用中国家庭动态跟踪调查（CFPS）2010 年的数据，研究父代的社会关系、权力对子代收入的影响，研究发现，父亲的社会关系对儿子收入有显著的正向影响；母亲的社会关系对女儿的收入也有显著的正向影响，影响收入的大小分别为 3535 元和 2000 元，但是父亲的社会关系对女儿收入的影响不显著，母亲的社会关系对儿子的收入的影响也不显著。此外，父亲的权力对儿子和女儿的收入都有显著的正向影响，其影响收入的大小分别为 6645 和 4665 元。周兴和张鹏（2014）发现城镇家庭的子女随着工作年限的不断增加，其最终的职业会向父辈的职业靠拢，而农村家庭父母从事非农职业会增加子女从事更好的职业的概率；子女的受教育程度越高，职业也会越好；同时，父代的社会地位也会对子代的职业流动产生显著的影响；说明代际间的职业流动会影响代际收入流动性，此外，对高收入家庭的影响要高于对低收入家庭的影响。周兴、王芳（2014）发现家庭的社会关系和经济地位等家庭背景会显著地影响代际收入流动。谭远发（2015）发现官员家庭的子女的受教育年限比非官员家庭的子女的受教育年限要高 0.42 年，同时获得了 5.5% 的工资溢价。陈杰、苏群、周宁（2016）发现以子代职业类型为代表的社会资本投资对农村代际收入流动有着重要的影响。张顺、祝毅（2017）利用 2014 年社会网络与职业经历的数据，分析城市居民代际职业流动性变化的趋势及产生差别的原因，研究发现，总的来说，我国城市居民代际职业流动性呈上升趋势，教育是影响职业代际流动最重要的因素。

3. 选型婚配

选型婚配（Assortative Mating）讲究的是"门当户对"，同类群体间成员婚配的可能性更大。克雷默（Kremer，1996）认为选型婚配对代际收入流动性的影响在逐渐减小，但多数学者认为其重要性依然不容忽视，随着选型婚配趋势加强，收入不平等程度也在逐渐加深（Fernandez and Rogerson，2000）。伦尼等（2000）对加拿大选型婚配的情况作了相关的研究，发现 1990 年以前结婚的夫妇受教育程度十分接近，两者的相关性大于

0.6，这说明一个人更加愿意和一个与自己的学历水平相近的人结婚。劳拉和加里（2002）认为配偶收入和父母收入的相关度较高，选型婚配抑制了女儿家庭的代际收入流动性。查德威克和索伦（2002）发现夫妻双方的收入与各自父母的收入存在很强的相关性，此外，夫妻双方的收入与对方父母的收入也存在很强的相关性。以加拿大年轻夫妇为样本，布兰德（2005）发现女儿的收入和配偶双方的父母收入的相关性较高，约为0.2，近似于子女与其父母之间的代际收入弹性，进一步支持了劳拉和加里（2002）、约翰等（2005）等结论。布兰登（2005）发现对于已婚子代来说，双方父代收入相关性越大，子代婚姻关系将更稳定，此外，由于女性的劳动供给弹性高于男性，所以父女之间的代际收入弹性要高于父子。约翰等（2006）研究发现，配偶双方的家庭收入之间存在很强的相关性，说明选型婚配对子代的收入会产生重要的影响。此外，他还发现未婚同居、早婚及离婚夫妻的父母收入相关性很低。这也意味着夫妻双方家庭背景相近的婚姻更为稳定。利用仿真技术，在给定信贷约束等影响因素时，格林伍德等（2014）发现选型婚配对截面不平等有一阶项效应，而这能转化为代际流动。

4. 基因遗传

从20世纪末开始，学者们逐渐开始研究生理遗传对代际收入流动性的影响。鲍尔斯和金迪斯（2002）发现父母遗传给子女的基因会影响子女的认知能力，从而影响子女的收入，其中教育和基因能够解释子女收入的60%。有学者发现遗传能力和代际收入存在强烈的正相关关系（Haoming Lin、Jinli Zeng，2009）。比较领养子代和非领养子代的代际收入弹性可知，被领养子代的代际收入和亲生父母存在很大的关系，而和养父母的关系较小，这说明，遗传能力对子代的收入会产生很大的影响。比约克隆（2005）利用瑞典的数据，发现子女的受教育年限和对养父母的估计系数分别为0.094和0.021，而对亲生父母的估计系数分别是0.094和0.101。随后，他又将调查的范围扩大到亲生父母家庭、单亲父亲家庭、单亲母亲家庭、亲生父亲和继母家庭、亲生母亲和继父家庭以及养父母家庭六种不同的家庭类型，他们发现，在养父母家庭成长的孩子，子女的受教育年限和养父母的估计系数分别为 0.078 和 0.055；和亲生父母的估计系数分别为 0.119 和 0.114，这说明，不论子女生活的家庭环境是什么样的，亲生父母对子女的受教育年限的影响最大，即遗传对子女的受教育程度有着重要的影响。萨塞尔多特（2002）采用 NLSY 的数据，发现父母与领养子代之间的代际收入弹性为 0.16，与亲生子代之间的代际收入弹性为 0.28。萨塞尔多特（2007）采用在韩国出生却在美国长大的子代的数据，研究子代受教育程度和亲生父母与养父母的关系，研究发现，被收养儿童的受教育程度与亲生父母相关性很大，而与养父母相关性很小，此外，基因遗传可以解释被收养儿童收入的 33%，而家庭只能解释其收入的 11%，这说明了遗传对子女的受教育程度和收入有着重要的影响。

在分解方法上，马苏德（2008）基于美国数据研究，利用方差分解的方法发现，家庭对收入的解释力远大于社区的。这种方法不能有效了解代际收入流动性的内在机制。后来，经济学家为了直接区分基因和环境，对代际收入传递机制结构分解。贝尔曼和陶布曼（1976）用双胞胎数估计收入的代际传递，得出：基因、个体因素及生活环境对代际收入的贡献率依次降低，分别为 52%、48% 和 5%，表明基因因素对收入的影响相对最为重要。在此研究方法上，比约克隆等（2007）对代际收入传递机制进行分解，利用更为复杂的瑞典数据，结果发现：基因遗传对总体收入方差的贡献率也较高，基因的贡献在多种假设中，男性和女性的至少分别达到 20% 和 10%；除基因外，个体因素也是影响收入的重要的因素。利用双胞胎的数据发现，其对收入方差的贡献率高达 64%。这种分解方法之后受到萨塞尔多特（2007）的质疑，认为生长环境也是子代收入的重要因素。

2.2.4　财富资本对代际收入流动性的影响

目前，金融资产、耐用消费品价值以及房产价值等财富资本在我国居民的总资产中占有重要的比重，一方面，财富资本越多的家庭，面临的信贷约束也会越少，父代对子代的人力资本投资也会越多，进而通过子代的受教育程度影响子代的收入，反之，财富资本越少的家庭面临的信贷约束也越多，父代对子代的人力资本投资也越少，进而子代的受教育年限也越少，导致子代的收入相对较低；另一方面，父母会通过财富的直接转移来直接影响子代的收入。

查尔斯和赫斯特（2003）采用 PSID 的数据分析美国家庭财富的代际收入流动，分析父代财富和子代财富之间的代际弹性为 0.37。此外，当父代财富为最高等级时，子代财富进入最低两个等级的概率为 0.25；当父代财富为最低等级时，子代财富进入最高两个等级的概率为 0.2。陈琳、袁志刚（2012）采用条件代际收入弹性对我国代际收入流动性进行分解，发现社会资本对代际收入流动性的解释度呈上升趋势，人力资本也是重要的影响因素，财富资本（包括金融资产价值和房产价值）对代际收入流动性的解释度远高于社会资本和人力资本。陈永伟、顾佳峰和史宇鹏（2014）利用 CFPS2010 的数据考察了住房价值对城镇家庭教育开支的影响。研究发现，住房财富的增加会缓解家庭信贷约束，增加家庭教育开支。刘建和、邢慧敏和黄林峰（2016）发现在 1995 年、2002 年和 2005 年金融资产对城镇居民的代际收入弹性的解释力分别为 50%、37% 和 44%；对农村居民的代际收入弹性的解释力分别为 33%、31% 和 32%，远高于人力资本和社会资本对代际收入弹性的解释力。

2.2.5 代际收入流动性的分解

关于代际收入传递机制，主要是人力资本、社会资本及财富资本。部分学者认为人力资本是主要的代际收入传递机制，比如，孙三百等（2012）和黄潇（2014）都实证支持了这一结论。也有一些学者认为人力资本并非是最主要的代际收入传递机制，比如，陈琳和袁志刚（2012）运用 1988~2005 年的 CGSS 数据，发现在人力资本、社会资本和财富资本对中国代际收入弹性的贡献中，其中财富资本最为主要；方鸣和应瑞瑶

（2010）利用勒弗朗和特拉努瓦（2004）提出的分解方法发现，中国居民父子间的代际职业传递性较强，教育的传递性次之，二者分别为 30.5% 和 17%；卓玛草和孔祥利（2016）考虑了未外出务工和外出务工两种情况，使用埃里克森（Erikssion，2005）"条件收入弹性"中间变量法得到：对前者而言，人力资本是代际收入传递的直接机制；对后者而言，职业传递的贡献率最高；陈杰等（2016）使用鲍尔斯和金迪斯（2002）和布兰登（2007）的分解方法也支持了职业是主要传递机制的结论：人力资本的贡献率介于 8.13% ~ 13.36%，而以子代职业类型为代表的社会资本的贡献率介于 16.1% ~ 22.02%。

贝尔曼和陶布曼（1985）把总体收入的方差分解为基因、家庭环境和个体因素三条路径，发现基因、家庭环境和个体因素分别能解释总体收入方差的 50%、5% 和 45%。比约克隆等（2005）采用和贝尔曼和陶布曼（1976）同样的方法发现个体因素对总体收入方差的解释度为 64%，家庭因素的解释度相对较小，男性和女性的基因对总体收入方差的解释度分别为 20% 和 10%。

方鸣、应瑞瑶（2010）对代际收入弹性进行分解，发现父代和子代之间代际教育传递和代际职业传递的解释度分别为 16.8% 和 30.5%；此外，城镇地区代际教育传递和代际职业传递的解释度要高于农村地区。埃里克森等（2005）采用条件代际收入弹性的方法，发现在初始模型中加入子代的健康程度后，女性的代际收入弹性下降了 25%；男性的代际收入弹性下降了 28%，说明健康对代际收入流动性有重要影响。陈琳、袁志刚（2012a）采用埃里克森等（2005）提出的条件代际收入弹性对我国代际收入流动性进行分解，发现社会资本对代际收入流动性的解释度呈上升趋势，人力资本的解释度起重要作用，财富资本（包括金融资产价值和房产价值）对代际收入流动性的解释度远高于社会资本和人力资本。鲍尔斯和金迪斯（2002）通过对父代和子代收入相关系数的分解，发现子代的受教育年限对代际收入流动性的解释度约为 22%。姚先国、赵丽秋（2006）沿用鲍尔斯和金迪斯（2002）的方法，将父代和子代收入的相关系数分解为健康、教育和社会关系三条路径，发现健康、教育和社会关系对代际收入流动性的解释度分别为 0.013、0.049 和 0.128，说明社会关系对代际收入流动性的解释度最高，教育次之，健康最低。孙三百、黄薇、洪俊杰（2012）同样采用鲍尔斯和金迪斯（2002）的方法，将父代和子代收入的相关系数分解为本人受教育程度、健康自评、文化资本变量（18 岁时家庭书籍数量）、社会资本变量（父亲户籍），发现本人受教育程度、健康自评、文化资本变量、社会资本变量对代际收入流动性的解释度分别为 0.23、0、0.07 和 0.06。布兰德（2007）采用中间变量法将代际收入弹性分解为子代的劳动力市场参与程度、健康和教育三部分，发现这三个因素对英国代际收入流动性的解释度超过了 50%。陈琳、袁志刚（2012b）采用布兰德（2007）的中间变量法对我国代际收入流动性的影响因素进行分解，发现社会资本、人力资本和财富资本对我国代际收入流动性的解释度超过 60%。陈杰，苏群（2015）同样采用布兰德的分解方法，在 1991 ~ 1993 年、1997 ~ 2000 年、2004 ~ 2006 年、2009 ~ 2011 年期间，子代教育对代际收入传递的解释度分别为 0.0838、0.0788、0.01888 和 0.1006，子代职业对代际收入传递的解释度分别为 0.2567、0.2468、0.2577 和 0.1723，说明子代职业对代际收入传递的解释度要高于子代教育，但从 2004 年开始，二者差距有所减小。

此外，不同地区子代教育和子代职业对代际收入传递的解释度均不同。黄潇（2014）采用条件对数收入模型和中间变量法来分析人力资本、生产资本、财富资本、社会资本和文化资本对代际收入流动性的影响及其解释度，发现人力资本、财富资本和社会资本均能促进代际收入流动；生产资本和文化资本不能促进代际收入流动。人力资本、生产资本、财富资本、社会资本和文化资本对代际收入流动性的解释度分别为 20.83%、−1.32%、0.11%、12.58% 和 7.58%。龙翠红、王潇（2014）采用条件对数收入模型分析教育、健康和社会资本对代际收入弹性的影响程度，发现加入教育、健康和社会资本后，代际收入弹性分别下降 9.2%、6.08% 和 3.41%，可见，教育对我国代际收入流动的影响最大，健康次之，社会资本最小。卓玛草、孔祥利（2016）基于埃里克森"条件收入弹性"的中间变量法，分析人力资本、社会资本和职业代际传递对代际收入流动系数的解释度，研究发现，当父代外出打工时，在基础模型中分别加入人力资本、社会资本和职业因素后，代际收入流动系数分别下降了 2.3%、5.1% 和 13.6%，说明职业传递对代际收入流动性的解释度最高，社会资本次之，人力资本最低；当父代外出打工时，在基础模型中分别加入人力资本和社会资本后，代际收入流动系数分别下降了 6.9% 和 11.8%，说明社会资本对代际收入流动性的解释度高于人力资本。

2.3　本章小结

2.3.1　总结

本章主要分为家庭财富代际不平等和代内不平等的两部分研究，前者从早期理论研究、数据库的建立、基于数据库的实证分析和 Bewley 模型在家庭金融资产不平等中的应用四个方面对家庭金融资产分布和不平等问题的相关研究成果进行了梳理和总结。后者主要从基本概念、代际收入流动性的度量、代际收入流动性的影响因素和代际收入流动性的分解四个方面对国内外现有文献进行归纳整理。

2.3.2　存在的问题及改进

早期的理论研究为之后家庭金融资产不平等问题的深入探究奠定了基础，但其中较为苛刻的假设使得早期的研究成果与现实情况相悖，比如传统的完全市场假设和同质经济人假设已经无法解释现阶段家庭金融资产的分布情况。之后数据库的建立打破了微观数据对家庭金融领域定量分析的禁锢，大量实证研究开始涌现。然而大量研究只是集中在对家庭金融资产分布情况的测算、家庭特征的描述及两者间相关关系的静态分析上，只有少量研究从宏观或者微观的层面上探究了导致家庭金融资产分布差异的作用机制，但并没有将这些影响因素纳入到一个完整的经济系统中进行考察，这可能会导致最终结果的偏误。Bewley 模型的发展在一定程度上弥补了早期研究的不足。第一，其引入了更贴合现实的不完全市场和异质性假设，相比早期的经济理论在解释家庭金融资产不平等问题时更有说服力。第二，该模型中设置的收入冲击、预防性储蓄动机和遗赠动机等机制形成了一个贴合现实的经济环境，为实证检验各种影响家庭金融资产不平等的宏微观因素的作用机制提供了系统的分析框架。第三，考虑了生命周期的Bewley 模型，可以将现有的静态分析扩展到动态分析上，考察家庭金融资产不平等问题在未来的发展趋势。本书将在 Bewley 模型不完全市场假设的条件下，从异质性和预防性储蓄动机两个角度对中国家庭金融资产静态的分布差异和代内不平等问题进行解释，并从货币资本和人力资本的代际传递角度对家庭金融资产不平等在长期内的形成机制和动态变化趋势进行分析。第四，在研究范围上，对于农户家庭信贷约束相关问题的研究主要基于某个地区的调查情况，使用覆盖全国样本的数据库较少。第五，在样本筛选上，筛选指标不同，往往结果也不一致。例如，杨亚平和施正政（2016）删除了没有工作以及总收入等于 0 的样本，而王海港（2005）所选取的样本中包括非劳动年龄人口。第六，没有统一的信贷约束衡量标准，潜在的需求型信贷约束多被研究学者们忽视。而上述问题的存在降低了各研究结果间的可比性及稳健性。第七，在信贷约束影响代际收入流动性上，已有的研究不多，比如李力行和周广肃（2014）在考察信贷约束影响代际收入弹性时，仅是构建了含信贷约束与父代收入交叉项的多元线性回归模型，并未考虑到代际收入流动性对不同背景家庭的区别，以及信贷约束影响代际收入流动的机制。本书将考虑农村信贷市场不完善的情况，分析信贷约束对代际收入流动性的影响以及可能的影响机制，以期剖析信贷约束对代际收入流动的作用机制。

第 ③ 章
家庭财富不平等问题的
理论分析

3.1　基于 Bewley 模型的理论分析

经典经济模型中的完全市场假设和同质经济人假设在很大程度上简化了模型求解的过程，但忽视市场是不完全的这一重要特征事实和个体异质性的存在会使得传统经济模型在解释部分经济现象时掣肘，尤其是当非代表性个体的行为在所研究的问题中无法被忽略时，引入市场不完全性和个体异质性就显得十分必要了。Bewley（1977，1983）提出的不完全市场模型为国内外学者研究资产不平等问题提供了强大的理论支撑和全新的探索视角。本章将通过两类 Bewley 模型从理论上解释家庭金融资产分布差异形成的原因，以及导致家庭金融资产不平等在长期内存在的作用机制。第一类是无限期界的 Bewley 模型，这一部分重点强调了不完全市场和个体异质性在家庭金融资产配置中的重要作用，阐述了家庭在面对收入冲击时所做的预防性储蓄行为带来的家庭金融资产分布的代内差异。第二类是世代交叠的 Bewley 模型，它是对无限期界 Bewley 模型的扩展，比不考虑生命周期的 Bewley 模型更贴近现实，从货币资本和人力资本的代际传递角度对家庭金融资产不平等在长期内形成和变化的动态机制做出了解释。

3.1.1　基于无限期界 Bewley 模型的代内不平等

　　在考虑借贷约束的不完全市场中，消费者在未来可能会受到特质性的收入冲击（Aiyagari，1994），借贷约束的存在使得经济个体不能简单地通过无限制地借入资金来平滑消费，储备金融资产则成为人们预防不确定的收入风险的一种必要手段。由于不同地区的社会经济制度、金融发展水平和生活习惯存在明显差异，每个消费者具有的经济地位、风险态度和主观偏好也不尽相同，这直接导致了家庭面临着不同程度的借贷约束和预防性储蓄需求，这种异质性最终导致了家庭金融资产配置的差异①。本章首先在不考虑生命周期结构特征的简单 Bewley 模型中，分析不完全市场和异质性假设下，不同总资产水平的家庭出于预防性动机积累金融资产的过程②。

　　在无限期界的 Bewley 模型中，假设经济个体的生命是永续的，并且可以通过借入资金来预防收入冲击，但是这种借贷行为可能会受到借贷约束的限制。因此，每个家庭在每一期都会选择将多少家庭资产用于消费，多少以金融资产的形式储存下来保留到下一期。每个家庭的消费和储蓄决策都是为了最大化其效用函数：

$$\max \quad E\left\{ \sum_{t=0}^{\infty} \beta^t U(c_t) \right\} \tag{3.1}$$

$$\text{s. t} \, c_t + a_{t+1} = wl_t + (1+r)a_t, \ c_t \geqslant 0, \ a_t \geqslant -b \tag{3.2}$$

　　其中，c_t，a_t，l_t 分别表示家庭在 t 期的消费水平、金融资产持有和劳动禀赋状况，$l_t \in (l_{min}, l_{max}) > 0$，家庭的原始金融资产和每个家庭成员的

---

　　① 此处使用金融资产作为家庭预防性储蓄的对象是因为金融资产的交易属性使得它相对其他家庭资产具有更强的流动性，通过金融资产储备这种方式来平滑消费更易实现。以家庭为单位研究金融资产不平等是因为金融资产作为预防性储蓄的一种方式，是家庭所有成员的收入在家庭消费和储蓄间分配的结果，受到家庭整体特征的影响，其所有权很难在家庭个体成员之间清晰界定。

　　② 为简化在 Bewley 模型中分析家庭金融资产不平等的过程，此处只考虑劳动收入和金融资产积累这两种家庭收入和储蓄方式，因为劳动收入是绝大部分家庭最主要的收入来源，这样的简化工作并不会影响最终的分析结果。所以，本章提及的家庭总资产只包括所有家庭成员获得的工资性收入、家庭金融资产及持有金融资产的资金回报。

劳动禀赋都是事先给定且相互独立的[①]，$U(c_t)$ 为 t 期的效用函数，β 是效用折现因子，时间偏好率 $\lambda = (1-\beta)/\beta > 0$，$r > 0$ 表示金融资产回报率的平均水平，此处假设 $r < \lambda$，w 是工资，b 代表借贷约束情况[②]。

同时为了保证非负的消费水平，家庭持有的金融资产总量需满足以下条件：$a_t \geqslant -wl_{min}/r$[③]。此时，家庭面临的借贷约束变为：

$$a_t \geqslant -\phi \qquad (3.3)$$

$$\phi \equiv \min\{b, wl_{min}/r\} \qquad (3.4)$$

在 t 期家庭可能持有的金融资产总量的最大值 $\hat{a}_t$：

$$\hat{a}_t = a_t + \phi \qquad (3.5)$$

则 t 期的家庭总资产 z_t 为：

$$z_t = wl_t + (1+r)\hat{a}_t - r\phi \qquad (3.6)$$

因此，式（3.2）可以改写为：

$$c_t + \hat{a}_{t+1} = z_t, \quad c_t \geqslant 0, \quad \hat{a}_t \geqslant 0 \qquad (3.7)$$

$$z_{t+1} = wl_{t+1} + (1+r)\hat{a}_{t+1} - r\phi \qquad (3.8)$$

令 $x = (a_t, l_t)$，则家庭持有金融资产的最佳值函数就是以下贝尔曼方程的解：

$$V(x) = \max\{U(c_t) + \beta E[V(a_{t+1}, l_{t+1})|x]\} \qquad (3.9)$$

给定借贷上限 b，工资率 w 和金融资产回报率 r 就可以解决以上递归问题，导出家庭最佳金融资产持有规则。最终，家庭金融资产需求函数可以表示为：

$$\hat{a}_{t+1} = A(z_t, b, w, r) \qquad (3.10)$$

在 $r < \lambda$ 的假设下，消费者的时间偏好率高，更倾向于现在消费；且 r 越低，人们越不愿意持有金融资产而放弃现在消费的机会，因为预防性储蓄是存在机会成本的。总资产水平较高的家庭能够在满足自身消费的前提

[①] 此处无限期界的 Bewley 模型主要是为了说明借贷约束和个体异质性在家庭金融资产分配和不平等形成中的重要作用，不考虑家庭的人力资本投资。

[②] b > 0 表示在不完全市场中家庭被允许借贷的上限为 b，b = 0 表示借贷是不被允许的。

[③] Aiyagari（1993）命题1。

下进行储蓄以应对未来不确定的劳动力冲击，这部分家庭面临的机会成本相对较低；总资产水平较低的家庭只能选择借入资金以尽可能维持现有的消费水平，而且总资产越少，借入的资金越多，担负的债务也就越接近借贷约束水平。当总资产水平过低时，在 $r < \lambda$ 的条件下，家庭的最佳决策就是借入借贷约束下最大可允许借入的资金并消费完所有的收入，即 $c_t = z_t$。此时，$\hat{a}_t = 0$，$a_t = -\phi$。由式（3.6）可知，$z_t = wl_t + (1 + r)(-\phi) + \phi = wl_t - r\phi$。

设消费者需要借入借贷上限才能维持现有消费水平时，家庭的总资产临界值为 $\hat{z}$[①]，则 $\hat{z} > z_{min} = wl_{min} - r\phi \geqslant 0$。如图 3 – 1 所示，当 $z_t \leqslant \hat{z}$ 时，$c_t = z_t$，消费曲线为一条向右上方倾斜的45°线。家庭的最优决策就是借入 ϕ 的金融资产并消费完所有的收入，此时没有额外的资产可以储存下来留到下一期。当 $z_t \geqslant \hat{z}$ 时，c_t、$\hat{a}_{t+1}$ 是 z_t 的严格递增函数。此时家庭不需要借入借贷上限那么多的金融资产就可以维持现有消费水平（消费曲线开始向下偏离45°线），并且能够在借贷约束限制下以金融资产的方式储存一部分家庭资产（家庭会在 t 期储存 $\hat{a}_{t+1}$ 的金融资产到 t + 1 期）用以缓冲收入冲击。当总资产 z_t 足够多时（$z_t > z_0$），家庭完全不需要通过借贷来维持现有消费水平，甚至能够匀出一部分资产进行储蓄（$a_{t+1} > 0$）。在这种情况下，融资约束事实上并不具有实际的约束力，消费者可以不通过借贷市场就能够使家庭的金融资产储备达到自身预防收入风险的目标储蓄水平。如此，总资产水平位于 $\hat{z}$ 左边的家庭忍受着借贷约束，家庭的所有收入只能够维持当期消费；而临界值 $\hat{z}$ 右边的家庭则可以在满足现有消费水平的前提下选择是否进行金融资产储蓄，以及如何将家庭资产在风险性金融资产和非风险性金融资产中分配。因此，拥有不同资产总量的家庭持有的金融资产便

---

① 临界值 $\hat{z}$ 的大小在很大程度上取决于借贷约束水平。若没有借贷约束限制，消费者可以只通过借入资金来缓冲收入风险，在这种情况下研究家庭金融资产不平等没有意义。若适当放松借贷约束，临界值 $\hat{z}$ 也会降低，能够在保持现有消费水平的同时储蓄金融资产来平滑未来消费的家庭数量会增加，这能降低整体的家庭金融资产不平等程度。反之，则会增加储蓄为零的家庭数目，加剧家庭金融资产分布两极分化。

出现了明显的分化。

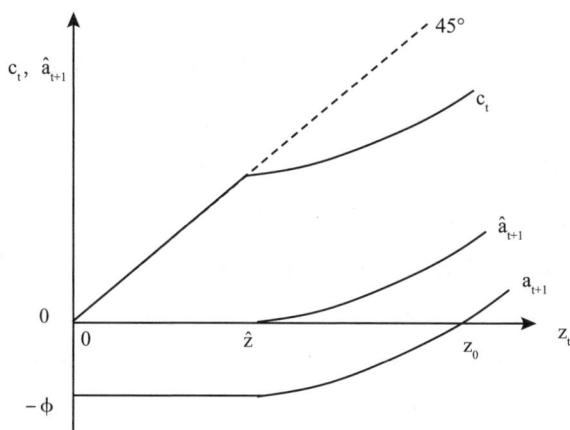

图 3 - 1　消费和资产需求

　　总的来看，预防性储蓄动机下的家庭金融资产积累应该以风险性较低的金融资产项目为主，因为此时家庭进行金融资产储备的主要目的不是为了获得投资回报，而是为了应对未来不确定的收入风险。但对于不同资产水平的家庭，他们在选择金融资产的配置方式上可能存在很大的差异。正如前文所述，家庭总资产水平低于 $\hat{z}$ 的家庭，只能在借贷约束下维持现有消费水平，没有额外的资产可以用于储蓄；家庭总资产略高于 $\hat{z}$ 的家庭能够储备一定的金融资产并且这部分家庭储蓄的目的更倾向于纯粹的预防性动机，家庭金融资产配置将以低风险性的项目为主；家庭总资产水平高于 z_0 的家庭更有可能配置风险性较高的金融资产，因为这部分家庭的风险承受能力更强，在进行预防性储蓄的同时也能够通过投资于风险性金融资产获得潜在的高额回报。那么，无限期界 Bewley 模型中的分析结果是否也能够解释当前中国家庭的金融资产分布情况？本书将在第 4 章的统计分析中检验中国家庭是否存在预防性储蓄动机，并根据城乡家庭和不同分位阶层家庭的金融资产配置情况，从宏观的经济环境异质性和微观的家庭经济地位异质性两个角度，检验异质性对我国家庭金融资产分布差异的影响。

3.1.2 基于有限期界 Bewley 模型的代际不平等

在无限期界的 Bewley 模型中，人们储蓄的动机只是为了应对未来不确定的收入风险，预防性储蓄是家庭金融资产不平等形成的直接原因。如果家庭拥有的总资产已经达到了家庭预防收入冲击的目标水平，那么消费者将不会再继续增加金融资产储备，因为他们有足够多的储蓄来缓冲未来的收入冲击，而且较高的时间偏好率也使得他们不愿多持有一个单位的金融资产。那么从长期来看，金融资产不平等的形成最终只与人们预防收入冲击的目标值有关，无论劳动生产率、金融资产回报率、借贷约束等因素如何变化，所有消费者储蓄的金融资产最终都会达到目标值，家庭没有动力保持极高的储蓄水平。这种静态的总资产不平等关系显然与现实情况是不相符的。本节将在无限期界 Bewley 模型的基础上引入生命周期特征，在世代交叠的 Bewley 模型中考察货币资本和人力资本的代际传递对家庭金融资产不平等在长期内形成和变化的作用机制。

假设每一期都有新的子代出生，每一代人最多能活 N 期，在 (t－1) 岁的时候，每个经济个体都有 S_t 的概率能活到 t 岁。与无限期界模型中相同的是在不完全市场和个体异质性的假设下，消费者面临着特质性的收入冲击；不同的是在有限的生命周期内，消费者同时还面临着年老后丧失劳动能力带来的生命周期风险。因此，消费者会将拥有的总资产在满足家庭当期消费、应对未来收入风险的储蓄、为老年生活准备的储蓄和子代人力资本投资这四方面进行分配，其决策的标准是最大化消费效用函数：

$$\max \quad E\left\{ \sum_{t=1}^{N} \beta^t \left(\prod_{j=1}^{t} S_t \right) u(c_t) \right\} \tag{3.11}$$

$$\text{s. t.} \quad c_t + a_{t+1} = wl_t^T + (1+r) a_t^T \tag{3.12}$$

$$c_t \geq 0, \ a_{t+1} \geq -b, \ a_{t+1} \geq 0, \ \text{if } t = N \tag{3.13}$$

与无限期界的 Bewley 模型中不同的是，此处的劳动生产力 l_t^T 和家庭金融资产 a_t^T 不再是独立的，两者在很大程度上取决于父代的资产状况、社会地位、消费和储蓄习惯等因素。第一，资产状况较好的父代有更充裕的资金可以为子代提供人力资本投资，子代的劳动生产力 l_t^T 也会更高。较高的劳动生产力会为子代带来更高的劳动回报率 w，子代家庭的总资产也会相应增加，更有可能在满足家庭消费的同时进行金融资产储备。因此，父代持有的总资产会通过改变子代人力资本投资状况间接影响子代家庭金融资产的积累。第二，父代的储蓄行为、风险态度和金融资产的配置方式都会对子代的储蓄决策造成潜移默化的影响，有效的金融资产配置能够提高家庭金融资产的平均回报率 r。另一方面，父代去世后留下的金融资产在国内基本都会以遗赠的方式传递给子代，这将直接增加子代家庭持有的金融资产总量 a_t^T；因此，子代家庭总资产中的金融资产部分 $(1+r)a_t^T$ 会直接受到父代金融资产配置行为的影响。

由式（3.10）可知，家庭金融资产需求函数可以表示为 $\hat{a}_{t+1} = A(z_t, b, w, r)$，$\hat{a}_{t+1}$ 是 z_t 的增函数，家庭总资产 z_t 是 w 的增函数，r 越大越不利于借入资金的家庭，越能够增加持有金融资产的家庭的资产总量。由 $a_t = \hat{a}_t - \phi$ 可以推出在个体生命周期内，家庭持有的金融资产总量为 $Ea = E[A(z, b, w, r)] - \phi$，金融资产持有量与家庭总资产 z，借贷约束 b，工资率 w 和金融资产组合的平均回报率 r 均相关，而不完全取决于永续模型中人们为应对收入冲击储备的目标水平值。在 3.1.1 节中，家庭在资产总量达到 $\hat{z}$ 时才有可能进行金融资产储备，家庭的初始资源禀赋是给定的，家庭金融资产的分布差异最终是由于借贷约束下的个体异质性导致的。在世代交叠的 Bewley 模型中，子代家庭的初始资产和劳动禀赋在很大程度上取决于父代对子代货币资本和人力资本的代际传递。之后的家庭总资产的变化将受到子代家庭的工资性收入 w、金融资产持有量 a 及金融资产回报率 r 的影响，而这三类因素又会受到父代家庭总资产的直接和间接影响。因此，在世代交叠的 Bewley 模型中，家庭金融资产分布和不平等状况同时与父代和子代的资源禀赋相关，并且会在代与代之间不断传递和变化。

更直观的，相比于图 3-1 中 $\hat{z}$ 左侧位置的家庭，位于 $\hat{z}$ 右侧的家庭特别是 z_0 右侧的这部分家庭更可能给予子代充分的人力资本投资和留下更多的家庭资产①。因此，来自富裕家庭的子代拥有的初始资产水平就要远高于来自贫困家庭的孩子。再者，决定家庭总资产的工资性收入直接由家庭成员的工作性质和产出水平决定。富裕的家庭在总资产方面的优势能够为子代提供优质的人力资本投资，在社交网络方面的优势能够为子代创造更理想的实习与工作的机会，这部分家庭的子代更有可能胜任高薪职位。此外，家庭金融资产组合也会影响资产积累的速度和金融资产不平等分布的结果，合理的资产组合会为家庭带来长期稳定的期望收益 r 从而提高家庭总资产水平。而金融资产的收益与风险相对应，要获得超额的投资回报就必须承担潜在的巨大风险，资产水平高的家庭承受风险的能力相对总资产水平低的家庭要强一些，更有可能配置高风险、高收益的金融资产。子代对家庭金融资产组合的选择直接受到父代观念和行为的影响，因而家庭金融资产选择和积累的习惯及模式也会在代际间传递。只能依靠借贷来平滑消费的这部分家庭的子代不仅不能通过储备金融资产应对收入冲击和获得额外的投资回报，还需要另外为借入的资金支付一定的成本。如此一来，家庭金融资产的持有就出现了两极分化。通过以上分析可以看出代际间的联系会使得富人的孩子仍旧富裕，穷人的孩子愈发贫穷，世代交叠模型下的家庭金融资产分布可能比无限期界模型下的资产分布更不平等，而且这种不平等会在代与代之间持续存在着。

在世代交叠的 Bewley 模型中，家庭的储蓄动机变得更为复杂，但对家庭金融资产选择和分布的解释也更完善。从家庭金融资产代内分布的情况来看，世代交叠的 Bewley 模型与无限期界的 Bewley 模型中父代家庭金融资产的分布结果相似；从家庭金融资产代际传递的角度看，考虑了生命周期的 Bewley 模型从代际传递角度对家庭金融资产不平等在长期内形成和变化的作用机制进行了更完整的阐释。这种作用机制是否能够解释现阶段中国家庭金融资产的分布差异？是否能够预测中国家庭金融资产不平等在未

---

① 在世代交叠的 Bewley 模型中的临界值 $\hat{z}$ 和 z_0 要在坐标轴上更往右移一段距离的位置。因为消费者除了满足自身的消费和缓冲储备需求外，还需要从总资产中挪用一部分出来用于子代的人力资本投资，此时需要通过借入借贷上限来满足各项支出的家庭数量增加。

来的变化趋势？本书将在第七章的实证分析部分，从货币资本和人力资本代际传递的角度对世代交叠 Bewley 模型中家庭金融资产不平等在代际间的传递机制进行验证。

3.2　基于世代交叠模型的理论分析

世代交叠模型（overlapping generations model）最早由萨谬尔森（Samuelson，1958）提出。随后，戴蒙德（1965）将其与索罗模型进行融合得到标准形式。模型假定经济个体具有有限期界，人只能存活于不变数目的离散时期，一般是两期或三期，设定消费者的效用函数，在个人收入水平既定的预算约束条件下，求解经济个体一生跨期最优消费的决策行为。世代交叠模型在人力资本投资研究中得到广泛使用。本章借鉴巴塔查里亚等（2014）构建的世代交叠模型理论框架，解析信贷约束影响代际收入流动性的作用机制。

3.2.1　人力资本投资债券模式的静态分析

1. 基准模型

假设在一个仅有一种商品（假设为易腐品）的小型开放经济体中，经济中所有个体都偏好平稳性消费；为保证家庭的延续性，假设每个人都有一个父辈和一个子代。在模型中，有首届一代老年人，中年人和幼儿。市场中的个体在各个时期都会得到均等的禀赋（外生给定），即（w_y，w_m，w_o），并假定幼儿的初始禀赋都为零，即 $w_y = 0$。首届中年人会从初始遗产分布 $G(x_0)$ 中获得初始遗产。为简化研究，本书认为子代只接受股权形式的人力资本投资，无其他消费，即 $c_y = 0$。每个个体都将在其中年初期获得父代所留下的遗产，在老年期又为下一代留下遗产。市场中个体都是理性的，且除中年期获得的遗赠量以外的其他条件均相同（包括个人能力等条件）。基于代际利他主义，假设父代可从留给下一代的遗产中获取以其遗赠量为基础的效用，其比重为 φ。

以一个第 t – 1 期出生的个体为例，假设他的总效用函数为：

$$U_{t-1} = u(c_{m,t}) + \beta[u(c_{o,t+1}) + \phi u(x_{t+1})] \qquad (3.14)$$

其中，$c_{m,t}$ 和 $c_{o,t+1}$ 分别为个体在中年期和老年期的消费；x_{t+1} 是该个体在老年期留下的遗产；β 为个体在中年期对老年期消费效用的偏好程度。为简化求解，本书假设效用函数为对数效用函数（即 $u(c) = \ln c$ 形式，下同）[①]。同时，个体在中年期和老年期面临的约束条件分别为

$$c_{m,t} = w_m + x_t + f(h_{t-1}) - Rh_{t-1} - s_t \qquad (3.15)$$

$$c_{o,t+1} = w_o + Rs_t - x_{t+1} \qquad (3.16)$$

其中，x_t 为个体在中年期获得的遗赠资产量；h_{t-1} 为第 t – 1 期出生的个体在幼年期投资的人力资本量，并假定为外生解释变量；R 为资金借贷的收益率（R > 1）；$f(\cdot)$ 为人力资本的收入函数，并假设为一个一阶连续可微的凹函数[②]，且 $f(0) = 0$；s_t 是个体在中年期的储蓄。

2. 无融资约束的理论分析

假设金融市场完善，当不存在信贷约束时，无论贫穷还是富裕家庭都可通过货币市场借贷，将式（3.15）与式（3.16）代入式（3.14）中，并对人力资本求偏导得最优人力资本投资条件为

$$f'(h_{t-1}) = R \qquad (3.17)$$

因为 R 为常数，长期来看，社会所有个体均衡时有 $h^* = R$。此外，R > 0，所以最优人力资本量 h^* 必定介于 0 与 $\bar{h}$（假设 $f'(\bar{h}) = 0$，即使人力

---

① 效用函数也可以设定为狭义效用和遗产效用的加总，而居民优化决策结果是两者保持一定的比例，与本文设定的结果一致。

② 因为随人力资本投入的增加，获取收入的能力也会增加，但由于人的生命周期有限，可劳动的时间也会随之下降，当人力资本投入时间超过一定限制时，一生的总收入将会下降，所以假设人力资本的收入函数呈倒"U"型的凹函数。

资本收入函数达到最大值处的 h），具体情况如图 3 - 2 所示，对应的均衡人力资本收入为 f(h*)。

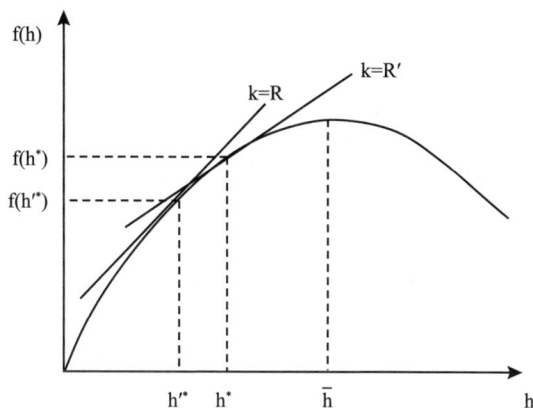

图 3 - 2　最优人力资本投资决策

再对 x_{t+1} 求偏导，得到个体在老年期的最优遗赠量 x_{t+1}^*：

$$x_{t+1}^* = \beta\phi \frac{R[w_m + f(h^*) - Rh^* + x_t] + w_o}{1 + \beta + \beta\phi} \tag{3.18}$$

从式（3.18）可以看出，最优遗赠量依赖于个体的终生收入以及他在中年期所获得的遗赠量，而其终生收入又取决于他在幼年期的人力资本投资量。若将 $\bar{x}_{t+1}^*$ 视为 x_t 的函数，则系数为 $\beta\phi R/(1 + \beta + \beta\phi)$，即子代的遗赠量对父代遗赠量的依赖度，该值越大，代际收入弹性越大，代际收入流动性越弱，反之亦然。由此看来，社会各个阶层家庭的代际收入流动性相同，子代向上或向下阶层移动的机会相同。

在不考虑违约的情况下，所有个体都能得到 h* 数量的资金投资于人力资本，因而此时每个个体所面临的优化问题仅有在中年期获得的遗产量不同。式（3.18）还表述了各个家庭遗产量的动态演化过程。由于 $\bar{x}_{t+1}^*$ 是 x_t 的线性函数，且当 $x_t = 0$ 时，x_{t+1}^* 严格大于 0，因此若下述假设成立，系统仅有一个均衡点：

假设 1：$1 + \beta + \beta\phi > \beta\phi R$。

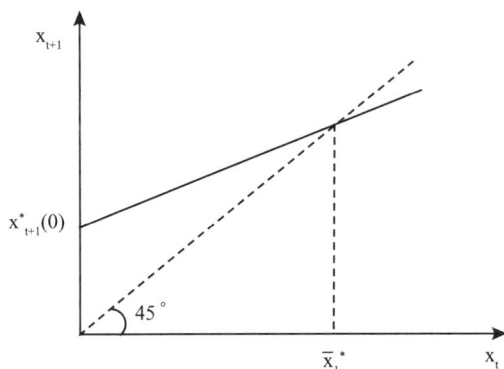

图 3-3　无信贷约束下代际收入流动性

如图 3-3 所示，此时 $\bar{x}_{t+1}^{*}$ 关于 x_t 的函数的斜率小于 1，必然会与直线 $x_{t+1} = x_t$（45°线）相交于某一点，记为 $\bar{x}_1^{*}$，该点即为无信贷约束下的均衡点。通过计算得：

$$\bar{x}_1^{*} = \beta\phi \frac{R[w_m + f(h^{*}) - Rh^{*}] + w_o}{1 + \beta + \beta\phi - \beta\phi R} \qquad (3.19)$$

从式（3.19）可以看出，$\bar{x}_1^{*}$ 是一个稳定的解。在市场完全的情况下，家庭初始的遗产分布 $G(x_0)$ 对均衡点不会产生影响。因此，最终每个家庭所留遗产都会相等，即 $\bar{x}_1^{*}$。

理论结论 1：无信贷约束时，各收入阶层的经济个体代际收入流动性相同，长期家庭财富趋于一致。

3. 信贷约束下的理论分析

本节在上一节无信贷约束的基础上，进一步引入信贷约束考察经济个体的最优化问题。由于信用市场不完善，违约惩罚机制不健全，市场中个体需要自行采取措施以减少违约事件的发生。

假设借款者可通过搬家等方式来躲债，而债权人可以通过采取追踪行动讨债，且追踪花费的成本为 z。若借款者想永久地躲避债务，则需花费 az（其中 a > 1）量的资金。因此，借款者的成本无疑会上升，假设新的成本为 R′。为避免套利行为发生，借款者若需借款额为 h，那么收益率 R′必须满足下式

$$hR' = hR + z \tag{3.20}$$

此外，为了避免借款者发生违约行为，债权人可使借款者违约成本大于债务，即

$$hR' \leqslant az \tag{3.21}$$

结合式（3.20）和式（3.21）可得到新的借贷收益率 R′需满足的约束条件，即

$$R' \geqslant \frac{a}{a-1}R \tag{3.22}$$

此时，R′独立于借款额 h，且必然有 R′ > R。

假设市场上信息对称，投资者可提前获知借款者在中年期获得的遗产。若个体违约，投资者采取将其永久地逐出金融市场，并没收其全部储蓄的惩罚措施。若个体在中年期继承的遗产越多，那么违约后其在中年期的消费将远高于其在老年期的消费，从而违背了稳定消费偏好的原假设。所以，投资者可通过事先了解借款者在中年期获得的遗产量决定投资数额，从而减少违约事件的发生。那么，相较于本章第一节，本节经济个体效用最大化问题将多出两个约束条件，即

$$h_{t-1} \leqslant \bar{h}_{t-1}(x_t) \tag{3.23}$$

$$-s_t \leqslant \bar{s}_t(x_t) \tag{3.24}$$

上述两式表明，个体继承的遗产量影响着个体的人力资本投资额，且 $\bar{h}_{t-1}(x_t)$ 是关于 x_t 的一个增函数。

由于信贷约束是投资者根据借款者获得的遗赠量决定的，那么为了规避违约发生，以下两个式子必然成立：

$$\ln(w_0 + s_t R) + \phi \ln x_{t+1} \geqslant \ln\left(\frac{w_0}{1+\phi}\right) + \phi \ln\left(\frac{w_0}{1+\phi}\right) \tag{3.25}$$

$$\ln c_{m,t} + \beta\left[\ln c_{o,t+1} + \phi\ln x_{t+1}\right] \geq \ln\left[w_m + f(h_{t-1}) + x_t\right] + \beta\ln\left(\frac{w_o}{1+\phi}\right) + \beta\phi\ln\left(\frac{w_o}{1+\phi}\right)$$

$$(3.26)$$

式（3.25）左边表示不违约时个体的总效用，右边表示个体在中年期违约时所获得的总效用。式（3.26）左边表示不违约时在老年期获得的总效用，右边表示违约时在老年期获得的总效用。

若个体在中年期的储蓄量为负值，则老年期也不可能偿还债务。因为在老年期其资产仅用于消费或遗产，不会在老年期储蓄，违约惩罚机制也就不能对个体造成任何威胁。所以，个体在中年期的储蓄量 s_t 必须满足：

$$s_t \geq 0 \qquad (3.27)$$

记第 $t-1$ 期出生，在幼年时期投资了数量为 h_{t-1} 的人力资本，在中年期获得 x_t 遗赠量的个体间接效用函数为 $V_m(h_{t-1}, x_t, R')$，即

$$\max_{\{c_{m,t},c_{o,t+1},x_{t+1}\}|h_{t-1},x_t} \ln c_{m,t} + \beta\left[\ln c_{o,t+1} + \phi\ln x_{t+1}\right] \qquad (3.28)$$

且服从约束式（3.27）。再根据约束条件式（3.26），可得第 $t-1$ 代个体所能获得的最大借款额度 $\bar{h}_{t-1}$：

$$H(h_{t-1}, x_t, R') \equiv V_m(h_{t-1}, x_t, R') - \ln\left[w_m + f(h_{t-1}) + x_t\right]$$

$$- \beta\ln\left(\frac{w_o}{1+\phi}\right) - \beta\phi\ln\left(\frac{w_o}{1+\phi}\right) = 0 \qquad (3.29)$$

必存在某个 $\bar{h}_{t-1} \geq 0$ 使得式（3.29）成立。因为首先根据平稳性消费偏好的假设，可知通过金融市场使得消费平稳化得到的效用必定会弱占优于自给自足时的效用，也就是说必然有 $H(0, x_t, R') \geq 0$。但是，随着 $\bar{h}_{t-1}$ 的不断增大，借款者将发现惩罚导致的损失小于违约行为给他们带来的效用，即当 $\bar{h}_{t-1} \to \infty$ 时，借款者必定会选择违约，也就有 $H(\infty, x_t, R') \geq 0$。因此，由价值定理可知必定存在某个 $\bar{h}_{t-1} \geq 0$ 使得上式成立。

因为当上述的约束条件都满足时，违约导致的损失显然会超过守约带来的效用，所以每个个体最多只能得到 $\bar{h}_{t-1}$ 量的资金，在这个范围内，借款者会将借款成本和利息还给投资者，违约将不会发生。借款上限 $\bar{h}_{t-1}$ 是关于遗产 x_t 的函数，个体面临的借款上限因其拥有遗产的不同而不同，且

随着中年时期所获遗赠量 x_t 的增大而变大。主要的原因是：遗赠量 x_t 越大不仅表明个体在中年期的还款能力越强，而且表明违约行为对个体造成的损失越大，此时个体违约概率越小。有些个体的信贷约束完全是松的，即可借到 h^* 的资金投资于人力资本；但有些个体的信贷约束却完全是紧的，其借款上限为 0，即无法借款投资于人力资本。

基于上述假设，重新规划个体所面临的优化问题：

$$U_{t-1} = u(c_{m,t}) + \beta[u(c_{o,t+1}) + \phi u(x_{t+1})]$$

$$\text{s. t.} \quad c_{m,t} = w_m + x_t + f(h_{t-1}) - R'h_{t-1} - s_{tR}$$

$$c_{o,t+1} = w_o + R's_t - x_{t+1} \tag{3.30}$$

$$s_t \geq 0$$

对 h_{t-1} 求偏导得到新的最优人力资本投资满足的条件：

$$f'(h_{t-1}) = R'$$

因为 R 为常数，长期来看，社会所有个体均衡时有 $h'^* = R'$。此外，$R > R' > 0$，所以最优人力资本量 h'^* 必定介于 0 与 h^*，具体情况如图 3-2 所示，对应的均衡人力资本收入为 $f(h'^*)$。

求 s_t 和 x_t 的偏导后得一阶条件，整理结果如下：

$$\hat{s}_t = \frac{(1+\phi)\beta[w_m + f(\bar{h}_{t-1}) - R'\bar{h}_{t-1} + x_t] - \frac{w_o}{R'}}{1 + \beta + \beta\phi} \tag{3.31}$$

$$\hat{x}_{t+1} = \beta\phi \frac{R[w_m + f(\bar{h}_{t-1}) - R'\bar{h}_{t-1} + x_t] + w_o}{1 + \beta + \beta\phi} \tag{3.32}$$

注意到值函数 $V_m(h_{t-1}, x_t, R)$ 又可以表示为：

$$V_m(h_{t-1}, x_t, R) = \max_{s_t \geq 0 \mid b_{t-1}, x_t} \ln[w_m + f(h_{t-1}) - R'h_{t-1} - s_t]$$
$$+ \beta\ln(A) + \beta\ln(\phi A) \tag{3.33}$$

其中，$A = \ln\left(\frac{w_0 + s_t R}{1 + \phi}\right)$。

讨论遗赠量的范围：当 $\partial U_{t-1}/\partial s_t \mid_{h_{t-1}=s_t=0} \geq 0$ 成立时，也即幼年期人力资本投资量为 0，个体在中年期的零储蓄（$s_t = 0$）是一种过度的储蓄行为。这意味着那些个体在幼年期和中年期都会有借款需求，而且中年期必然会违约，因为被逐出金融市场的惩罚对其并无造成威胁。基于此，贷款者并不偏向于贷款给这类个体。此时，从式（3.29）可知，当且仅当 $\hat{s}_t = 0$ 时，个体面临的借款上限为 0。这意味着，当 $w_0 / [(1 + \phi)(w_m + x_t)] \geq \beta R$ 时，个体在幼年期和中年期的借款都将受到限制，因为只要上式成立，个体在中年期的储蓄必定为负，需要通过借款来平滑消费；而当 $w_0 / [(1 + \phi)(w_m + x_t)] < \beta R$ 时，这类个体又可被分成两类：第一类是个体虽然能够借到一定投资于人力资本的资本，但其上限达不到最优值，即 $\overline{h}_{t-1} < h^*$，第二类个体与完全市场的状况相同，完全无融资约束，即 $\overline{h}_{t-1} \geq h^*$。

其中，$w_0 / [(1 + \phi)(w_m + x_t)] < \beta R$ 是否成立将受到 x_t 值大小的影响，这个不等式就决定了借款上限为零或大于零的群体。首先，必然会存在一个遗产量下界，记为 x_l，使得当个体继承的遗产量 $x < x_l$ 时，个体的融资上限为 0，即 $\overline{h}_{t-1}(x) = 0$。显然，当 $\hat{s} = 0$ 时，就有 $x_t = x_l$，因此代入式（3.18）计算即可得

$$x_l = \frac{w_0}{\beta(1 + \phi)R'} - w_m \qquad (3.34)$$

其次，由于 $\overline{h}_{t-1}$ 是关于 x_t 的增函数，所以必定存在一个上界，记为 x_h，使得当 $x \geq x_h$ 时，信贷约束完全是松的（$\overline{h}_{t-1}(x) \geq h^*$）。$x_h$ 可通过求解式（3.16）求得，再将式（3.16）中的 $\overline{h}_{t-1}$ 换成 h^*，代入最优储蓄量便可得到下面的方程

$$\ln[w_m + f(h^*) - R'h^* + x_h - \hat{s}(b^*, x_h)] + \beta(1 + \phi)\ln[w_0 + \hat{s}(b^*, x_h)R] =$$
$$\ln[w_m + f(h^*) + x_h] + \beta(1 + \phi)\ln w_0 \qquad (3.35)$$

这样，遗赠量就被下界 x_l 和上界 x_h 划分成三个区间。对于低收入阶层（$x < x_l$）个体来说，其无法获得资金投资于人力资本（$\overline{h} = 0$）；对于处于中层（$x_l < x < x_h$）的个体来说，其能得到一定量的投资于人力资本的资金，但投资额小于最优人力资本投资量（$0 < \overline{h} < h^*$）；而高收入阶层的个体（$x \geq x_h$），其信贷约束完全是松的（$\overline{h} \geq h^*$），人力资本投资量与市场完全的情况下相同。因此处于不同阶层的个体给子代的遗赠量最终归结为：

$$x_{t+1} = \begin{cases} \dfrac{\phi}{1+\phi} w_o, & x_t \leqslant x_l \\[3mm] \beta\phi \dfrac{R[w_m + f(\overline{h}_{t-1}) - R'\overline{h}_{t-1} + x_t] + w_o}{1+\beta+\beta\phi}, & x_l < x_t < x_h \\[3mm] \beta\phi \dfrac{R[w_m + f(h^*) - R'h^* + x_t] + w_o}{1+\beta+\beta\phi}, & x_h \leqslant x_t \end{cases} \quad (3.36)$$

显然，式（3.36）可视为关于 x_t 的分段函数，且当 $x_t \in [x_l, x_t]$ 时，有

$$\frac{\partial x_{t+1}}{\partial x_t} = \frac{\beta\phi R}{1+\beta+\beta\phi} \left\{ \left[f'(\overline{h}_{t-1}) - R' \right] \frac{\partial \overline{h}_{t-1}}{\partial x_t} + 1 \right\} > 0 \quad (3.37)$$

恒成立。也就是当 $x_t \in [x_l, x_t]$ 时，x_{t+1} 是单调递增的。

首先，若 $\phi w_o / (1+\phi) < x_l$，也就是当 $w_m < (1-\beta\phi R) w_o / (\beta R + \beta\phi R)$ 时，式（3.36）中的第一段曲线就会从左往右水平穿过 $45°$ 度线；其次，x_{t+1} 的第三段曲线与无融资约束下的情况相同，所以只要假设 1 成立且有 $x_h < \overline{x}_1^*$，第三段曲线也将从左往右穿过 $45°$ 线，只不过位置比第一段要高。又由式（3.37）可知，其第二段曲线是单调递增的，所以第二段曲线必然会从下往上穿过 $45°$ 线。将其整理到一起，就有：

假设 2：$w_m < (1-\beta\phi R) w_o / (\beta R + \beta\phi R)$ 且 $x_h < \overline{x}_1^*$。

当假设 1 和假设 2 同时成立时，信贷约束的流动性和家庭财富演化机制可由图 3-4 表示。其中，L_0、H_0 分别为第一、二、三段曲线的交点；M_0 为第二段曲线与 $45°$ 线的交点，对应的家庭财富水平为 x_2，而 x_1 和 x_3 分别是第一段曲线和第三段曲线与 $45°$ 线的交点，表示为家庭财富均衡时的状态。若曲线偏离 $45°$ 线的程度代表代际收入流动性，越偏离，代际收入流动性越大。那么，根据曲线的形状可以看出，M_0 处（中间收入阶层）的代际收入流动性最强，而位于两端的 L_0（低收入阶层）和 H_0（高收入阶层）的代际收入流动性较弱。其中，第二个均衡点 x_2 不稳定，因为从长期来看，位于 x_2 左边的那部分由于 $x_{t+1} < x_t$，因此每代人都具有向下的流动性，人力资本投资量随之下降，遗赠量也会慢慢减少，并最终收敛于 x_1。而位于 x_2 右边的部分则由于 $x_{t+1} > x_t$，具有向上的流动性，人力资本投资量随之上升，遗赠量最终收敛于 x_3。因此，从长期来看，稳定的均衡

点只有位于两端的 x_1 与 x_3。

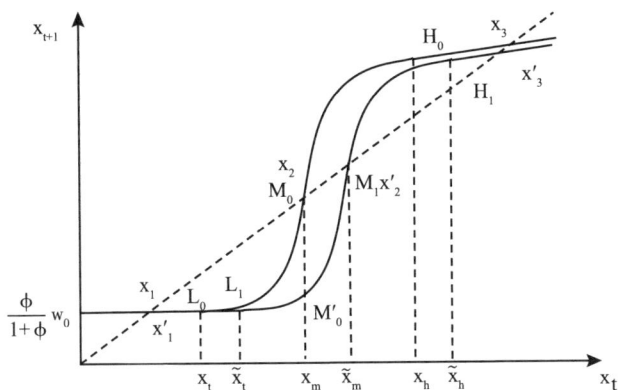

图 3 – 4　信贷约束下代际收入流动性和家庭财富演化机制

理论结论 2：在信贷约束的假设下，当假设 1 和假设 2 同时成立时，可以得到两个长期稳定的均衡点 x_1 和 x_3，以及一个不稳定的均衡点 x_2。x_1 对应的财富量较低，而 x_3 对应的财富量较高，因此从长期来看，家庭财富分布会出现两极分化的状态。对应地，位于收入两端的代际收入流动性较小，中等收入阶层家庭的代际收入流动性最大。

4. 信贷约束加强的理论分析

在现实生活中，尽管违约者通常会受到金融市场的惩罚，但有时他们也被允许持有金融资产。在上节基础上，假设一旦借款者被发现违约，之后将被终生逐出金融市场。如果放宽遗产被完全剥夺的假设，那么之前的结果还会保持不变吗？为了回答这个问题，本节将对违约惩罚力度进行讨论，放宽金融资产完全可剥夺这个假设条件，并认为只剥夺违约者的部分财产，比例为 θ，且 $0 \leqslant \theta \leqslant 1$。当 $\theta = 1$ 时，也就意味着违约者的财产全部被剥夺。尽管违约惩罚力度有所放松，但之前的结果依然成立。只是融资约束变强了，之前存在信贷约束的家庭对人力资本的投资将进一步减少。

首先，假设信贷约束变强的情况类似于减少违约者中年期的利息收入，依然以一个 t − 1 期出生的个体为例，违约行为使其中年期的利息收入由原来的 RS_t 减至 $(1-\theta)RS_t$。这也就意味着完全信贷约束所对应的遗赠量下界 x_l 将上升，即

$$\tilde{x}_l = \frac{w_o}{\beta(1+\phi)(1-\theta)R} - w_m > x_l \qquad (3.38)$$

对于中年期只获得少量遗赠的借款者来讲（$x_l \leq \tilde{x}_l$），惩罚力度的减弱对其决策不会产生实质性影响，而只会增加这些人的违约动机，从而使他们面临的信贷约束变强。因此，所获遗赠量满足 $x_l \leq \tilde{x}_l$ 的借款者所在的家庭面临的财产累积运动规律保持不变，所以稳定状态 $\bar{x}_l$ 仍然存在。

其次，对于在中年期有多余存款的个体而言，违约只夺取其部分金融资产的惩罚机制降低了其违约成本，因而增加了其违约的可能性。基于此，相较于完全夺取财产的惩罚，此时投资者将会降低对幼年个体的投资欲望。其结果是：一方面强化了市场中个体的信贷约束；另一方面，对于"完全夺取金融资产"的惩罚，此时借款者必须在中年期获得更多的遗赠量，才能增加投资者对其不会在中年期违约的信任，以获得与之前相同量的人力资本投资额。而后者的约束则预示着存在一个类似于 x_h（当个体在中年期获得的遗赠量超过这一界限时，信贷约束完全是宽松）的变量增加了，即 $x_h \leq \tilde{x}_h$。显而易见，当 $\tilde{x}_h < \bar{x}^*$ 时，潜在的遗产动态演变并未发生性质上的变化。信贷门槛的上升，使部分原先可以借到一定量资金的个体也落入完全信贷约束的区间之中，间接使得家庭总体人力资本投资量下降，从而加剧了家庭财富分布两极分化的趋势。

从图 3 − 4 看，L_1、H_1 分别为信贷约束程度加深后第一、二、三段曲线的交点；M_1 为第二段曲线与 45°线的新交点，对应的家庭财富水平为 x_2'，而 x_1' 和 x_3' 分别是第一段曲线和第三段曲线与 45°线的交点，表示是家庭财富均衡时的状态。对比上一节的图形可以看出，原来 M_0 处（中间收入阶层）现在为 M_0'（中低收入阶层），代际收入流动性减弱，长期看来，均衡点将为 x_1'。此外，为了对称美观考虑，将 x_m 大致设置在 x_l 和 x_h 中点处，但现实中并非一定如此。根据信贷约束强度变化的分析可得，当信贷

约束较强时，x_m 位置偏右，有更多的群体家庭财富长期均衡点为 x_1，更少群体的家庭财富长期趋向于均衡点 x_3。当信贷约束较弱时，则表现出相反的特征。

理论结论3：在信贷约束程度加强时，可以得到两个稳定的新的长期均衡点 x_1' 和 x_3'，以及一个新的不稳定的均衡点 x_2'。x_1' 对应的财富量较低，与 x_1 一致。而 x_3' 对应的财富量较高，但低于 x_3。因此从长期来看，整体曲线呈右移趋势，家庭财富的两极分化的程度加深。对应地，中间收入阶层的流动性降低了。

3.3 本章小结

本章在不完全市场和异质性的假设下，借助无限期界的 Bewley 模型和世代交叠的 Bewley 模型分析了家庭出于预防性动机储备金融资产的差异性结果及导致这种结果长期形成的作用机制。无限期界的 Bewley 模型给出了分析金融资产不平等的基本框架——经济个体在面临不确定的收入冲击的条件下，其目标是通过最优化消费决策和资产积累决策来对总消费效用折现的期望值进行最大化，预防性储蓄是金融资产集中分布的直接原因。总资产低于临界值的家庭通过借入借贷上限仅够维持现有消费，位于临界值之上的家庭在满足消费的同时还能够储蓄一部分金融资产用于应对未来的收入冲击，家庭金融资产分布的差异由此产生。在永续模型中，家庭金融资产代内不平等的形成机制与无限期界的 Bewley 模型中类似，但是这种不平等会因为代际间的优势传递而长期存在。其次，本章又根据世代交叠模型构建基本的理论框架，分析了信贷约束影响代际收入流动性的传递机制。对比金融市场无摩擦的情况，考虑信贷约束存在时，贫穷与富裕家庭父代对子代人力资本投资的变化，进而揭示信贷约束对代际收入流动性的影响。理论分析得出：一是无信贷约束时，所有阶层家庭对子代都可进行最优人力资本投资，子代一生收入也达到最优水平，且代际收入流动性相同，长期家庭财富趋于一致；二是有信贷约束时，家庭对子代的最优人力资本投资减少，未来子代一生收入随之下降，且中间家庭的代际收入流动性较强，贫困和富裕家庭的流动性较弱，长期来看，家庭财富出现两极分化；三是当信贷约束情况加深时，家庭对子代的人力资本投资进一步下降，子代一生收入也进一步降低，且中间收入阶层家庭的代际收入流动性随之削弱，家庭两极分化程度加深。本书将在接下来的两章对理论部分的结论进行论证。

第4章
我国城镇家庭财富代内不平等的研究

上一章的无限期界 Bewley 模型介绍了置身不完全市场中的家庭为应对未来不确定的收入风险而进行预防性储蓄的情况，预防性动机使得大部分家庭倾向于持有风险性较低的金融资产，而异质性的存在导致了家庭在追求期望效用最大化的过程中做出的消费和储蓄决策并不一致，最终形成了家庭金融资产分布的差异。本章将基于全国性的微观调查数据，首先，分别对各样本家庭金融资产的配置情况和分布特征进行统计描述，以期证明预防性储蓄动机是当前中国家庭积累金融资产的主要动力。其次，通过对城乡样本家庭和不同分位阶层家庭金融资产结构差异和总量不平等的测算，验证宏观的经济环境异质性和微观的家庭经济地位异质性确实与家庭金融资产代内不平等相关。最后，通过测算样本家庭金融资产总量的相对位置和不平等在短期内的变化情况，考察了家庭金融资产的代内社会流动性，这在一定程度上解释了家庭金融资产代内不平等在短期内的变化趋势。

4.1 数据来源和样本选择说明

4.1.1 *数据来源*

为保持数据的统计口径一致，本书所使用的所有微观数据均来源于中国家庭追踪调查（CFPS）数据库（后文简称为 CFPS 数据库）。CFPS 数据库是由北京大学中国社会科学调查中心（ISSS）实施的一项全国性、大规模、多学科的社会跟踪调查项目，旨在通过跟踪收集个体、家庭、社区三个层次的数据，为学术研究和公共政策分析提供数据基础。其包含的数据涉及经济金融活动、教育、人口、健康、家庭关系和家庭动态等诸多研究主题。该调查中心自 2008 年对北京、上海和广东三地的抽样家庭进行了两年的初访与追访的测试调查之后，于 2010 年正式开始对全国 25 个省、自治区、市①的家庭户以及样本家庭户的所有家庭成员进行基线调查，并在此基础上于 2012 年再次进行了一次追踪调查。鉴于 2008 年和 2009 年的测试调查样本只涵盖北京、上海、广州 3 个市，并不能反映全国总体的家庭状况，与之后全国大范围的调查数据不具有连续性和对比性，因而在实证部分未使用这两年的数据。再者，虽然 2010 年的调查样本已经能够代表全国 95% 以上的人口数据，但该年的调查结果中缺失数据较多。首先，问卷中遗漏了政府债券、金融衍生产品和其他金融产品这三个家庭金融资产变量；其次，房产、存款、债券、股票、基金和其他资产等数据均有大量缺失，尤以存款和其他资产两个变量缺失最为严重；最后，调查组对这类缺失数据并没有运用 2012 年调查中使用的逼近法进行进一步地追问核实。而这些金融变量都是本书要重点分析的对象，存款变量更是现阶段我国家庭金融资产持有的最主要方式。因此，本书接下来的实证分析将以 2012 年公布的 CFPS 调查数据为主，仅将 2010 年调查结果中信息完整的样本作为补充，在研究家庭金融资产及不平等的流动性情况时参考使用。

4.1.2　样本选择说明

在样本筛选方面，本书首先剔除了 2012 年调查结果中家庭财产、个人

---

① 除我国香港地区、澳门地区、台湾地区及新疆维吾尔自治区、西藏自治区、青海省、内蒙古自治区、宁夏回族自治区和海南省。

收入、年龄和受教育年限等相关信息缺失及数值明显异常的样本。进而在信息完整的个体样本中将同一家的父代和子代样本进行匹配，在配对结果的基础上剔除父代年龄大于 70 周岁，子代年龄小于 18 周岁的样本。然后将匹配得到的个体样本与家庭样本进行整合，最终得到 753 个家庭样本，其中有 385 个城市家庭和 372 个农村家庭，父代样本只考虑了父亲的个人信息，子代样本同时包括了儿子和女儿的个人信息。此外，为了考察家庭金融资产的社会流动性情况，本书基于 2012 年的样本筛选结果对 2010 年调查结果中的家庭信息进行了筛选。具体方法是根据 753 个追踪样本家庭的家户号匹配 2010 年的家庭样本，初步筛选出同时参与两次调查的家庭样本，而后剔除 2010 年的调查结果中家庭金融资产和家庭收入相关数据缺失的样本，最终得到 293 个有效样本。为方便后文分析，本书将 2012 年最终确定的 753 个家庭样本定义为样本一，将同时参与 2010 年基线调查和 2012 年追踪调查的样本定义为样本二，两组样本都包含来自 25 个省市的家户。

4.2 变量定义和描述性统计

4.2.1 变量定义

本书使用的微观数据涉及家庭和个人两个层面，本章将主要讨论家庭金融资产的分布、不平等及社会流动性情况，现对部分家庭变量的定义进行解释说明。现实生活中，家庭的总资产主要包括家庭财产和家庭收入两大部分，各类文献和数据库对两者的定义和分类会因为研究目的的不同而有所差异。在 CFPS 数据库中，家庭财产主要涵盖土地、房产、金融资产、生产性固定资产和耐用消费品等。其中，家庭房产价值是扣除未偿还房贷后的家庭房产市值，家庭金融资产包括家庭持有的现金和存款、股票、基金、债券、金融衍生产品、家庭借出款及其他金融产品。我们将股票、基金和金融衍生产品设定为风险性金融资产，现金和存款、债券定义为非风险性金融资产，但对家庭借出款的风险性质不置可否。家庭收入包括家庭工资性收入、家庭经营性收入、家庭转移性收入、家庭财产性收入和其他收入。其中，家庭工资性收入是所有父代和子代工资性收入的总和。此处考虑家庭工资性收入，其一是因为工资性收入是家庭积累金融资产的主要资金来源而且相对固定，在调查问卷中更容易被统计，数值更具可比性，其二是为了比较家庭工资性收入和家庭金融资产的不平等情况。

4.2.2　描述性统计

根据以上变量定义和样本筛选结果，此处对样本一中家庭的主要资产变量情况进行描述性分析。表 4 - 1 给出了家庭财产和家庭收入主要构成成分的分布情况，表格前半部分是家庭财产的描述性统计结果，后半部分是家庭收入的统计结果。从家庭财产的组成来看，家庭房产和家庭金融资产在家庭财产中占比最高，分别达到了 75. 60% 和 9. 43%，家庭耐用消费品、家庭生产性固定资产投资和家庭土地价值三项占比之和不到 15%。这说明金融资产虽然没能撼动房产在现代中国家庭财产组成中的绝对地位，但已经在其中占有一席之地，因此，它的存在无法被忽视。从家庭财产的分布情况看，家庭金融资产和家庭房产价值的标准差都要高于家庭总财产，说明单项金融资产和家庭房产的离散程度较高；从家庭金融资产和家庭房产价值的极值分布可以看出，样本家庭持有这两类财产的最小值为 0，而最大值相当可观，家庭财产中的金融资产和房产价值分布可能存在两极分化现象。从家庭收入的组成来看，家庭收入主要以工资性收入为主，占家庭总收入的 86. 73%，而家庭经营性收入、家庭转移性收入、家庭财产性收入等其他收入总和在平均水平上不及工资性收入的 1/6，这表明对于单个家庭来说，工资性收入几乎可以代表家庭总体收入的情况。从家庭收入的分布情况来看，其均值和中位数都比家庭总财产小，但离散程度也要比家庭总财产低，这说明消费者确实会将收入转化为家庭财产储蓄起来，并且家庭积累的总资产甚至会超过家庭收入总和；家庭收入两极分化现象在家庭财产中有所改善，最大值和最小值之间的差距明显变小。根据以上家庭层面的数据统计结果，家庭金融资产在家庭财产中占有重要地位，家庭工资性收入是家庭收入的主要来源，后文将主要对这两类家庭变量的情况进行考察。

表 4 - 1   2012 年家庭层面的描述性统计

变量名称	均值	中位数	标准差	最小值	最大值	占比（%）
家庭总财产	12.43	12.33	1.15	7.17	16.05	100.00
家庭金融资产	9.25	9.21	1.91	0.00	14.17	9.43
家庭房产价值	11.46	11.98	2.94	0.00	16.01	75.60
家庭总收入	11.16	11.17	0.61	8.70	13.25	100.00
家庭工资性收入	11.00	11.02	0.64	8.64	13.18	86.73

注：各变量的描述性统计是基于原始数据对数化的结果，其中变量价值为 0 的样本对数化后仍取 0。

4.3   我国城乡家庭金融资产现状分析

4.3.1 城乡家庭金融资产分布特征

城市和农村地区在经济发展水平、金融资产配置程度、家庭消费和投资理念方面都存在较大差异，表 4 - 2 给出了样本一中不同类别的金融资产在城乡家庭的分布情况。表 4 - 2 前半部分是各类金融资产分布的总体概况，后半部分显示了城乡家庭各自的金融资产配置情况。从表格前半部分总样本家庭金融资产的分布来看，现金和存款总额在家庭金融资产配置中所占比例最高，达到了 79.59%，其次是股票、借出款和基金，分别为 7.87%、6.38% 和 5.20%。现金和存款是我国家庭积累金融资产的主要方式，这说明我国居民家庭金融资产配置中安全性金融资产的比例较高，预防性储蓄动机是现阶段我国居民家庭积累金融资产的主要动机。

从城乡家庭金融资产的总体分布来看，2012 年家户调查筛选结果中的 385 户城市家庭样本持有的金融资产总量在样本家庭金融资产总量中的份额高达 75.10%，是 372 户农村家庭拥有的金融资产的 3 倍。城市家庭持有的各项分类金融资产的总量也都要高于农村家庭，尤其是股票和基金两项资产基本只出现在城市家庭的金融资产组合中，农村家庭持有的股票和基金占总样本家庭金融资产的比例分别仅为 0.36% 和 0.10%，远低于这两类金融资产在总样本中所占的份额。但是相比于城乡家庭金融资产总量的比例关系，城市家庭的现金和存款总额、家庭借出款和其他项与农村家庭所对应各项的比值要小于 3。这说明宏观经济环境的异质性会导致家庭金融资产的总量不平等。

从表 4 - 2 后半部分城乡家庭各自持有的金融资产结构来看，城市家庭持有的金融资产由高到低排列分别为现金和存款总值、股票、基金、借出款和其他金融资产，农村家庭的由高到低的顺序为现金和存款总值、借出款、其他金融资产、股票和基金。城乡家庭金融资产的积累都以现金和存款为主，分别达到了 76.79% 和 88.36%，现金和存款在农村家庭金融资产配置中的份额更高。城市家庭金融资产配置中风险性资产占比更大，城市家庭样本持有的股票和基金占城市家庭金融资产总量的比例为 16.78%，而股票和基金在农村家庭样本内部的占比分别只有 1.46% 和 0.39%，是农村家庭金融资产配置中占比最低的两项。家庭借出款同时是城市与农村家庭的重要金融活动，其在城乡家庭各自金融资产中的比重分别为 5.81% 和 8.10%，是农村家庭除现金和存款外最主要的金融资产配置方式。以上分析说明宏观经济环境的异质性同时会导致家庭金融资产的结构不平等。

通过以上分析，本书得出以下结论：（1）现金和存款是城乡家庭金融资产的最主要持有方式，预防性动机是现阶段我国家庭积累金融资产的主要动力；（2）城市家庭持有的金融资产总量远大于农村家庭，经济环境的异质性会导致家庭金融资产总量的不平等；（3）城市家庭金融资产组合更丰富，农村家庭持有的股票、基金类风险性金融资产占比过低，经济环境的异质性会导致家庭金融资产结构的不平等。

表4-2　　　　　　　　　城乡家庭金融资产分布比例　　　　　　　单位：%

	现金和存款总值	股票	基金	借出款	其他	金融资产
总样本家庭	79.59	7.87	5.20	6.38	0.99	100.00
总样本中城市	57.59	7.50	5.10	4.36	0.57	75.10
总样本中农村	22.00	0.36	0.10	2.02	0.42	24.90
城市家庭	76.69	9.99	6.79	5.81	0.76	100.00
农村家庭	88.36	1.46	0.39	8.10	1.69	100.00

注：表格只给出了主要家庭金融资产项目的占比情况，将债券、金融衍生品等份额不高的金融资产统一归为其他类。

4.3.2　各分位阶层金融资产分布特征

为考察不同总资产水平下的家庭金融资产配置情况，本书根据样本一中家庭持有的金融资产总量由低到高排序并等分为4个百分位阶层，每个阶层包括25%的总样本家庭。此外，为了研究财富顶端家庭的金融资产分配模式，我们按照文献中的一般做法，进一步对最高10%、5%和1%分位水平家庭的金融资产组合情况进行分析。表4-3呈现了不同分位阶层家庭的金融资产持有总量情况和家庭金融资产在各类风险性和非风险性金融资产之间的分配情况。

从表4-3第一行可以看出金融资产主要集中在富裕家庭，极少部分的家庭支配着绝大多数的金融资产，贫富差距悬殊。金融资产总量排序最高的25%家庭持有总样本中84.42%的金融资产，验证了帕累托提出的20%的人占有全社会80%财富的20/80法则；最高的10%家庭持有的金融资产总量占所有样本家庭金融资产的比例达 65.45%，而最高的 5% 家庭持有的金融资产总量在全体样本家庭金融资产总量中所占份额超过了全社会金融资产总量的一半以上；值得注意的是，排序最高的 1% 家庭持有的金融资产将近总量的 1/4，大于底层 3/4 家庭持有的金融资产总量，远远超过家庭金融资产排在最底端 50% 位置的家庭样本拥有的金融资产总和。

　　表格后四行呈现了不同金融资产分位等级下的家庭持有各类金融资产的比例，根据统计结果，本书可以得出以下结论：（1）所有样本家庭持有的金融资产以现金和存款为主。现金和存款是所有样本家庭金融资产的主要成分，几乎是 0～25% 分位阶层家庭持有的唯一金融资产，其占家庭金融资产的比例随着家庭金融资产总量的增加而下降，在排序最高的 1% 家庭中所占比例为 74.18%，是所有分位阶层家庭中占比最低的，但仍处于较高水平。（2）低分位阶层家庭金融资产配置单一，风险性金融资产占比较低。表格中前两列样本家庭的金融资产持有量较少而且种类单一，现金和存款在家庭金融资产总量中的份额超过 95% 以上，只有极少数家庭拥有极低比例的股票资产和家庭借出款，最低的 25% 分位阶层家庭没有借出款，最低 50% 分位阶层家庭都没有购买基金。（3）高分位阶层家庭持有的金融资产总量更丰富，风险性金融资产比重也更高。最高 25%、10%、5% 和 1% 分位阶层家庭在现金和存款方面配置的份额已经不如低分位阶层家庭那样高了，股票、基金和借出款占家庭金融资产的比重都有明显提升。其中，股票份额随着家庭金融资产总量的增加而提高，最高的 1% 家庭持有的股票资产占家庭金融资产比重达 16.22%；基金占家庭金融资产的比重在最高的 4 个分位阶层中比较稳定；家庭借出款占金融资产的比重随家庭金融资产持有量的增加而下降，最高 25% 分位阶层家庭的借出款占家庭总金融资产的 6.43%，这一比例在最高 1% 家庭中降到了 3.68%。

　　以上分析结果再次验证了无限期界 Bewley 模型对预防性动机和异质性假设在家庭金融资产代内不平等中的解释机制。预防性动机是家庭积累金融资产的主要动机，而且这种动机在资产水平较低的家庭中表现得更为纯粹。高中低三个分位阶层家庭分别对应着永续模型中家庭资产位于 z_0 右边，z_0 和 $\hat{z}$ 中间及 $\hat{z}$ 右边的家庭，微观层面的家庭资产总量的异质性会导致最终家庭金融资产结构的差异。

表 4-3		各分位阶层家庭金融资产分布比例				单位：%
	0~25%	0~50%	75%~100%	90%~100%	95%~100%	99%~100%
金融资产	0.61	3.83	84.42	65.45	51.55	23.54
现金和存款	99.33	96.72	77.25	75.22	74.28	74.18
股票	0.67	0.10	9.24	10.99	13.20	16.22
基金	0.00	0.00	5.96	6.84	5.47	5.92
借出款	0.00	0.06	6.43	5.71	5.48	3.68

4.4　我国家庭金融资产代内不平等情况

4.4.1　我国家庭金融资产代内不平等的测算结果

前文的统计结果表明，预防性储蓄动机是我国居民家庭积累金融资产的主要动机，异质性能够在一定程度上解释家庭金融资产不平等的形成。那么，现阶段我国家庭金融资产不平等程度究竟如何？短期内是否存在改善的可能？本节将使用基尼系数、变异系数和极值比这三种常用方法对中国家庭金融资产的不平等情况进行测算，通过比较 2010 年和 2012 年调查结果中家庭金融资产不平等的变化情况对上述问题进行解答。

1. 家庭金融资产不平等的测度

基尼系数是赫希曼（1943）提出的判断分配平等程度的重要指标，基尼系数越大，表明不平等程度越高。此处基尼系数的计算使用张建华（2007）提出的简易公式：

$$G = 1 - 1/n(2 \sum_{i=1}^{n-1} W_i + 1) \qquad\qquad (4.1)$$

将家庭金融资产（或收入）由低到高排序，分为相等的 n 组（n = 5），计算每一组家庭持有的金融资产（或收入）占总样本家庭金融资产（或收入）的比例 W_i，通过累计各组比例最终获得以基尼系数测度的家庭金融资产（或收入）不平等。由于均值不同的变量无法简单地通过方差这个绝对统计量的大小来判断其离散程度，而变异系数是根据变量的均值进行标准化处理后的结果，可以据此比较家庭金融资产和家庭收入的不平等情况。本文使用了两类计算极值比的方法来考察家庭金融资产和收入的两极分化情况。80/20 表示按家庭金融资产（或收入）由低到高排序后，处于 80 分位数位置的相对富裕家庭持有的金融资产（或收入）与处于 20 分位数位置的贫困家庭持有的金融资产（或收入）的比值。90/10 表示处于 90 分位数位置的家庭持有的金融资产和收入与处于 10 分位数位置的家庭持有的金融资产和收入的比值。比值越高，说明样本家庭的贫富两极分化现象越严重。

表 4 - 4 给出了根据以上三种方法计算的家庭金融资产不平等和家庭收入不平等的结果，根据这一结果可以看出：（1）家庭金融资产比家庭收入表现出更大的不平等，两极分化严重。此处家庭收入考察了家庭工资性收入和家庭总收入两种统计口径，两种统计口径下计算得到的基尼系数都为 0.56，已经超出 0.4 的警戒线，家庭工资性收入的变异系数和极值比要略高于家庭总收入，但相差不大，这从侧面进一步证明了家庭工资性收入在家庭收入中的绝对地位。以基尼系数、变异系数和极值比度量的家庭金融资产不平等程度要比相同方法下测算的家庭工资性收入不平等和家庭总收入不平等更为严重。家庭金融资产的基尼系数比家庭收入的基尼系数还要再高 0.16，变异系数是家庭工资性收入的 3.5 倍不止，两者的极值比甚至已经相差了一个数量级。相对家庭收入而言，家庭金融资产表现出十分严峻的两极分化问题。家庭金融资产 90/10 极值比是家庭工资性收入 90/10 极值比的近 22 倍，是家庭金融资产 80/20 极值比的 4 倍，这说明高低分位

距离越远，贫富差距越悬殊，而且高分位水平家庭持有的金融资产相对低分位水平家庭持有的金融资产的增长比相同分位水平下的家庭收入增长更快，从而家庭金融资产更容易表现严重的两极分化现象。（2）风险性金融资产比非风险性金融资产的分布更离散。家庭金融资产中现金和存款的基尼系数为 0.70，而股票、基金这类风险性金融资产的基尼系数达到了 0.80，表现出更大的不平等。从极值比来看，低分位家庭很少在股票、基金和借出款方面配置金融资产，20 分位水平以下的家庭完全没有持有这三类金融资产；虽然家庭现金和存款中的两极分化问题也不容忽视，但在最低 10 分位位置的家庭仍然保留一定的存款储蓄。从各类金融资产的变异系数可以看出，现金和存款的离散程度最低为 2.7，股票、基金的变异系数分别是它的 3.9 倍和 2.85 倍，家庭借出款的离散程度介于风险性金融资产和非风险性金融资产之间。股票和基金的变异系数较大主要是因为大部分家庭的金融资产配置中只有非风险性金融资产，从而在增加标准差的同时拉低了风险性金融资产的均值。家庭借出款分布的离散程度较高也是出于此类原因，只有相对富裕的家庭才能够在满足自身投资和消费的同时，将部分家庭储蓄进行放贷，金融资产持有量最少的 20% 家庭持有的借出款为 0。

表 4-4　　　　　　　　　家庭金融资产代内不平等的测算结果

	基尼系数	变异系数	80/20	90/10
家庭金融资产	0.72	2.63	25.00	100.00
现金和存款	0.70	2.70	20.00	100.00
股票	0.80	10.53	—	—
基金	0.80	7.69	—	—
借出款	0.80	5.07	—	—
家庭工资性收入	0.56	0.74	2.77	4.59
家庭总收入	0.56	0.72	2.65	4.51

注：—表示 10 分位、20 分位位置的家庭持有的相应金融资产数额为 0。

4.4.2　我国家庭金融资产代内不平等的变动情况

在分析了 2012 年 753 户家庭样本的金融资产分布和不平等情况后，本书接下来将对其中同时参与了 2010 年基线调查的 273 个样本家庭的金融资产不平等在两年内的变动情况进行分析，结果如表 4 - 5 所示。相比 2010 年的结果，2012 年的家庭金融资产总量和各分量的不平等情况，除家庭借出款外，整体表现为继续恶化的趋势。但从家庭金融资产总量分布的变化来看，2012 年的基尼系数和变异系数略有增加，但 80/20 极值比是 2010 年的 2.5 倍，中国家庭金融资产分布存在两极分化持续恶化的趋势。从家庭金融资产各分量分布的变化来看，现金和存款项的变化与家庭金融资产总量的变化相似，可能是由于家庭持有非风险性金融资产的比重过高导致的。股票、基金和借出款的基尼系数基本没有变化，稳定在 0.8 左右，而且和 2012 年全样本的基尼系数相同，这是因为排序后家庭金融资产最低的四个分位阶层持有这三类金融资产的比例非常低。从极值比结果可以看出分位阶层最低的 20% 家庭完全没有持有借出款和风险性金融资产，这类金融资产的两极分化现象在小样本中也非常显著，并且在时间维度上十分稳定。家庭借出款是所有家庭金融资产中唯一一个离散程度随时间变小的金融变量，究其原因是借出款的标准差没有发生太大变化但其均值在这两年的时间内迅速增加，这说明民间借贷在近年得到了迅猛发展。值得注意的是股票、基金的变异系数增幅明显，而这一离散程度的加深主要源于绝大多数家庭仍然没有配置风险性金融资产以及本就持有这两类金融资产的少数高分位家庭对股票和基金的增持，这直接导致了家庭风险性金融资产均值增加的同时也变得更加离散。这说明家庭对金融资产的选择行为较为固化，两极分化现象在风险性金融资产中表现得尤为明显，且在短期内会随着时间推移而加剧。

表 4 – 5   家庭金融资产代内不平等的变动情况

指标	2010 年			2012 年		
	基尼系数	变异系数	80/20	基尼系数	变异系数	80/20
家庭金融资产	0.69	1.82	10.00	0.70	2.04	25.00
现金和存款	0.68	1.78	10.00	0.70	2.10	26.67
股票	0.80	5.18	—	0.80	8.37	—
基金	0.80	5.72	—	0.80	6.58	—
借出款	0.80	4.70	—	0.80	3.65	—

4.5 我国家庭金融资产的社会流动性

通过以上分析可以认为家庭金融资产不平等现象在短期内不易被改善且有持续恶化的趋势，位于分位阶层两端的家庭对金融资产类别的选择和总量的持有均存在一定的固化现象。那么样本家庭持有金融资产总量的代内社会流动性如何？是否能够解释家庭金融资产不平等的持续性？本节将从家庭金融资产的社会流动性角度进行分析。具体做法是根据 2010 年和 2012 年调查结果中样本家户金融资产百分位排序的变化，来分析样本家庭在不同阶层间的变动情况和保持相对位置不变的家户样本在各阶层的分布情况，从而探究整体样本家庭金融资产的社会流动性。此处按家庭金融资产持有量进行排序后，将样本二中的家庭分别分为四等分和五等分两组来研究家庭的相对位置在组别间的变动，使用两种分类方法是为了避免结果的随机性。

表 4 – 6 给出了 2012 年追踪家庭金融资产相对 2010 年基线调查数据百分比阶层的变化情况。变化幅度和方向一列中 0 表示样本家庭持有的金融资产在总样本中的百分位排序不变；– 20% 表示五等分分组中的家庭 2012 年持有的金融资产在总样本中的百分比位置比 2010 年降低了一个阶层，这

种情况存在 4 种可能，即从最高阶层 80% ~ 100% 的位置下降到 60% ~ 80% 的位置，从 60% ~ 80% 阶层下降到 40% ~ 60% 阶层，从 40% ~ 60% 下降到 20% ~ 40%，或者从 20% ~ 40% 降低到最低的 0 ~ 20% 阶层；20% 则表示相应地上升了一个分位阶层，40% 表示上升了两个阶层，以此类推；−25% 表示在四等分分组中家庭金融资产的相对位置下降了一个阶层，有 3 种情况，即从 75% ~ 100% 下降到 50% ~ 75%，从 50% ~ 75% 下降到 25% ~ 50% 和从 25% ~ 50% 下降到 0 ~ 25%；75% 表示 2012 年的相对位置上升 3 个阶层，从 0 ~ 25% 跳跃至 75% ~ 100%，其余可类比。

从横向看，五等分分组中家庭金融资产相对位置保持不变的样本占总样本比例要比四等分分组中低 11.26%，相对位置下移和上移的样本占总样本比例比四等分分组中分别高出 6.50 和 4.77 个百分点，说明存在很大一部分家庭，其金融资产持有量的相对位置虽有变化但变化幅度不大。从纵向看，两种分组方法下的家户数占总样本家户比例随着相对位置变化幅度的增加而下降。相对位置保持不变的样本占总样本比例最大，在五等分分组中为 28.33%，在四等分分组样本中占比达到 39.59%，比任何其他变化幅度下的样本占比都高。相对位置变化幅度最大的样本占总样本比例最低，而且相对位置下移幅度最大的样本数比上移幅度最大的样本数略多。五等分分组中家庭金融资产从最低阶层上移到最高阶层的只有 2 家，四等分分组中有 4 家，而从最高阶层下降到最低阶层的家数分别有 5 家和 7 家。变化幅度为一个阶层的样本较多，占比 37.20%，比五等分分组中相对位置保持不变的家户数多，比四等分分组中保持不变的家户数略少。变化幅度为两个阶层的样本占比约为 20%，处于中间水平。

通过以上分析可以认为在观察期内家庭金融资产百分位排序比较稳定，以相对位置保持不变和小幅变化为主；变化幅度越大，样本占比越低；从最低阶层上升到最高阶层比从最高阶层下移到最低阶层的可能性更小；总的来看，家庭金融资产的社会流动性不高。

表 4 - 6 家庭金融资产相对位置变动情况

变化幅度和方向（%）	五等分家户数	占比（%）	变化幅度和方向（%）	四等分家户数	占比（%）
- 80	5	1. 71	—	—	—
- 60	14	4. 78	- 75	7	2. 39
- 40	28	9. 56	- 50	26	8. 87
- 20	60	20. 48	- 25	55	18. 77
0	83	28. 33	0	116	39. 59
20	49	16. 72	25	54	18. 43
40	35	11. 95	50	31	10. 58
60	17	5. 8	75	4	1. 37
80	2	0. 68	—	—	—
总计	293	100	总计	293	100

表 4 - 7 进一步对相对位置保持不变的这部分家庭样本的分布情况进行了统计，可以据此初步判断各分位阶层在总体样本中的稳定性。在五等分分组的结果中，中间 20% 阶层样本的相对位置保持不变的家户比例最低，流动性最强；20% ~ 40% 和 60% ~ 80% 两个分位阶层中这一比例略有增加；两极的稳定性最强，最低 20% 阶层中有将近 1/3 样本家庭的相对位置保持不变，最高 20% 阶层中有 40.68% 的家庭稳定在原来的排序水平；中间三组相对位置保持不变的家户总数不如分位阶层两端的样本数多，这进一步说明了最高和最低分位阶层家庭持有的金融资产总量不易发生变动。在四等分分组的结果中，家庭金融资产的低流动性在高分位阶层家庭表现得更为明显，最高 25% 家庭中有超过一半的组内家庭相对流动性保持不变；其他三组家庭流动性情况相当，25% ~ 50% 阶层家户数略少但没有明显差异。由此可见，家庭金融资产排序在中间位置的家户社会流动性较高，排在两端的家户持有的金融资产总量在全体样本中的排序不易发生变化，尤其是排序最高的 25% 家户中有超过一半以上的样本保持原有相对位置不变。

表 4 – 7　　　　　　　　家庭金融资产相对位置不变的家户分布

五等分			四等分		
位置（%）	不变的家户数	组内占比（%）	位置（%）	不变的家户数	组内占比（%）
0 ~ 20	19	32. 20	0 ~ 25	25	34. 25
20 ~ 40	14	23. 73	25 ~ 50	24	32. 88
40 ~ 60	12	20. 34	50 ~ 75	25	34. 25
60 ~ 80	14	23. 73	75 ~ 100	42	57. 53
80 ~ 100	24	40. 68	—	—	—
总计	83	—	总计	116	—

4.6　本章小结

　　本章通过对我国城乡家庭和不同分位阶层家庭金融资产分布特征的统计分析，验证了无限期界 Bewley 模型中预防性储蓄动机和异质性假设对中国家庭金融资产分布差异的解释机制。根据家庭金融资产分布的统计结果，现金和存款是所有样本家庭中最主要的金融资产，这在一定程度上支持了预防性储蓄是我国居民家庭积累金融资产的重要动机这一推论；城乡家庭和不同分位阶层家庭金融资产总量和结构的差异支持了异质性对家庭金融资产代内不平等的解释。

　　家庭金融资产不平等和社会流动性的测算结果表明现阶段家庭金融资产不平等程度较高，而且短期内不易被改善。在基尼系数、变异系数和极值比三种测算方法下，家庭金融资产不平等比家庭收入的不平等程度更深，两极分化严重。

第 **5** 章
我国城镇家庭代际收入
流动性分析

5.1　数据来源和样本选择说明

　　本章主要采用CHIPS 1995 年、1999 年、2002 年、2008 年和2013 年的数据。中国家庭收入调查（Chinese Household Income Project Survey，CHIP）的数据由国家统计局与中国社会科学院经济研究所共同收集，调查的样本涵盖全国 20 多个省份与直辖市，目前已经组织了 1988 年、1995 年、1999 年、2002 年、2007 年、2009 年以及 2013 年七次问卷调查，以测量和估计我国城乡居民收入分配为目标，通过国家统计局城调队和农调队调查大样本中的二次抽样生成样本，CHIPS 被认为是目前关于中国微观收入方面最全面、最严格的数据库。

　　本书样本的生成过程如下：首先，一个家庭的父代仅指父亲，子代包括儿子和女儿；其次，删除不从事工作、没有收入的样本；再次，将父代和子代的年龄限制在 18 ~ 65 岁之间，并删除父代和子代年龄差距小于 17 岁的样本；最后，通过将父代数据与子代数据、家庭数据进行匹配，删除异常值、极端值、缺失值，得到最终的样本。其中，1995 年样本容量为 246；1999 年样本容量为 127；2002 年样本容量为 675；2008 年的样本容量为 289；2013 年的样本容量为 335。

5.2　变量说明和描述性统计

5.2.1　变量说明

本章涉及的变量主要有子代的收入、父代的收入、子代的性别、子代年龄、父代年龄、子代的受教育年限、父代的受教育年限、子代婚姻状况、父代婚姻状况、子代工作单位性质、父代工作单位性质、金融资产价值、耐用消费品价值以及区域变量，各变量设置及赋值说明见表 5 – 1。

表 5 – 1　　　　　　　　　　变量设置及赋值说明

变量名称	变量代码	赋值
子代收入	S_1	子代工资性收入的对数
父代收入	S_0	父代工资性收入的对数
子代性别	cgen	男性 =1，女性 =0
子代年龄	cage	问卷调查年份—子代出生年份
父代年龄	fage	问卷调查年份—父代出生年份
子代受教育年限	ceduc	子代接受正规教育的年数
父代受教育年限	feduc	父代接受正规教育的年数
子代婚姻状况	cmarriage	已婚、复婚 =1，其他 =0
父代婚姻状况	fmarriage	已婚、复婚 =1，其他 =0
子代工作单位性质	cwork	体制内 =1，体制外 =0
父代工作单位性质	fwork	体制内 =1，体制外 =0
金融资产价值	lfinance	金融资产价值的对数
耐用消费品价值	lxiaofei	耐用消费品价值的对数

1. 子代与父代的收入

本章用子代和父代的工资性收入来代替子代和父代的收入。因为工资性收入是个人的固定收入来源，可比性较高。而非工资性收入来源不固定，相对来说可比性较差。

2. 子代的性别

本章将子代的性别作为回归方程的控制变量之一，将男性赋值为 1，女性赋值为 0。

3. 子代与父代的年龄

本章中子代与父代的年龄均为问卷调查年份—子代或者父代出生的年份。

4. 子代和父代受教育年限

本章主要采用子代和父代的受教育年限来作为总体代际收入弹性变化趋势稳健性检验的控制变量。

5. 婚姻状况

将子代和父代已婚和复婚的样本赋值为 1，其他样本赋值为 0。

6. 工作单位性质

将子代和父代在党政机关单位、国有企事业单位工作的样本赋值为 1，其他赋值为 0。

7. 财富资本变量

本章选取金融资产价值与耐用消费品价值作为财富资本变量，其中，金融资产指手存现金、活期存款、定期存款、储蓄型保险、国债、其他债权、股票、基金、期货、其他各种金融理财产品、借出款以及其他金融资产价值之和。耐用消费品价值指彩电、黑白电视机、彩电、电冰箱、洗衣机、自行车、摩托车、汽车等耐用消费品的价值之和。

8. 区域变量

本书将全国划分为东部、中部和西部三个区域。

5.2.2　描述性统计

本节主要对本章实证所用到的主要变量进行描述性统计，如表 5 - 2 所示，总体来看，从 1995 年到 2013 年，子代收入呈逐年上升的趋势，1995 年、1999 年、2002 年、2008 年和 2013 年子代的收入分别为 8.088、8.706、8.848、9.851 和 10.15；父代收入也呈上升的趋势，1995 年、1999 年、2002 年、2008 年和 2013 年的收入分别为 8.826、9.19、9.176、9.884 和 10.321。金融资产价值也呈逐年增加的趋势，1995 年、1999 年、2002 年、2008 年和 2013 年的金融资产价值分别为 9.917、10.187、10.248、10.722 和 10.748；耐用消费品价值总体上也呈上升的趋势，1995 年、1999 年、2002 年、2008 年和 2013 年的耐用消费品价值分别为 8.897、9.222、8.969、9.549 和 10.262。

表 5 - 2　　　　　　　　　　主要变量的描述性统计

项目	1995 年	1999 年	2002 年	2008 年	2013 年
子代收入	8.088 (0.433)	8.706 (0.472)	8.848 (0.647)	9.851 (0.431)	10.150 (0.601)
父代收入	8.826 (0.331)	9.190 (0.384)	9.176 (0.544)	9.884 (0.489)	10.321 (0.624)
子代性别	0.528 (0.5)	0.622 (0.487)	0.551 (0.498)	0.668 (0.472)	0.641 (0.48)
子代年龄	22.772 (2.772)	23.528 (2.663)	25.730 (3.792)	24.637 (2.83)	25.738 (4.046)

项目	1995 年	1999 年	2002 年	2008 年	2013 年
父代年龄	52. 167 (3. 793)	53. 110 (3. 416)	54. 939 (4. 868)	53. 059 (4. 04)	52. 215 (5. 313)
子代工作单位 性质	0. 256 (0. 437)	0. 315 (0. 466)	0. 279 (0. 449)	0. 481 (0. 501)	0. 337 (0. 473)
父代工作单位 性质	0. 593 (0. 492)	0. 307 (0. 463)	0. 175 (0. 38)	0. 519 (0. 501)	0. 335 (0. 472)
金融资产价值	9. 917 (1. 122)	10. 187 (1. 099)	10. 248 (1. 204)	10. 722 (1. 206)	10. 748 (1. 265)
耐用消费品 价值	8. 897 (0. 834)	9. 222 (0. 607)	8. 969 (0. 944)	9. 549 (1. 099)	10. 262 (1. 336)

注：本文的父代和子代的收入均指父代和子代的对数收入，括号中为标准误。

5.3 我国城镇家庭代际收入流动性的实证模型

5.3.1 对数收入模型

大多数研究代际收入的学者习惯性地用对数收入模型去研究代际收入流动性，具体模型如下：

$$S_{1i,t} = \alpha_0 + \alpha_1 S_{0i,t} + \xi_{i,t} H_{i,t} + \tau_{n,t} I_{n,t} + \varepsilon_{i,t} \tag{5.1}$$

其中，$S_{1i,t}$ 表示子代永久收入的对数，$S_{0i,t}$ 表示父代永久收入的对数，$\varepsilon_{i,t}$ 代表随机扰动项，α_0 表示常数项，α_1 为代际收入弹性，表示父代收入对子代收入影响的大小，通常情况下 $0 \leqslant \alpha_1 \leqslant 1$，$\alpha_1$ 越大，说明父代收入对子代收入的影响越大；当 α_1 越小，则表明父代收入对子代收入的影响越小；当 $\alpha_1 = 1$ 时，表明子代的收入完全由父代决定；而当 $\alpha_1 = 0$ 时，则表明子代收入完全与父代无关。$\xi_{i,t}$ 表示行向量，$H_{i,t}$ 表示由父代的年龄及年龄的平方项、子代的性别、年龄及年龄的平方项的所构成的列向量。$I_{n,t}$ 表示财富资本变量，当 n = 1，2 时，分别表示金融资产价值和耐用消费品价值；t 表示时间。

　　由于国内关于代际收入流动性研究的起步较晚，数据的可得性较差，故本书只采用子代和父代一年的收入来代替终身收入去分析代际收入流动性，考虑到生命周期的偏误，本书在模型中加入了子代以及父代的年龄及年龄的平方项。

5.3.2　分位数回归模型

　　传统的对数收入模型只是从整体的层面去考察不同的因素对子代收入的影响，但是并不能考察不同收入阶层的代际收入弹性，为了能够考察不同收入阶层的代际收入弹性，本书引入分位数回归模型。相对于普通最小二乘回归（简记 OLS）来说，分位数回归（Quantile Regression，QR），使用残差绝对值的加权平均（比如，$\sum_{i=1}^{n} |e_i|$）作为最小化的目标函数，故不易受极端值影响，较为稳健。

1. 总体分位数

　　总体 q 分位数（population q^{th} quantile，$0 < q < 1$），记为 y_q，满足：

$$q = P(Y \leqslant y_q) = F(y_q)$$

　　即总体 q 分位数 y_q 正好将总体分布分为两部分，其中小于或等于 y_q 的概率为 q，而大于 y_q 的概率为（$1 - q$）。条件分布（$y \mid x$）的总体 q 分位数记为 y_q，满足以下定义式：

$$q = F_{(y \mid x)}(y_q)$$

考虑以下模型：

$$y = x'\beta + u$$
$$u = x'\alpha \times \varepsilon$$
$$\varepsilon \sim iid\ (0,\ \sigma^2)$$

其中，假设 $x'\alpha > 0$。如果 $x'\alpha$ 为常数，则扰动项 u 为同方差；反之，则为乘积形式的异方差。根据定义，条件分位数函数 $y_q(x)$ 满足：

$$
\begin{aligned}
q &= P\{y \leqslant y_q(x)\} \\
&= P\{x'\beta + u \leqslant y_q(x)\} \\
&= P\{u \leqslant y_q(x) - x'\beta\} \\
&= P\{x'\alpha \times \varepsilon \leqslant y_q(x) - x'\beta\} \\
&= P\left\{\varepsilon \leqslant \frac{y_q(x) - x'\beta}{x'\alpha}\right\} \\
&= F_\varepsilon\left(\frac{y_q(x) - x'\beta}{x'\alpha}\right)
\end{aligned}
$$

其中，$F_\varepsilon(\cdot)$ 为 ε 的累积分布函数。因此，

$$
\frac{y_q(x) - x'\beta}{x'\alpha} = F_\varepsilon^{-1}(q)
$$

$$
y_q(x) = x'\beta + x'\alpha F_\varepsilon^{-1}(q) = x'[\beta + \alpha F_\varepsilon^{-1}(q)]
$$

从上式可以看出，$y_q(x)$ 是 x 的线性函数。在同方差的情况下，$x'\alpha$ 为常数，则所有条件分位数函数 $\{y_q(x), 0 < q < 1\}$ 的"斜率"都等于 β，只有截距项 $x'\alpha F_\varepsilon^{-1}(q)$ 依赖于 q。在一般情况下，条件分位数的"斜率"也依赖于 q，通常记为 β_q。

2. 样本分位数

可以将样本 q 分位数视为以下最小化残差绝对值的加权平均问题的最优解：

$$
\min \sum_{i:y_i \geqslant u}^{n} q|y_i - u| + \sum_{i:y_i < u}^{n} (1-q)|y_i - u| \Rightarrow u = \widehat{y_q} \quad (5.2)
$$

去掉绝对值得：

$$
\min \sum_{i:y_i \geqslant u}^{n} q(y_i - u) + \sum_{i:y_i < u}^{n} (1-q)(u - y_i)
$$

对 u 求一阶导数可得：

$$
\sum_{i:y_i \geqslant u}^{n} (-q) + \sum_{i:y_i < u}^{n} (1-q) = 0
$$

假设 $y_{(k)} < u \ll y_{(k+1)}$，其中 $y_{(k)}$ 为第 k 个最小观测值，则共有 k 个观测值满足 "$y_i < u$"，(n−k) 个观测值满足 "$y_i \gg u$"，故

$$-(n-k)q + k(1-q) = 0$$
$$\Rightarrow k = nq$$

因为 k 为整数，故 $k = \lceil nq \rceil$，$u = y_{\lceil nq \rceil} = \hat{y}_q$，即样本分位数。

为了证明最小化问题的二阶条件也满足，只要说明目标函数为凸函数即可。为此，定义函数 $Z_q(y_i - u) = \begin{cases} q|y_i - u|, & 若\ y_i \gg u \\ (1-q)|y_i - u|, & 若\ y_i < u \end{cases}$

函数 $Z_q(y_i - u)$ 称为 "倾斜的绝对值函数"（titled absolute value function）或 "打钩函数"（check function）。

5.3.3　中间变量法

1. 条件对数收入模型

为了对子代收入的影响机制进行分析，本书采用埃里克森等（2005）提出的条件对数收入模型，通过向基准模型中逐一添加人力资本、社会资本以及财富资本变量的方法，测算代际收入弹性的变化，来判断财富资本对城镇居民代际收入影响的强弱。

$$S_{1i,t} = \theta_0 + \theta_1 S_{0i,t} + \varepsilon_{i,t} X_{i,t} + \upsilon_{i,t} \tag{5.3}$$

在式（5.3）中加入人力资本和财富资本变量得：

$$S_{1i,t} = \theta_0 + \theta_1 S_{0i,t} + \varepsilon_{i,t} X_{i,t} + r_{m,t} F_{m,t} + \upsilon_{i,t} \tag{5.4}$$

其中，$F_{m,t}$ 表示中间变量，m = 1，2，3，4，5 时，分别表示子代的受教育年限、父代的工作单位、金融资产价值、耐用消费品价值和房产价值。

$$\theta = \frac{\beta - \beta_i}{\beta} \tag{5.5}$$

其中，β 表示基准代际收入弹性；β_i 表示在基准模型的基础上加入相

应的中间变量后的代际收入弹性，i = 1，2，3，4，5分别表示子代的受教育年限、父代的工作单位、金融资产价值、耐用消费品价值和房产价值，θ表示代际收入弹性的变化率。

2. 代际收入流动性的分解

本节采用布兰登（Blanden，2007）提出的代际收入流动性的分解方法，先通过中间变量对父代收入回归，得到相应中间变量的投资系数；再通过控制子代性别、年龄以及年龄平方项的子代收入对所有的中间变量进行回归得到各个中间变量的回报率；然后将每个中间变量的投资系数与回报率乘积除以代际收入弹性得到相应中间变量对子代收入的解释度，最后将各个中间变量的解释度加总即可得到总的解释度。具体实证模型如下：

$$M_{j,i,t} = \delta_{j,i} + \phi_{j,t} S_{i,t}^{f} + \pi_{j,i,t} \tag{5.6}$$

$$S_{i,t}^{c} = \tau_{t} + \sum_{j=1}^{3} \kappa_{j,t} M_{j,i,t} + \eta_{i,t} \tag{5.7}$$

$$\beta_{t} = \sum_{j=1}^{3} \phi_{j,t} \kappa_{j,t} + \frac{\text{cov}(\eta_{i,t}, S_{i,t}^{f})}{\text{var}(S_{i,t}^{f})} \tag{5.8}$$

$$\psi_{j,t} = \frac{\phi_{j,t} \kappa_{j,t}}{\beta_{t}} \tag{5.9}$$

$$\psi = \sum_{j=1}^{3} \psi_{j,t} \tag{5.10}$$

其中，$M_{j,i,t}$表示中间变量，当j = 1，2，3，4，5时，分别表示子代的受教育年限、父代的工作单位、金融资产价值、耐用消费品价值和房产价值，$\phi_{j,t}$为投资系数，$\kappa_{j,t}$为回报率，β_t表示代际收入弹性，$\psi_{j,t}$表示中间变量对代际收入流动性的解释力，i = 1，2，3，4，5时，分别表示子代的受教育年限、父代的工作单位、金融资产价值、耐用消费品价值和房产价值对代际收入流动性的解释力，ψ表示总的解释力。

5.4　我国城镇居民代际收入弹性的总体变化趋势

5.4.1　我国城镇居民代际收入弹性的总体趋势

本节主要用模型（5.1）来分析我国代际收入流动性的总体趋势，回归结果如表 5-3 所示。

表 5-3　　　　　　　　我国居民代际收入流动性的总体趋势

年份	1995	1999	2002	2008	2013
代际收入弹性	0.426 *** (0.0845)	0.331 *** (0.110)	0.226 *** (0.0434)	0.237 *** (0.0490)	0.353 *** (0.0347)

注：括号中为标准误，***、**、* 分别表示在 1%、5% 和 10% 的水平上显著；表 5-3 为部分实证结果，具体参见附表 1。

由表 5-3 可知，父代收入的回归系数在不同年份均在 1% 的水平上显著，1995 年、1999 年、2002 年、2008 年和 2013 年的代际收入弹性分别为 0.426、0.331、0.226、0.237 和 0.353。我国城镇居民代际收入弹性的变化趋势如图 5-1 所示，由图 5-1 可知，从 1995 年到 2013 年的代际收入弹性总体上呈先下降后上升的"U"型变化趋势，这和何石军、黄桂田（2013）的研究结论是一致的，代际收入弹性逐渐从 1995 年的 0.426 下降到 2013 年的 0.353。总的来看，城镇居民的代际收入弹性近 20 年来总体上呈下降的趋势，这是因为：一方面是改革开放推动我国经济体制改革和收入分配制度在一定程度上提高了我国的代际收入流动性；另一方面 1977 年高考恢复，加上近年来高校扩招，使得中低收入阶层的子代可以通过接受高等教育来找到更好的工作，摆脱父代对自身收入的影响。

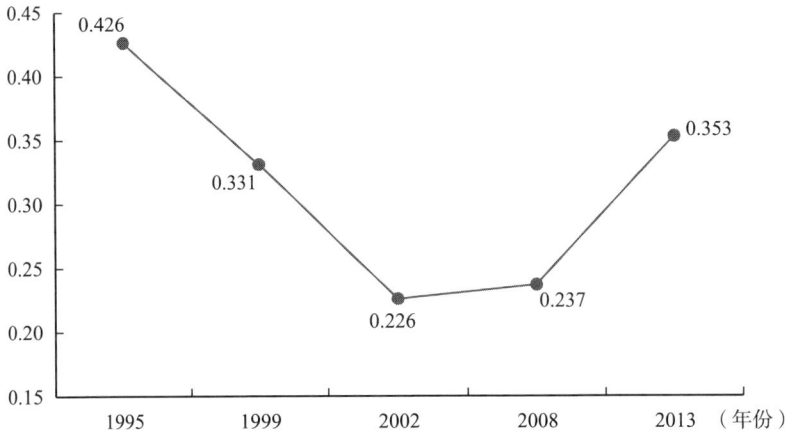

图5-1 我国城镇居民代际收入弹性的总体变化趋势

5.4.2 稳健性检验

本书通过在原回归模型中加入更多的控制变量来检验前文所得的代际收入弹性变化的趋势是否稳健，本章中除了子代性别、子代年龄与年龄的平方、父代年龄与年龄的平方、金融资产价值、耐用消费品价值外，可用的控制变量还有子代与父代的受教育年限、子代和父代的婚姻状况、子代和父代工作单位的性质，具体回归结果如表5-4所示。

表5-4　　　　　　　　加入更多控制变量的代际收入弹性变化趋势

年份	1995	1999	2002	2008	2013
代际收入弹性	0.421 *** (0.0862)	0.310 *** (0.113)	0.199 *** (0.0452)	0.227 *** (0.0518)	0.364 *** (0.0355)

注：括号中为标准误，***、**、* 分别表示在1%、5%和10%的水平上显著；表5-4为部分实证结果，具体参见附表2。

由表5-4可知，加入更多控制变量之后，父代收入的回归结果在不同年份均在1%的水平上显著，1995年、1999年、2002年、2008年和2013年的代际收入弹性分别为0.421、0.310、0.199、0.227和0.364，不同年份代际收入弹性的变化趋势如图5-2所示，由图可知，代际收入弹性的变化趋势与总体一致，均呈先下降后上升的 "U" 型变化趋势，表明之前所得结果是稳健的。

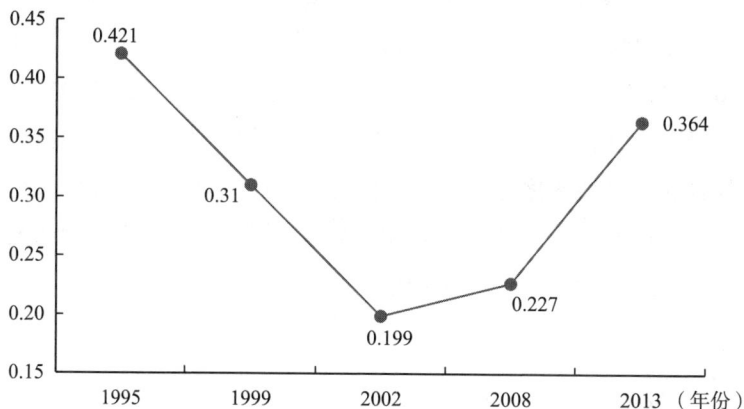

图 5 - 2　加入更多控制变量的代际收入弹性的变化趋势

5.5　我国城镇居民代际收入弹性的群体差异

5.5.1　子代的性别差异

本部分主要分析城镇居民代际收入流动性的性别差异，父子和父女之间的代际收入弹性如表 5 - 5 所示。

表 5 - 5　　　　　　　　　不同性别子代的代际收入弹性

年份	1995	1999	2002	2008	2013
男性	0.404 *** (0.113)	0.301 ** (0.136)	0.190 *** (0.0594)	0.236 *** (0.0573)	0.349 *** (0.0419)
女性	0.429 *** (0.128)	0.370 * (0.208)	0.278 *** (0.0648)	0.286 *** (0.0967)	0.379 *** (0.0633)

注：括号中为标准误，*** 、** 、* 分别表示在 1%、5% 和 10% 的水平上显著；表 5 - 5 为部分实证结果，具体参见附表 3 和附表 4。

由表 5 – 5 可知，当子代性别为男性或女性时，父代收入在不同年份均显著，父子之间在 1995 年、1999 年、2002 年、2008 年和 2013 年的代际收入弹性分别为 0.404、0.301、0.190、0.236 和 0.349；父女之间在 1995 年、1999 年、2002 年、2008 年和 2013 年的代际收入弹性分别为 0.429、0.370、0.278、0.286 和 0.379。父子和父女之间代际收入弹性的变化趋势如图 5 – 3 所示，由图可知，父子与父女之间的代际收入弹性的变化趋势均与总体代际收入弹性变化趋势一致，且父女之间的代际收入弹性始终高于父子，说明相比于儿子来说，女儿的收入受父代的影响更大，这与胡洪曙、亓寿伟（2014）、龚等（2010）的研究结果是一致的。

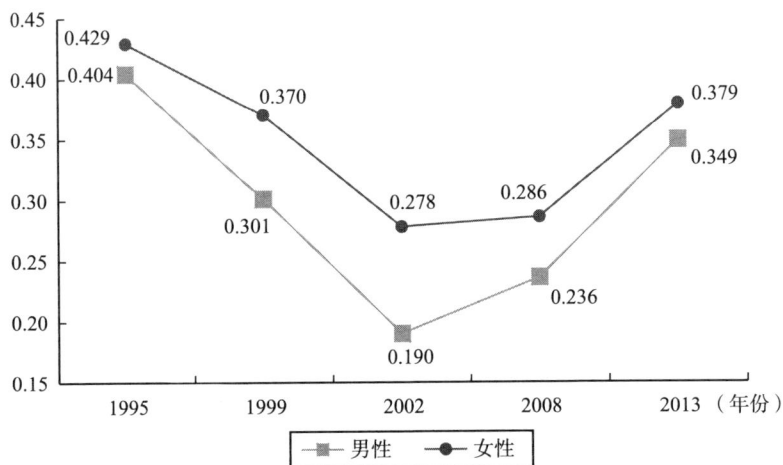

图 5 – 3　男性子代与女性子代的代际收入弹性变化趋势

5.5.2　子代工作单位差异

在本章中，子代的工作单位分为党政机关单位、国有企事业单位，以及非党政机关、国有企事业单位。表 5 – 6 比较了子代在体制内单位和体制外单位上班的代际收入弹性之间的差异。

表 5 - 6 子代处于不同工作单位的代际收入弹性

年份	1995	1999	2002	2008	2013
体制内单位	0. 497 *** (0. 169)	0. 374 * (0. 203)	0. 188 ** (0. 0730)	0. 218 *** (0. 0730)	0. 271 *** (0. 0679)
体制外单位	0. 399 *** (0. 0996)	0. 325 ** (0. 141)	0. 252 *** (0. 0533)	0. 270 *** (0. 0696)	0. 383 *** (0. 0416)

注:括号中为标准误,*** 、** 、* 分别表示在1%、5%和10%的水平上显著;表 5 - 6 为部分实证结果,具体参见附表5和附表6。

由表 5 - 6 可知,当子代在体制内工作时,不同年份父代收入均在不同的显著性水平上显著,1995 年、1999 年、2002 年、2008 年和 2013 年的代际收入弹性分别为 0. 497、0. 374、0. 188、0. 218 和 0. 271;当子代在体制外工作时,不同年份父代收入也在不同显著性水平上显著,1995 年、1999 年、2002 年、2008 年和 2013 年的代际收入弹性分别为 0. 399、0. 325、0. 252、0. 270 和 0. 383。图 5 - 4 反映了子代在体制内和体制外工作时代际收入弹性的变化趋势,由图 5 - 4 可知,从 1995 年到 1999 年,子代在体制内工作的代际收入弹性要高于子代在体制外工作的代际收入弹性;从 2002 年到 2013 年,子代在体制外工作的代际收入弹性要高于子代在体制内工作的代际收入弹性。

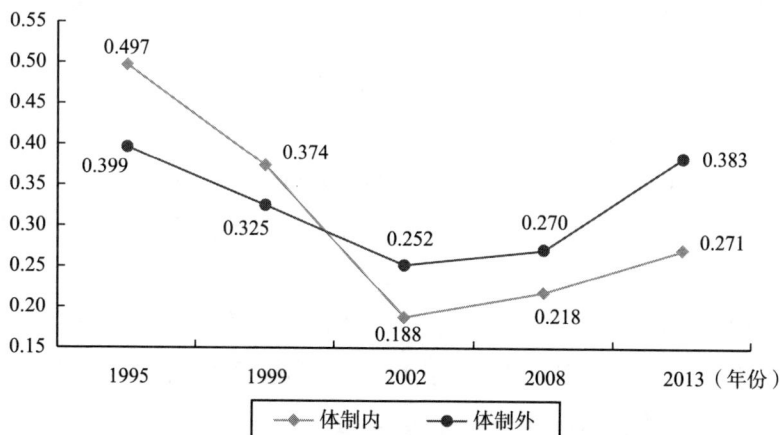

图 5 - 4 子代处于不同工作单位时代际收入弹性的变化趋势

5.5.3 地区差异

本书将我国（不包括港澳台地区）划分为东部、中部和西部三个区域，其中东部地区包括北京市、天津市、河北省、辽宁省、上海市、江苏省、浙江省、福建省、山东省、广东省和海南省；中部地区包括山西省、吉林省、黑龙江省、安徽省、江西省、河南省、湖北省和湖南省；西部地区包括四川省、贵州省、云南省、西藏自治区、陕西省、甘肃省、青海省、宁夏回族自治区、新疆维吾尔自治区、重庆市、内蒙古自治区和广西壮族自治区。进而比较不同地区居民代际收入弹性的差异，回归结果如表5-7所示。

表5-7　　　　　　　　不同区域城镇居民的代际收入弹性

年份	1995	1999	2002	2008	2013
东部	0.480 *** (0.167)	0.365 ** (0.143)	0.213 *** (0.0598)	0.243 *** (0.0607)	0.329 *** (0.0472)
中部	0.383 *** (0.144)	0.130 (0.325)	0.110 * (0.0657)	0.223 ** (0.0965)	0.303 *** (0.0659)
西部	0.511 *** (0.184)	0.417 * (0.224)	0.258 ** (0.111)	0.309 * (0.153)	0.376 *** (0.0910)

注：括号中为标准误，***、**、*分别表示在1%、5%和10%的水平上显著；表5-7为部分实证结果，具体参见附表7-9。

由表5-7可知，东部地区家庭，1995年、1999年、2002年、2008年和2013年的代际收入弹性分别为0.480、0.365、0.213、0.243和0.329；中部地区家庭，1995年、1999年、2002年、2008年和2013年的代际收入弹性分别为0.383、0.13、0.11、0.223和0.303；西部地区家庭，1995年、1999年、2002年、2008年和2013年的代际收入弹性分别为0.511、0.417、0.258、0.309和0.376。东部、中部和西部地区代际收入弹性的变化趋势如图5-5所示，由图5-5可知，东部、中部与西部地区居民的代际收入弹性的变化趋势和总体一致，西部地区城镇居民的代际收入弹性最高、东部地区次之、中部地区最低。

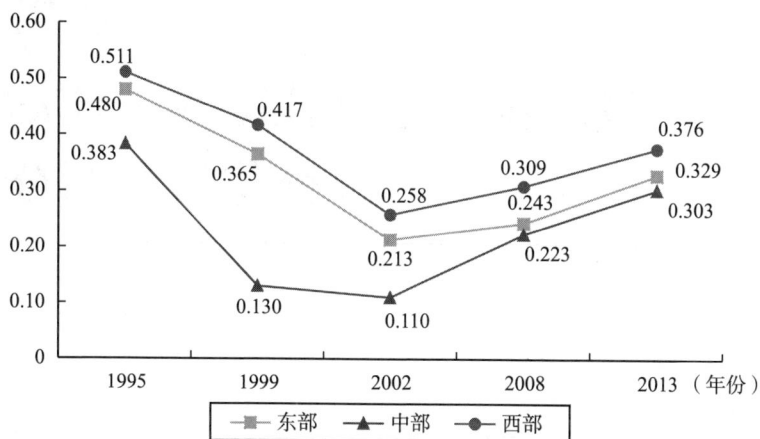

图 5-5　不同地区代际收入弹性的变化趋势

5.6　本章小结

本章主要运用普通最小二乘法分析我国城镇居民的代际收入弹性从 1995 年到 2013 年的变化趋势，主要的结论有：第一，我国总体代际收入弹性呈先下降后上升的"U"型变化趋势；在控制变量中加入子代和父代的受教育年限、子代和父代的婚姻状况、子代和父代的工作状况之后，代际收入弹性的变化趋势仍和总体一致。第二，分子代性别来看，父子和父女之间的代际收入弹性的变化趋势和总体代际收入弹性的变化趋势一致，父女之间的代际收入弹性始终高于父子，说明女儿收入受父代的影响比儿子更大。第三，分子代工作单位来看，1995～1999 年，子代在体制内单位工作的代际收入弹性要高于在体制外工作的代际收入弹性；而 2002～2013 年，子代在体制外工作的代际收入弹性要高于在体制内工作的代际收入弹性。第四，分不同区域来看，东部、中部和西部地区的代际收入弹性的变化趋势和总体一致，1995～2013 年，西部地区的代际收入弹性最高，东部地区次之，中部地区最低。

第6章
我国城镇家庭代际收入流动性
分位数回归分析

6.1 数据来源与变量定义

6.1.1 数据来源

本章主要采用CHIPS 1995 年、1999 年、2002 年、2008 年和2013 年的数据，数据介绍、本章样本生成过程及生成结果见第五章"5.1 数据来源和样本选择说明"部分。

6.1.2 变量定义

本章涉及的变量主要有子代的收入、父代的收入、子代的性别、子代年龄、父代年龄、金融资产价值、耐用消费品价值以及区域变量。

1. 子代与父代的收入

本章用子代和父代的工资性收入来代替子代和父代的收入。因为工资性收入是个人的固定收入来源，可比性较高。而非工资性收入来源不固定，相对来说可比性较差。

2. 子代的性别

本章将子代的性别作为回归方程的控制变量之一，将男性赋值为1，女性赋值为0。

3. 子代与父代的年龄

本章中子代与父代的年龄均为问卷调查年份—子代或者父代出生的年份。

4. 财富资本变量

本章选取金融资产价值与耐用消费品价值作为财富资本变量，其中，金融资产指手存现金、活期存款、定期存款、储蓄型保险、国债、其他债权、股票、基金、期货、其他各种金融理财产品、借出款以及其他金融资产价值之和。耐用消费品价值指彩电、黑白电视机、彩电、电冰箱、洗衣机、自行车、摩托车、汽车等耐用消费品的价值之和。

5. 区域变量

本章将全国划分为东部、中部和西部三个区域。

表6-1 变量设置及赋值说明

变量名称	变量代码	赋值
子代收入	S_1	子代工资性收入的对数
父代收入	S_0	父代工资性收入的对数
子代性别	cgen	男性=1，女性=0
子代年龄	cage	问卷调查年份—子代出生年份
父代年龄	fage	问卷调查年份—父代出生年份
金融资产价值	lfinance	金融资产价值的对数
耐用消费品价值	lxiaofei	耐用消费品价值的对数

6.2 总体分位数回归

本部分用分位数回归分析从低分位点到高分位点代际收入弹性的差异及不同分位点代际收入弹性的变化趋势，用 q10、q25、q50、q75 和 q90 将子代收入划分为五个阶层，进而分析我国城镇居民在不同分位上的代际收入流动性。

表 6-2 反映了子代收入在不同分位点上的代际收入弹性，由前文表可知从 1995 年到 2013 年，除了 2002 年的 10% 分位点外，父代收入的估计系数均显著。1995 年、1999 年、2002 年、2008 年和 2013 年从低分位点到高分位点的代际收入弹性如图 6-1 所示，由图 6-1 可知，1995 年子代收入从低分位点到高分位点，代际收入弹性总体呈下降的趋势，其中，90% 分位点样本的代际收入弹性最低，为 0.33，50% 分位点样本的代际收入弹性最高，为 0.469；1999 年子代收入从低分位点到高分位点，代际收入弹性呈下降的趋势，其中，90% 分位点样本的代际收入弹性最低，为 0.132，10% 分位点样本的代际收入弹性最高，为 0.47；2002 年子代收入从低分位点到高分位点，代际收入弹性呈上升的趋势，其中，10% 分位点样本的代际收入弹性最低，为 0.109，90% 分位点样本的代际收入弹性最大，为 0.32；2008 年子代收入从低分位点到高分位点，代际收入弹性由 10% 分位点的 0.239 逐渐变化到 90% 分位点的0.235；2013 年子代收入从低分位点到高分位点，代际收入弹性从 10% 分位点的 0.39 逐渐下降到 90% 分位点的 0.265，其中，75% 分位点的代际收入弹性最低，为 0.249，10% 分位点样本的代际收入弹性最高，为 0.390。

表 6 - 2　　　　　　　　　子代收入不同分位点上的代际收入弹性

总体	q10	q25	q50	q75	q90
1995 年	0. 423 *** (0. 144)	0. 453 *** (0. 135)	0. 469 *** (0. 111)	0. 382 *** (0. 106)	0. 330 *** (0. 0804)
1999 年	0. 470 ** (0. 226)	0. 335 * (0. 176)	0. 315 ** (0. 153)	0. 381 *** (0. 126)	0. 132 (0. 155)
2002 年	0. 109 (0. 0955)	0. 198 *** (0. 0618)	0. 281 *** (0. 0446)	0. 280 *** (0. 0538)	0. 320 *** (0. 0825)
2008 年	0. 239 *** (0. 0765)	0. 240 *** (0. 0656)	0. 206 *** (0. 0610)	0. 275 *** (0. 0820)	0. 235 *** (0. 0640)
2013 年	0. 390 *** (0. 0752)	0. 385 *** (0. 0467)	0. 305 *** (0. 0373)	0. 249 *** (0. 0346)	0. 265 *** (0. 0439)

　　注：括号中为标准误，***、**、* 分别表示在 1%、5% 和 10% 的水平上显著；表 6 - 3 为部分实证结果，具体参见附表 10 ~ 附表 14。

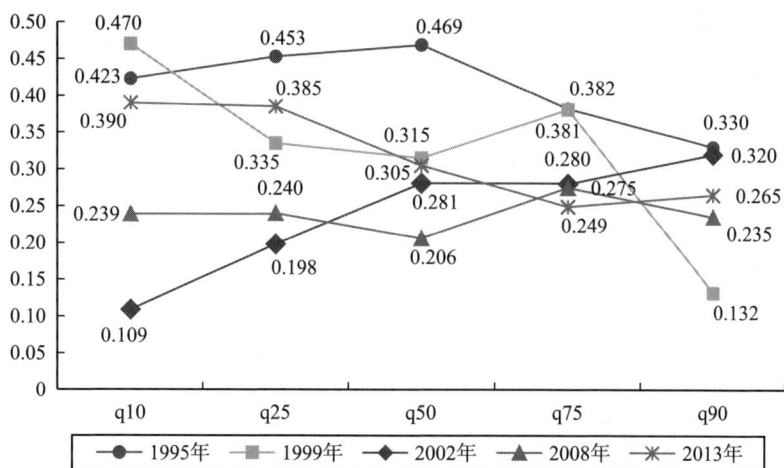

图 6 - 1　不同分位点的代际收入弹性

　　图 6 - 2 反映了从 1995 年到 2013 年子代收入处于不同分位点时，代际收入弹性的变化趋势，由此图可知，1995 ~ 1999 年，10% 分位点的代际收入弹性呈上升的趋势，由 0. 423 逐渐上升到 0. 47；1999 ~ 2013 年，10% 分

位点的代际收入弹性呈先降后升的趋势，由 1999 年的 0.47，下降到 2002 年的 0.109，再逐渐上升到 2013 年的 0.39。25% 和 50% 分位点的代际收入弹性均呈先下降后上升的变化趋势，其中，25% 分位点的代际收入弹性由 1995 年的最高点 0.453 下降到 2002 年的最低点 0.198，再逐渐上升到 2013 年的 0.385；50% 分位点的代际收入弹性由 1995 年的 0.469 下降到 2008 年的 0.206，再上升到 2013 年的 0.305。75% 分位点的代际收入弹性呈逐渐下降的趋势，由 1995 年的 0.382 逐渐下降到 2013 年的 0.249。90% 分位代际收入弹性从 1995～2002 年呈先下降后上升的变化趋势，由 1995 年的 0.33 下降到 1999 年的 0.132，再上升到 2002 年的 0.32；2002～2013 年也呈先下降后上升的变化趋势，由 2002 年的 0.32 下降到 2008 年的 0.235，再上升到 2013 年的 0.265。

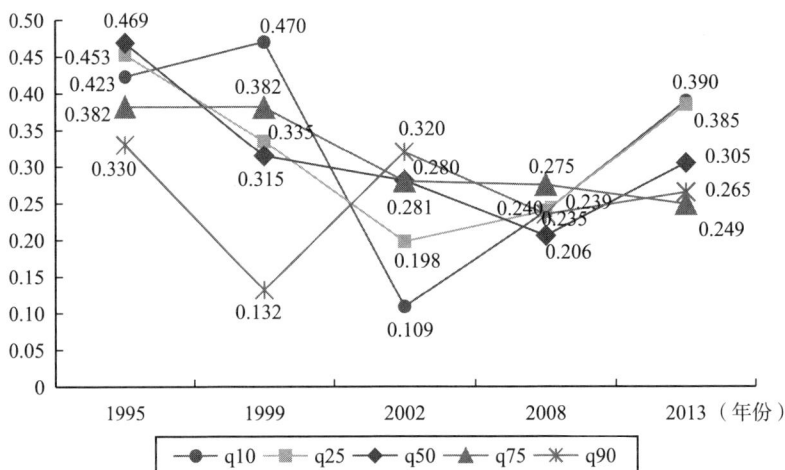

图 6-2　不同分位点代际收入弹性的变化趋势

　　总的来看，从低分位点到高分位点，1995 年、1999 年和 2013 年的代际收入弹性有所降低，2002 年的代际收入弹性有所上升，2008 年的代际收入弹性基本保持不变。从不同分位点代际收入弹性的变化趋势来看，各分位点的代际收入弹性均有所降低。

6.3　子代性别对代际收入弹性的影响

6.3.1　父子之间的代际收入弹性

表 6 – 3 反映了父子之间在不同分位点上的代际收入弹性，由此表可知，在 10%、25%、50%、75% 和 90% 分位点，1995 年的代际收入弹性分别为 0.498、0.404、0.435、0.359 和 0.218；1999 年的代际收入弹性分别为 0.425、0.315、0.362、0.339 和 0.219；2002 年的代际收入弹性分别为 0.11、0.14、0.318、0.247 和 0.229；2008 年的代际收入弹性分别为 0.183、0.264、0.206、0.267 和 0.296；2013 年的代际收入弹性分别为 0.316、0.355、0.322、0.257 和 0.293。图 6 – 3 反映了从低分位点到高分位点不同年份代际收入弹性的变化趋势，由此图可知，1995 年、1999 年和 2013 年从低分位点到高分位点的代际收入弹性总体上均呈下降的趋势，其中，1995 年由 10% 分位点的 0.498 逐渐下降到 90% 分位点的 0.218；1999 年由 10% 分位点的 0.425 逐渐下降到 90% 分位点的 0.219；2013 年由 10% 分位点的 0.316 逐渐下降到 90% 分位点的 0.293。2002 年和 2008 年的代际收入弹性总体上呈逐渐上升的趋势，其中，2002 年的代际收入弹性由 10% 分位点的 0.11 逐渐上升到 90% 分位点的 0.229；2008 年的代际收入弹性由 10% 分位点的 0.183 逐渐上升到 90% 分位点的 0.296。

表 6 – 3　　　　　儿子收入不同分位点上的代际收入弹性

总体	q10	q25	q50	q75	q90
1995 年	0.498 ** (0.197)	0.404 * (0.208)	0.435 *** (0.134)	0.359 *** (0.108)	0.218 * (0.129)

续表

总体	q10	q25	q50	q75	q90
1999 年	0.425 * (0.216)	0.315 (0.211)	0.362 * (0.186)	0.339 * (0.185)	0.219 (0.174)
2002 年	0.110 (0.125)	0.140 (0.100)	0.318 *** (0.0601)	0.247 *** (0.0645)	0.229 * (0.122)
2008 年	0.183 * (0.0971)	0.264 *** (0.0890)	0.206 *** (0.0645)	0.267 *** (0.0843)	0.296 *** (0.0922)
2013 年	0.316 ** (0.134)	0.355 *** (0.0659)	0.322 *** (0.0408)	0.257 *** (0.0456)	0.293 *** (0.0614)

注：括号中为标准误，***、**、*分别表示在1%、5%和10%的水平上显著；表6-4为部分实证结果，具体参见附表15~附表19。

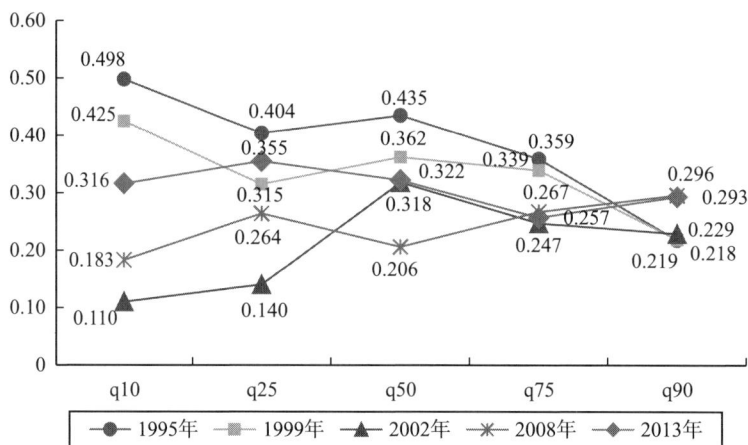

图6-3 父子之间不同分位点的代际收入弹性

图6-4反映了不同分位点父子之间代际收入弹性的变化趋势，由此图可知，10%、25%和50%分位点父子之间的代际收入弹性均呈先降后升的变化趋势，其中，10%分位点的代际收入弹性由1995年的0.498下降到2002年的0.11，再上升到2013年的0.316；25%分位点的代际收入弹性由

1995 年的 0. 404 下降到 2002 年的 0. 140, 再上升到 2013 年的 0. 355；50%
分位点的代际收入弹性由 1995 年的 0. 435 下降到 2008 年的 0. 206, 再上升
到 2013 年的 0. 322。75% 分位点的代际收入弹性呈逐渐下降的变化趋势,
由 1995 年的 0. 359 逐渐下降到 2013 年的 0. 257。90% 分位点的代际收入弹
性呈小幅上升的趋势, 由 1995 年的 0. 218 逐渐上升到 2013 年的 0. 293。

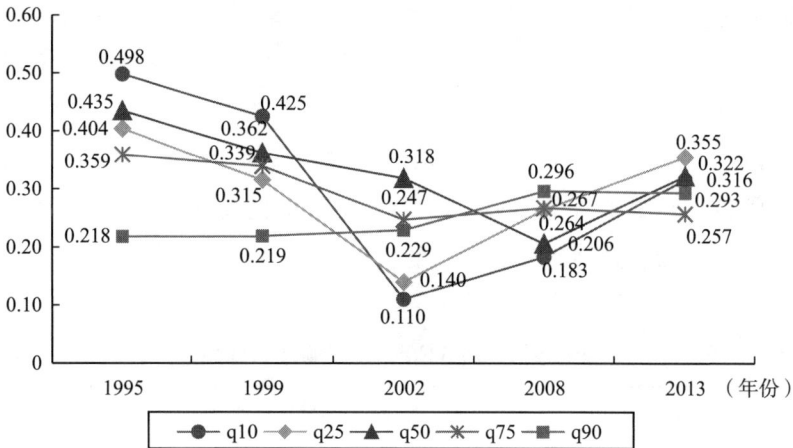

图 6 - 4　父子之间不同分位点代际收入弹性的变化趋势

　　总的来看, 从低分位点到高分位点, 1995 年、1999 年和 2013 年的代
际收入弹性有所降低, 2002 年和 2008 年的代际收入弹性有所上升。从不
同分位点代际收入弹性的变化趋势来看, 10% 、25% 、50% 和 75% 分位点
的代际收入弹性均有所降低, 90% 分位点的代际收入弹性有所上升。

6.3.2　父女之间的代际收入弹性

　　表 6 -4 反映了父女之间在不同分位点上的代际收入弹性, 由此表可
知, 在 10% 、25% 、50% 、75% 和 90% 分位点, 1995 年的代际收入弹性
分别为 0. 447、0. 576、0. 483、0. 432 和 0. 310；1999 年的代际收入弹性分

别为 0.419、0.262、0.175、0.431 和 0.267；2002 年的代际收入弹性分别为 0.144、0.258、0.241、0.380 和 0.396；2008 年的代际收入弹性分别为 0.214、0.200、0.302、0.395 和 0.153；2013 年的代际收入弹性分别为 0.555、0.391、0.319、0.298 和 0.320。图 6 – 5 反映了从低分位点到高分位点不同年份代际收入弹性的变化趋势，由此图可知，1995 年、1999 年、2008 年和 2013 年代际收入弹性总体上均呈下降的变化趋势，其中，1995 年的代际收入弹性由 10% 分位点的 0.447 下降到 90% 分位点的 0.310；1999 年的代际收入弹性由 10% 分位点的 0.419 下降到 90% 分位点的 0.267；2008 年的代际收入弹性由 10% 分位点的 0.214 下降到 90% 分位点的 0.153；2013 年的代际收入弹性由 10% 分位点的 0.555 下降到 90% 分位点的 0.320。2002 年的代际收入弹性呈逐渐上升的变化趋势，由 10% 分位点的 0.144 逐渐上升到 90% 分位点的 0.396。

表 6 – 4　　　　　　　女儿收入不同分位点上的代际收入弹性

总体	q10	q25	q50	q75	q90
1995 年	0.447 (0.271)	0.576 *** (0.165)	0.483 *** (0.174)	0.432 ** (0.168)	0.310 *** (0.117)
1999 年	0.419 (0.298)	0.262 (0.406)	0.175 (0.238)	0.431 * (0.224)	0.267 *** (0.0820)
2002 年	0.144 (0.135)	0.258 *** (0.0951)	0.241 *** (0.0743)	0.380 *** (0.0738)	0.396 *** (0.147)
2008 年	0.214 ** (0.0928)	0.200 * (0.104)	0.302 ** (0.149)	0.395 ** (0.151)	0.153 (0.139)
2013 年	0.555 *** (0.212)	0.391 *** (0.0818)	0.319 *** (0.0778)	0.298 *** (0.0725)	0.320 *** (0.0716)

注：括号中为标准误，***、**、*分别表示在 1%、5% 和 10% 的水平上显著；表 6 – 5 为部分实证结果，具体参见附表 20 ~ 附表 24。

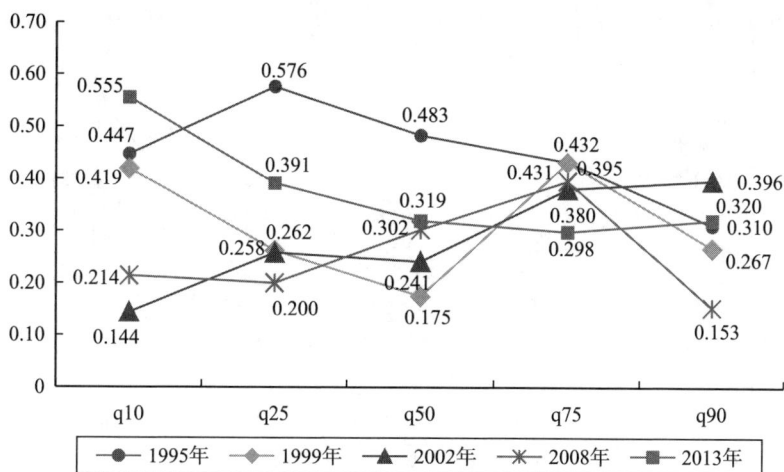

图6-5　父女之间不同分位点的代际收入弹性

图6-6反映了不同分位点父子之间代际收入弹性的变化趋势，由此图可知，10%、25%和50%分位点的代际收入弹性均呈先下降后上升的变化趋势，其中，10%分位点的代际收入弹性由1995年的0.447下降到2002年的0.144，再上升到2013年的0.555；25%分位点的代际收入弹性由1995年的0.576下降到2008年的0.200，再上升到2013年的0.391；50%分位点的代际收入弹性由1995年的0.483下降到1999年的0.175，再上升到2013年的0.319。75%分位点的代际收入弹性由1995年的0.432逐渐下降到2013年的0.298。90%分位点的代际收入弹性总体上呈轻微的上升趋势，从1995～2002年呈先下降后上升的变化趋势，由1995年的0.310下降到1999年的0.267，再上升到2002年的0.396；从2002～2013年也呈先下降后上升的变化趋势，由2002年的0.396下降到2008年的0.153，再上升到2013年的0.320。

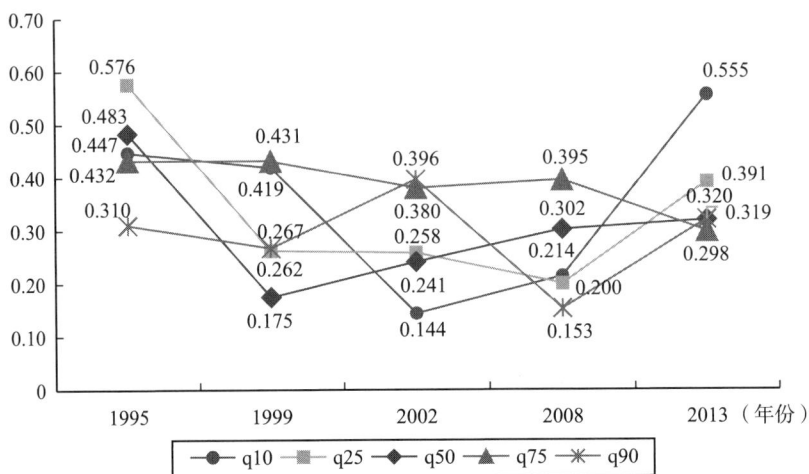

图6－6　父女之间不同分位点代际收入弹性的变化趋势

总的来说，从低分位点到高分位点，1995 年、1999 年、2008 年和 2013 年的代际收入弹性有所降低，2002 年的代际收入弹性有所上升。从不同分位点代际收入弹性的变化趋势来看，10% 和 90% 分位点的代际收入弹性有所上升，25% 、50% 和 75% 分位点的代际收入弹性有所降低。

6.4　地区对代际收入弹性的影响

6.4.1　东部地区的代际收入弹性

表 6 – 5 反映了东部地区不同分位点的代际收入弹性，从 10% 分位点到 90% 分位点，1995 年各分位点的代际收入弹性分别为 0.616、0.614、0.275、0.363 和 0.181；1999 年各分位点的代际收入弹性分别为 0.676、0.369、0.122、0.310 和 0.631；2002 年各分位点的代际收入弹性分别为 0.153、0.228、0.318、0.311 和 0.180；2008 年各分位点的代际收入弹性

分别为 0.252、0.245、0.204、0.314 和 0.314；2013 年各分位点的代际收入弹性分别为 0.431、0.272、0.203、0.217 和 0.201。

表 6 – 5　　　　　东部地区子代收入不同分位点上的代际收入弹性

总体	q10	q25	q50	q75	q90
1995 年	0.616 *** (0.172)	0.614 ** (0.272)	0.275 (0.234)	0.363 * (0.200)	0.181 (0.221)
1999 年	0.676 *** (0.107)	0.369 (0.241)	0.122 (0.215)	0.310 (0.210)	0.631 *** (0.154)
2002 年	0.153 (0.133)	0.228 ** (0.0885)	0.318 *** (0.0633)	0.311 *** (0.0844)	0.180 * (0.102)
2008 年	0.252 ** (0.0968)	0.245 *** (0.0809)	0.204 ** (0.0961)	0.314 *** (0.111)	0.314 *** (0.0875)
2013 年	0.431 *** (0.113)	0.272 *** (0.0814)	0.203 *** (0.0440)	0.217 *** (0.0497)	0.201 *** (0.0647)

注：括号中为标准误，***、**、* 分别表示在 1%、5% 和 10% 的水平上显著；表 6 – 6 为部分实证结果，具体参见附表 25 ~ 附表 29。

图 6 – 7 反映了从低分位点到高分位点代际收入弹性的变化趋势，由图可知，1995 年的代际收入弹性总体上呈下降的趋势，由 10% 分位点的 0.616 逐渐下降到 90% 分位点的 0.181。1999 年和 2008 年的代际收入弹性均呈先下降后上升的变化趋势，其中，1999 年的代际收入弹性由 10% 分位点的 0.676 下降到 50% 分位点的 0.122，再上升到 90% 分位点的 0.631；2008 年的代际收入弹性由 10% 分位点的 0.252 下降到 50% 分位点的 0.204，再上升到 90% 分位点的 0.314。2002 年的代际收入弹性呈先上升后下降的倒"U"型变化趋势，由 10% 分位点的 0.153 上升到 50% 分位点的 0.318，再下降到 90% 分位点的 0.18。2013 年的代际收入弹性总体上呈逐渐下降的趋势，由 10% 分位点的 0.431 逐渐下降到 90% 分位点的 0.201。

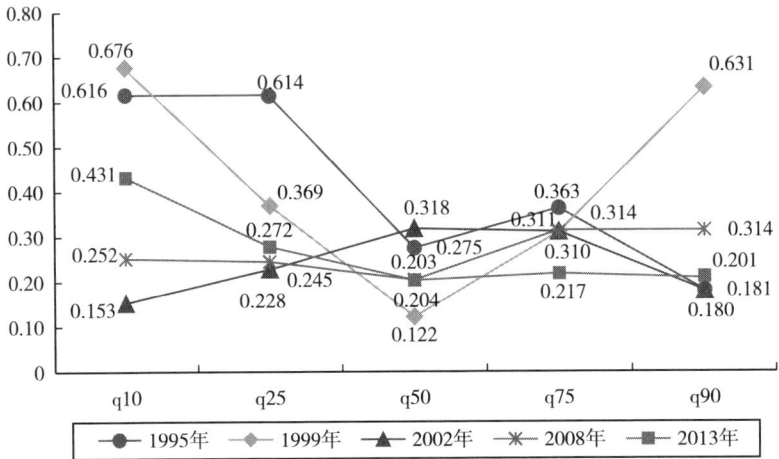

图 6 - 7　东部地区的代际收入弹性

　　图 6 - 8 反映了不同分位点代际收入弹性的变化趋势，由图可知，10%、25%、50% 和 75% 分位点的代际收入弹性总体上均呈下降的趋势；90% 分位点的代际收入弹性总体上呈上升的趋势。其中，10% 分位点的代际收入弹性由 1995 年的 0.616 上升到 1999 年的 0.676，从 1999 ~ 2013 年呈先下降后上升的变化趋势，由 1999 年的 0.676 下降到 2002 年的 0.153，再逐渐上升到 2013 年的 0.431；25% 分位点的代际收入弹性呈 "U" 型的变化趋势，由 1995 年的 0.614 下降到 2002 年的 0.228，再逐渐上升到 2013 年的 0.272；从 1995 ~ 2002 年，50% 分位点的代际收入弹性先下降后上升的变化趋势，由 1995 年的 0.275 下降到 1999 年的 0.122，再上升到 2002 年的 0.318；从 2002 ~ 2013 年，呈逐渐下降的变化趋势，由 2002 年的 0.318 下降到 2013 年的 0.203；75% 分位点的代际收入弹性呈逐渐下降的变化趋势，由 1995 年的 0.363 逐渐下降到 2013 年的 0.217；90% 分位点的代际收入弹性从 1995 ~ 2002 年呈倒 "U" 型的变化趋势，由 1995 年的 0.181 上升到 1999 年的 0.631，再下降到 2002 年的 0.18，从 2002 ~ 2013 年也呈倒 "U" 型的变化趋势，由 2002 年的 0.18 上升到 2008 年的 0.314，再下降到 2013 年的 0.201。

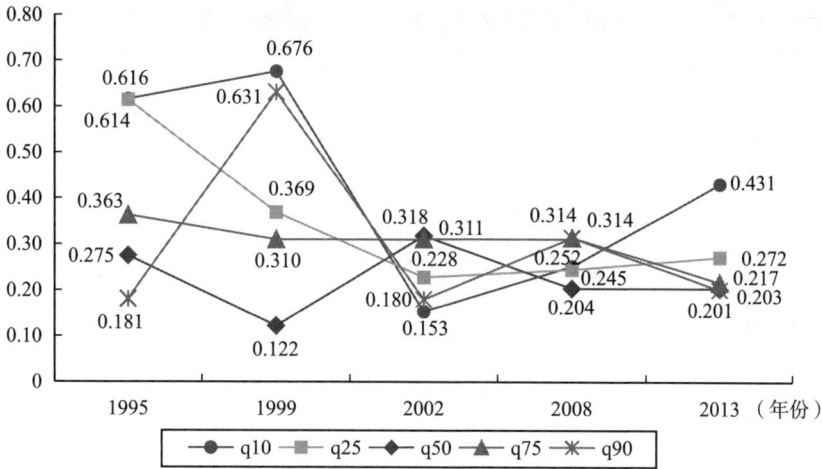

图 6-8　东部地区代际收入弹性的变化趋势

　　总的来说，从低分位点到高分位点，1995 年、1999 年和 2013 年的代际收入弹性均有所降低，2002 年和 2008 年的代际收入弹性均有所上升。从不同分位点代际收入弹性的变化趋势来看，10%、25%、50% 和 75% 分位点的代际收入弹性有所降低，90% 分位点的代际收入弹性有所上升。

6.4.2　中部地区的代际收入弹性

　　表 6-6 反映了从 1995～2013 年不同分位点中部地区样本的代际收入弹性，从低分位点到高分位点，1995 年各分位点的代际收入弹性分别为 0.16、0.358、0.37、0.616 和 0.269；1999 年各分位点的代际收入弹性分别为 0.0482、0.00524、0.186、0.405 和 0.394；2002 年各分位点的代际收入弹性分别为 0.0406、0.0185、0.172、0.21 和 0.26；2008 年各分位点的代际收入弹性分别为 0.251、0.269、0.212、0.186 和 0.217；2013 年各分位点的代际收入弹性分别为 0.27、0.318、0.274、0.312 和 0.392。

表 6 - 6   中部地区子代收入不同分位点上的代际收入弹性

总体	q10	q25	q50	q75	q90
1995 年	0.160 (0.292)	0.358 (0.254)	0.370 ** (0.162)	0.616 *** (0.217)	0.269 (0.166)
1999 年	0.0482 (0.405)	0.00524 (0.503)	0.186 (0.616)	0.405 (0.791)	0.394 (0.677)
2002 年	0.0406 (0.187)	0.0185 (0.110)	0.172 ** (0.0829)	0.210 *** (0.0752)	0.260 ** (0.100)
2008 年	0.251 ** (0.120)	0.269 * (0.156)	0.212 (0.127)	0.186 (0.145)	0.127 (0.132)
2013 年	0.270 (0.209)	0.318 *** (0.0775)	0.274 *** (0.0586)	0.312 *** (0.0868)	0.392 *** (0.0955)

注：括号中为标准误，***、**、* 分别表示在1%、5%和10%的水平上显著；表 6 - 7 为部分实证结果，具体参见附表30～附表34。

图 6 - 9 反映了从 1995～2013 年，从低分位点到高分位点的代际收入弹性的变化趋势，1995 年的代际收入弹性呈先上升后下降的倒 "U" 型变化趋势，由 10% 分位点的 0.16 上升到 75% 分位点的 0.616，再下降到 90% 分位点的 0.269；1999 年的代际收入弹性由 10% 分位点的 0.0482 逐渐上升到 90% 分位点的 0.394；2002 年的代际收入弹性由 10% 分位点的 0.0406 逐渐上升到 90% 分位点的 0.26；2008 年的代际收入弹性由 10% 分位点的 0.251 逐渐下降到 90% 分位点的 0.127；2013 年的代际收入弹性由 10% 分位点的 0.27 逐渐上升到 90% 分位点的 0.392。

图 6 - 10 反映了不同分位点代际收入弹性的变化趋势，由图可知，10%、25%、50% 和 75% 分位点的代际收入弹性总体上均呈 "U" 型的变化趋势，其中，10% 分位点的代际收入弹性由 1995 年的 0.16 下降到 2002 年的 0.0406，再上升到 2013 年的 0.27；25% 分位点的代际收入弹性由 1995 年的 0.358 下降到 1999 年的 0.00524，再上升到 2013 年的 0.318；50% 分位点的代际收入弹性由 1995 年的 0.37 下降到 2002 年的 0.172，再

上升到 2013 年的 0.274；75% 分位点的代际收入弹性由 1995 年的 0.616 下降到 2008 年的 0.186，再上升到 2013 年的 0.312。90% 分位点的代际收入弹性从 1995 年的 0.269 上升到 1999 年的 0.394，从 1999~2013 年呈先下降后上升的"U"型变化趋势，由 1999 年的 0.394 下降到 2008 年的 0.127，再上升到 2013 年的 0.392。

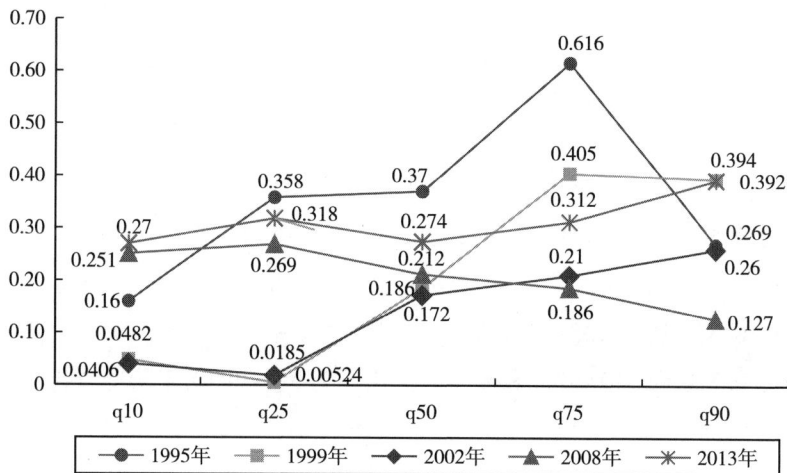

图 6-9 中部地区的代际收入弹性

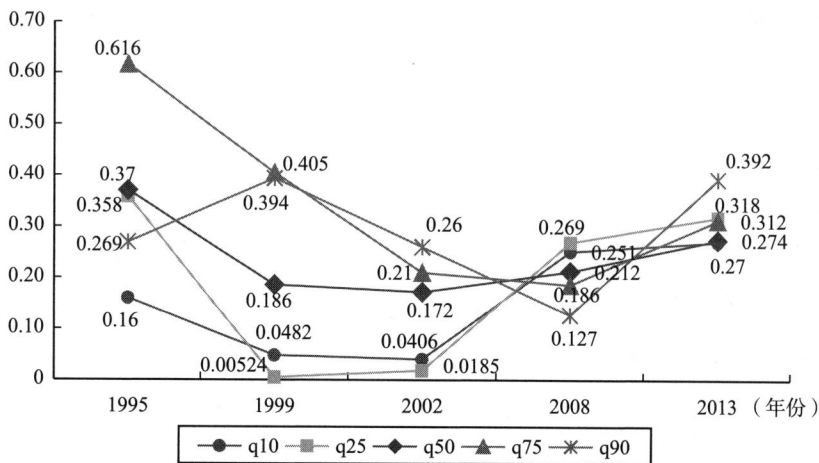

图 6-10 中部地区代际收入弹性的变化趋势

总的来说，从低分位点到高分位点，1995 年、1999 年、2002 年和 2013 年的代际收入弹性有所上升，2008 年的代际收入弹性有所降低。从不同分位点代际收入弹性的变化趋势来看，10% 和 90% 分位点的代际收入弹性有所上升，25%、50% 和 75% 分位点的代际收入弹性有所降低。

6.4.3 西部地区的代际收入弹性

表 6-7 反映了从 1995~2013 年不同分位点的代际收入弹性，从 10% 分位点到 90% 分位点，1995 年的代际收入弹性分别为 0.612、0.658、0.686、0.448 和 0.333；1999 年的代际收入弹性分别为 0.739、0.612、0.608、0.505 和 0.412；2002 年的代际收入弹性分别为 0.272、0.487、0.309、0.260 和 0.0277；2008 年的代际收入弹性分别为 0.190、0.226、0.289、0.336 和 0.235；2013 年的代际收入弹性分别为 0.579、0.444、0.358、0.230 和 0.0458。图 6-11 反映了 1995~2013 年从低分位点到高分位点代际收入弹性的变化趋势，由图可知，1995 年、1999 年、2002 年、2008 年和 2013 年的代际收入弹性总体上均呈下降的趋势，其中，1995 年、2002 年和 2008 年的代际收入弹性均呈先上升后下降的倒"U"型变化趋势，1995 年的代际收入弹性由 10% 分位点的 0.612 上升到 50% 分位点的 0.686，再下降到 90% 分位点的 0.332；2002 年的代际收入弹性由 10% 分位点的 0.272 上升到 25% 分位点的 0.487，再下降到 90% 分位点的 0.0277；2008 年的代际收入弹性由 10% 分位点的 0.19 上升到 75% 分位点的 0.336，再下降到 90% 分位点的 0.235。1999 年和 2013 年的代际收入弹性总体上均呈逐渐下降的趋势，其中，1999 年的代际收入弹性由 10% 分位点的 0.739 逐渐下降到 90% 分位点的 0.412；2013 年的代际收入弹性由 10% 分位点的 0.579 逐渐下降到 90% 分位点的 0.0458。

表 6 – 7　　　　　西部地区子代收入不同分位点上的代际收入弹性

总体	q10	q25	q50	q75	q90
1995 年	0.612 *** (0.190)	0.658 *** (0.236)	0.686 ** (0.304)	0.448 *** (0.159)	0.333 ** (0.130)
1999 年	0.739 (0.548)	0.612 * (0.349)	0.608 * (0.354)	0.505 (0.381)	0.412 * (0.220)
2002 年	0.272 (0.301)	0.487 *** (0.177)	0.309 ** (0.127)	0.260 * (0.143)	0.0277 (0.245)
2008 年	0.190 ** (0.0789)	0.226 * (0.121)	0.289 (0.186)	0.336 (0.254)	0.235 (0.175)
2013 年	0.579 ** (0.262)	0.444 *** (0.146)	0.358 *** (0.0978)	0.230 ** (0.105)	0.0458 (0.103)

注：括号中为标准误，*** 、** 、* 分别表示在 1% 、5% 和 10% 的水平上显著；表 6 – 8 为部分实证结果，具体参见附表 35 ~ 附表 39。

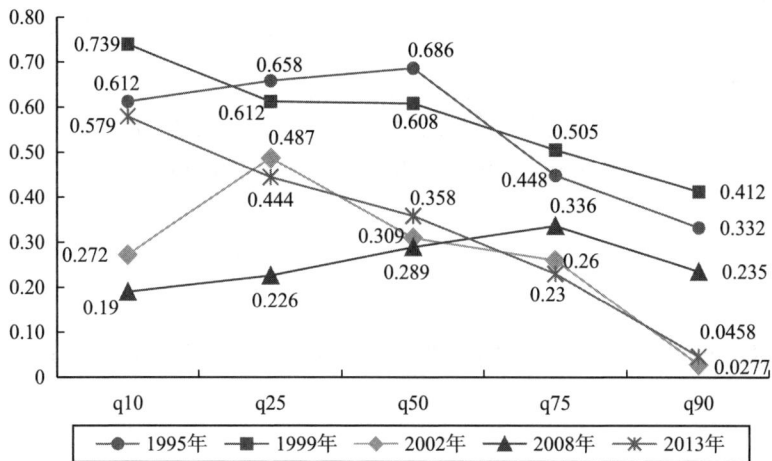

图 6 – 11　西部地区的代际收入弹性

　　图 6 – 12 反映了从 1995 ~ 2013 年不同分位点代际收入弹性的变化趋势，由此图可知，10% 分位点的代际收入弹性由 1995 年的 0.612 上升到

1999 年的 0.739，在 1999~2013 年呈"U"型的变化趋势，由 1999 年的 0.739 下降到 2008 年的 0.19，再上升到 2013 年的 0.579；25% 分位点的代际收入弹性呈"U"型的变化趋势，由 1995 年的 0.658 下降到 2008 年的 0.226，再上升到 2013 年的 0.444；50% 分位点的代际收入弹性由 1995 年的 0.686 下降到 2008 年的 0.289，再上升到 2013 年的 0.358；50% 分位点的代际收入弹性由 1995 年的 0.448 逐渐下降到 2013 年的 0.23；90% 分位点的代际收入弹性由 1995 年的 0.332 逐渐下降到 2013 年的 0.0458。

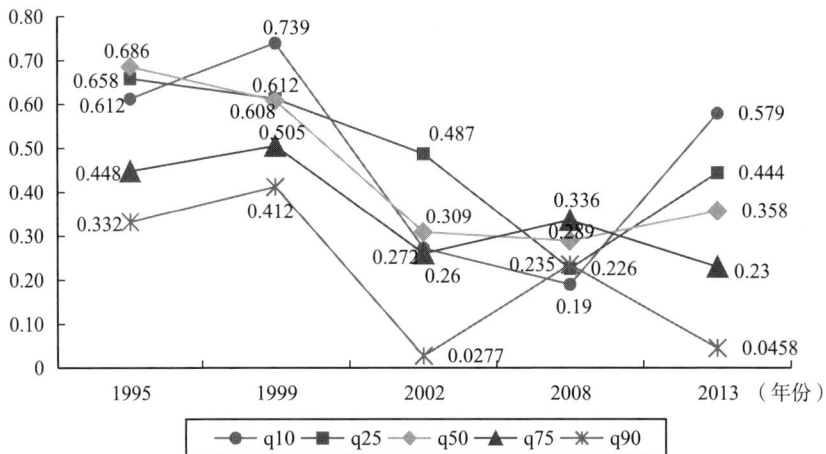

图 6-12　西部地区代际收入弹性的变化趋势

总的来说，从低分位点到高分位点，1995 年、1999 年、2002 年和 2013 年的代际收入弹性有所降低，2008 年的代际收入弹性有所上升。从不同分位点代际收入弹性的变化趋势来看，各个分位点的代际收入弹性均有所降低。

6.5　本章小结

本章通过分位数回归分析了子代收入不同分位点的代际收入弹性，首

先由总体分位数回归可知，从低分位点到高分位点，1995 年、1999 年和
2013 年的代际收入弹性有所降低，2002 年的代际收入弹性有所上升，2008
年的代际收入弹性基本保持不变。从不同分位点代际收入弹性的变化趋势
来看，各分位点的代际收入弹性均有所降低。其次，分子代性别来看，由
父子之间分位数回归的结果可知，从低分位点到高分位点，1995 年、1999
年和 2013 年的代际收入弹性有所降低，2002 年和 2008 年的代际收入弹性
有所上升。从不同分位点代际收入弹性的变化趋势来看，10%、25%、
50% 和 75% 分位点的代际收入弹性均有所降低，90% 分位点的代际收入弹
性有所上升。由父女之间分位数回归的结果可知，从低分位点到高分位
点，1995 年、1999 年、2008 年和 2013 年的代际收入弹性有所降低，2002
年的代际收入弹性有所上升。从不同分位点代际收入弹性的变化趋势来
看，10% 和 90% 分位点的代际收入弹性有所上升，25%、50% 和 75% 分位
点的代际收入弹性有所降低。最后，分区域来看，由东部地区分位数回归
的结果可知，从低分位点到高分位点，1995 年、1999 年和 2013 年的代际
收入弹性均有所降低，2002 年和 2008 年的代际收入弹性均有所上升；从
不同分位点代际收入弹性的变化趋势来看，10%、25%、50% 和 75% 分位
点的代际收入弹性有所降低，90% 分位点的代际收入弹性有所上升。由中
部地区分位数回归结果可知，从低分位点到高分位点，1995 年、1999 年、
2002 年和 2013 年的代际收入弹性有所上升，2008 年的代际收入弹性有所
降低。从不同分位点代际收入弹性的变化趋势来看，10% 和 90% 分位点的
代际收入弹性有所上升，25%、50% 和 75% 分位点的代际收入弹性有所降
低。由西部地区分位数回归结果可知，从低分位点到高分位点，1995 年、
1999 年、2002 年和 2013 年的代际收入弹性有所降低，2008 年的代际收入
弹性有所上升；从不同分位点代际收入弹性的变化趋势来看，各个分位点
的代际收入弹性均有所降低。

第 7 章
我国城镇家庭代际收入流动性的内在传递机制

7.1 数据来源与变量定义

7.1.1 数据来源

本章主要采用 CHIPS 1995 年、1999 年、2002 年、2008 年和 2013 年的数据，数据介绍、本章样本生成过程及生成结果见第五章"5.1 数据来源和样本选择说明"部分。

7.1.2 变量定义

本章涉及的变量主要有子代的收入、父代的收入、子代的性别、子代年龄、子代的受教育年限、父代工作单位性质、金融资产价值、耐用消费品价值以及房产价值，各变量的设置及赋值说明见表 7 - 1。

表 7 - 1　　　　　　　　　　　变量设置及赋值说明

变量名称	变量代码	赋值
子代收入	S_1	子代工资性收入的对数
父代收入	S_0	父代工资性收入的对数
子代性别	cgen	男性 = 1，女性 = 0
子代年龄	cage	问卷调查年份—子代出生年份
父代年龄	fage	问卷调查年份—父代出生年份
子代受教育年限	ceduc	子代接受正规教育的年数
金融资产价值	lfinance	家庭金融资产总价值
耐用消费品价值	lxiaofei	家庭耐用消费品价值之和
房产价值	lhouse	家庭房产现值

1. 子代与父代的收入

本章用子代和父代的工资性收入来代替子代和父代的收入。因为工资性收入是个人的固定收入来源，可比性较高。而非工资性收入来源不固定，相对来说可比性较差。

2. 子代的性别

本章将子代的性别作为回归方程的控制变量之一，将男性赋值为 1，女性赋值为 0。

3. 子代年龄

本章中子代与父代的年龄均为问卷调查年份—子代或者父代出生的年份。

4. 人力资本变量

本章主要采用子代的受教育年限作为人力资本变量，来考察人力资本对代际收入流动性的贡献率。

5. 财富资本变量

本章选取金融资产价值、耐用消费品价值以及房产价值作为财富资本变量，其中，金融资产指手存现金、活期存款、定期存款、储蓄型保险、国债、其他债权、股票、基金、期货、其他各种金融理财产品、借出款以及其他金融资产价值之和；耐用消费品价值指彩电、黑白电视机、彩电、电冰箱、洗衣机、自行车、摩托车、汽车等耐用消费品的价值之和；房产价值指房产现值。本章选取这些变量来考察财富资本对代际收入流动性的贡献率。

7.2 描述性统计

主要变量进行描述性统计如表7-2所示。

表7-2   主要变量的描述性统计

变量名称	1995年	1999年	2002年	2008年	2013年
子代受教育年限	11.402 (2.249)	12.756 (2.423)	12.763 (2.64)	14.536 (1.876)	13.125 (2.864)
金融资产价值	9.167 (1.122)	10.187 (1.099)	10.248 (1.204)	10.722 (1.206)	10.748 (1.265)
耐用消费品价值	8.897 (0.834)	9.222 (0.607)	8.969 (0.944)	9.549 (1.099)	10.262 (1.336)
房产价值	10.295 (1.041)	11.205 (0.719)	11.391 (0.921)	12.909 (0.84)	—

由表7-2可知，子代在1995~2013年的受教育年限分别为11.402、

12.756、12.763、14.536 和 13.125；金融资产价值总体上呈逐年增加的趋势，1995～2013 年的金融资产价值分别为 9.167、10.187、10.248、10.722 和 10.748；耐用消费品价值总体上也呈增加的趋势，1995～2013 年的耐用消费品价值分别为 8.897、9.222、8.969、9.549 和 10.262；房产价值呈逐年增加的趋势，1995～2013 年的房产价值分别为 10.295、11.205、11.391 和 12.909。

7.3　基于条件对数收入模型的我国城镇居民的代际收入流动性分析

本节主要采用埃里克森等（2005）提出的条件对数收入模型，通过模型（5.3）、模型（5.4）和模型（5.5）来分析财富资本对我国城镇居民代际收入流动性的影响。

表 7 - 3 反映了 1995 年不同中间变量对代际收入弹性的影响，由此表可知，在模型（1）～模型（5）中，父代收入均在 1% 的水平上显著，在模型（1）中代际收入弹性为 0.485，模型（2）在模型（1）的基础上加入了子代的受教育年限，此时的代际收入弹性为 0.482，相比于模型（1）代际收入弹性降低了 0.619%。模型（3）在模型（1）的基础上加入了金融资产价值，此时的金融资产价值在 1% 的水平上显著，回归系数为 0.0622，说明金融资产价值每增加 1 个单位，子代的收入会增加 0.0622 个单位，代际收入弹性为 0.439，相比于模型（1），代际收入弹性降低了 9.485%。模型（4）在模型（1）的基础上加入了耐用消费品价值，此时的代际收入弹性为 0.449，相比于模型（1），代际收入弹性降低了 7.423%。模型（5）在模型（1）的基础上加入了房产价值，此时的代际收入弹性为 0.429，相比于模型（1），代际收入弹性降低了 11.546%。

表 7 - 3　　　　　　　1995 年我国城镇居民的条件代际收入弹性

变量名称	(1)	(2)	(3)	(4)	(5)
父代收入	0.485 *** (0.0814)	0.482 *** (0.0816)	0.439 *** (0.0822)	0.449 *** (0.0846)	0.429 *** (0.0812)
子代性别	0.0546 (0.0527)	0.0573 (0.0530)	0.0739 (0.0526)	0.0640 (0.0529)	0.0493 (0.0516)
子代年龄	0.195 ** (0.0953)	0.190 ** (0.0958)	0.214 ** (0.0945)	0.190 ** (0.0951)	0.204 ** (0.0933)
子代年龄的平方	− 0.00378 * (0.00195)	− 0.00368 * (0.00196)	− 0.00427 ** (0.00194)	− 0.00371 * (0.00195)	− 0.00392 ** (0.00191)
父代年龄	− 0.239 (0.179)	− 0.244 (0.180)	− 0.229 (0.177)	− 0.249 (0.179)	− 0.312 * (0.177)
父代年龄的平方	0.00220 (0.00172)	0.00224 (0.00172)	0.00211 (0.00170)	0.00229 (0.00172)	0.00291 * (0.00169)
子代的受教育年限		0.00662 (0.0116)			
金融资产价值			0.0622 *** (0.0238)		
耐用消费品价值				0.0494 (0.0327)	
房产价值					0.0855 *** (0.0248)
常数项	7.801 * (4.566)	7.929 * (4.578)	7.160 (4.518)	7.997 * (4.556)	9.135 ** (4.482)
样本容量	246	246	246	246	246
R^2	0.162	0.163	0.185	0.169	0.201
弹性的变化率		− 0.619%	− 9.485%	− 7.423%	− 11.546%

注：括号中为标准误，*** 、** 、* 分别表示在 1% 、5% 和 10% 的水平上显著。

表7-4反映了1999年不同中间变量对代际收入弹性的影响，由此表可知，在模型（1）~模型（5）中，父代收入均在1%的水平上显著，在模型（1）中代际收入弹性为0.417，模型（2）在模型（1）的基础上加入了子代的受教育年限，子代的受教育年限在1%的水平上显著，回归系数为0.0487，说明子代的受教育年限每增加1年，子代的收入会增加0.0487个单位；此时的代际收入弹性为0.365，相比于模型（1）代际收入弹性降低了12.47%。模型（3）在模型（1）的基础上加入了金融资产价值，此时的金融资产价值在5%的水平上显著，回归系数为0.0841，说明金融资产价值每增加1个单位，子代的收入会增加0.0841个单位，代际收入弹性为0.331，相比于模型（1），代际收入弹性降低了20.624%。模型（4）在模型（1）的基础上加入了耐用消费品价值，耐用消费品价值在5%的水平上显著，回归系数为0.140，说明耐用消费品价值每增加1个单位，子代的收入会增加0.14个单位，此时的代际收入弹性为0.404，相比于模型（1），代际收入弹性降低了3.118%。模型（5）在模型（1）的基础上加入了房产价值，房产价值在5%的水平上显著，回归系数为0.135，说明房产价值每增加1个单位，子代的收入会增加0.135个单位，此时的代际收入弹性为0.364，相比于模型（1），代际收入弹性降低了12.71%。

表7-4　　　　1999年我国城镇居民的条件代际收入弹性

变量名称	（1）	（2）	（3）	（4）	（5）
父代收入	0.417 *** (0.106)	0.365 *** (0.105)	0.331 *** (0.112)	0.404 *** (0.105)	0.364 *** (0.106)
子代性别	0.00979 (0.0836)	0.0676 (0.0836)	0.0107 (0.0822)	0.0179 (0.0824)	0.0183 (0.0820)
子代年龄	0.171 (0.239)	0.0644 (0.235)	0.193 (0.235)	0.158 (0.235)	0.176 (0.234)
子代年龄的平方	-0.00285 (0.00497)	-0.000751 (0.00488)	-0.00331 (0.00489)	-0.00261 (0.00489)	-0.00291 (0.00487)

变量名称	(1)	(2)	(3)	(4)	(5)
父代年龄	0.180 (0.307)	0.153 (0.298)	0.158 (0.302)	0.203 (0.302)	0.234 (0.302)
父代年龄的平方	-0.00169 (0.00290)	-0.00142 (0.00282)	-0.00150 (0.00285)	-0.00191 (0.00286)	-0.00221 (0.00285)
子代的受教育年限		0.0487*** (0.0169)			
金融资产价值			0.0841** (0.0382)		
耐用消费品价值				0.140** (0.0646)	
房产价值					0.135** (0.0556)
常数项	-2.360 (8.046)	-0.524 (7.838)	-2.028 (7.921)	-3.933 (7.957)	-4.833 (7.953)
样本容量	127	127	127	127	127
R^2	0.161	0.216	0.194	0.193	0.200
弹性的变化率		-12.47%	-20.624%	-3.118%	-12.71%

注：括号中为标准误，***、**、*分别表示在1%、5%和10%的水平上显著。

表7-5反映了2002年不同中间变量对代际收入弹性的影响，由此表可知，在模型（1）~模型（5）中，父代收入均在1%的水平上显著，在模型（1）中代际收入弹性为0.417，模型（2）在模型（1）的基础上加入了子代的受教育年限，子代的受教育年限在1%的水平上显著，回归系数为0.0542，说明子代的受教育年限每增加1年，子代的收入会增加0.0542个单位；此时的代际收入弹性为0.320，相比于模型（1）代际收入弹性降低了16.449%。模型（3）在模型（1）的基础上加入了金融资产价值，此时的金融资产价值在1%的水平上显著，回归系数为0.155，说

明金融资产价值每增加 1 个单位，子代的收入会增加 0.155 个单位，代际收入弹性为 0.265，相比于模型（1），代际收入弹性降低了 30.809%。模型（4）在模型（1）的基础上加入了耐用消费品价值，耐用消费品价值在 1% 的水平上显著，回归系数为 0.184，说明耐用消费品价值每增加 1 个单位，子代的收入会增加 0.184 个单位，此时的代际收入弹性为 0.304，相比于模型（1），代际收入弹性降低了 20.627%。模型（5）在模型（1）的基础上加入了房产价值，房产价值在 1% 的水平上显著，回归系数为 0.169，说明房产价值每增加 1 个单位，子代的收入会增加 0.169 个单位，此时的代际收入弹性为 0.296，相比于模型（1），代际收入弹性降低了 22.715%。

表 7-5　　　　　　　　2002 年我国城镇居民的条件代际收入弹性

变量名称	（1）	（2）	（3）	（4）	（5）
父代收入	0.383 *** (0.0431)	0.320 *** (0.0433)	0.265 *** (0.0439)	0.304 *** (0.0428)	0.296 *** (0.0440)
子代性别	-0.0175 (0.0485)	-0.00611 (0.0473)	-0.0195 (0.0464)	-0.0154 (0.0466)	-0.0200 (0.0471)
子代年龄	0.132 ** (0.0633)	0.0935 (0.0621)	0.141 ** (0.0607)	0.111 * (0.0609)	0.123 ** (0.0615)
子代年龄的平方	-0.00213 * (0.00111)	-0.00142 (0.00109)	-0.00233 ** (0.00106)	-0.00179 * (0.00107)	-0.00195 * (0.00108)
父代年龄	0.199 ** (0.0994)	0.139 (0.0975)	0.137 (0.0955)	0.160 * (0.0957)	0.122 (0.0973)
父代年龄的平方	-0.00181 ** (0.000889)	-0.00126 (0.000872)	-0.00123 (0.00086)	-0.00145 * (0.00086)	-0.00114 (0.00087)
子代的受教育年限		0.0542 *** (0.00909)			
金融资产价值			0.155 *** (0.0198)		

变量名称	(1)	(2)	(3)	(4)	(5)
耐用消费品价值				0.184 *** (0.0246)	
房产价值					0.169 *** (0.0263)
常数项	-2.047 (2.481)	-0.0259 (2.443)	-0.992 (2.380)	-1.635 (2.385)	-0.878 (2.416)
样本容量	675	675	675	675	675
R²	0.136	0.180	0.209	0.203	0.187
弹性的变化率		-16.449%	-30.809%	-20.627%	-22.715%

注：括号中为标准误，*** 、** 、* 分别表示在1%、5%和10%的水平上显著。

表7-6反映了2008年不同中间变量对代际收入弹性的影响，由表可知，在模型（1）～模型（5）中，父代收入均在1%的水平上显著，在模型（1）中代际收入弹性为0.310，模型（2）在模型（1）的基础上加入了子代的受教育年限，子代的受教育年限在5%的水平上显著，回归系数为0.0304，说明子代的受教育年限每增加1年，子代的收入会增加0.0304个单位；此时的代际收入弹性为0.299，相比于模型（1）代际收入弹性降低了3.448%。模型（3）在模型（1）的基础上加入了金融资产价值，此时的金融资产价值在1%的水平上显著，回归系数为0.0928，说明金融资产价值每增加1个单位，子代的收入会增加0.0928个单位，代际收入弹性为0.244，相比于模型（1），代际收入弹性降低了21.29%。模型（4）在模型（1）的基础上加入了耐用消费品价值，耐用消费品价值在5%的水平上显著，回归系数为0.0434，说明耐用消费品价值每增加1个单位，子代的收入会增加0.0434个单位，此时的代际收入弹性为0.283，相比于模型（1），代际收入弹性降低了8.71%。模型（5）在模型（1）的基础上加入了房产价值，房产价值在1%的水平上显著，回归系数为0.153，说明房产

价值每增加 1 个单位，子代的收入会增加 0.153 个单位，此时的代际收入弹性为 0.243，相比于模型（1），代际收入弹性降低了 21.613%。

表 7-6　　　　　　　2008 年我国城镇居民的条件代际收入弹性

变量名称	（1）	（2）	（3）	（4）	（5）
父代收入	0.310 *** (0.0476)	0.299 *** (0.0475)	0.244 *** (0.0480)	0.283 *** (0.0493)	0.243 *** (0.0467)
子代性别	0.117 ** (0.0496)	0.136 *** (0.0498)	0.102 ** (0.0479)	0.120 ** (0.0494)	0.111 ** (0.0471)
子代年龄	0.212 ** (0.0918)	0.176 * (0.0924)	0.193 ** (0.0887)	0.221 ** (0.0915)	0.248 *** (0.0874)
子代年龄的平方	-0.00383 ** (0.00177)	-0.00314 * (0.00178)	-0.00349 ** (0.00171)	-0.00402 ** (0.00177)	-0.0045 *** (0.00169)
父代年龄	-0.0208 (0.121)	-0.0421 (0.121)	0.0110 (0.117)	-0.0374 (0.121)	-0.0761 (0.116)
父代年龄的平方	0.000318 (0.00112)	0.000500 (0.00111)	-0.000027 (0.00108)	0.000469 (0.00112)	0.000773 (0.00106)
子代的受教育年限		0.0304 ** (0.0129)			
金融资产价值			0.0928 *** (0.0197)		
耐用消费品价值				0.0434 ** (0.0217)	
房产价值					0.153 *** (0.0272)
常数项	4.006 (2.656)	4.724 * (2.652)	3.265 (2.566)	4.187 (2.644)	3.812 (2.522)
样本容量	289	289	289	289	289
R^2	0.203	0.218	0.261	0.214	0.284
弹性的变化率		-3.548%	-21.29%	-8.71%	-21.613%

注：括号中为标准误，*** 、 ** 、 * 分别表示在 1%、5% 和 10% 的水平上显著。

表 7 - 7 反映了 2013 年不同中间变量对代际收入弹性的影响, 由此表可知, 在模型 (1) ~ 模型 (4) 中, 父代收入均在 1% 的水平上显著, 在模型 (1) 中代际收入弹性为 0.417, 模型 (2) 在模型 (1) 的基础上加入了子代的受教育年限, 子代的受教育年限在 10% 的水平上显著, 回归系数为 0.0146, 说明子代的受教育年限每增加 1 年, 子代的收入会增加 0.0146 个单位; 此时的代际收入弹性为 0.404, 相比于模型 (1) 代际收入弹性降低了 3.118%。模型 (3) 在模型 (1) 的基础上加入了金融资产价值, 此时的金融资产价值在 1% 的水平上显著, 回归系数为 0.081, 说明金融资产价值每增加 1 个单位, 子代的收入会增加 0.081 个单位, 代际收入弹性为 0.367, 相比于模型 (1), 代际收入弹性降低了 11.99%。模型 (4) 在模型 (1) 的基础上加入了耐用消费品价值, 耐用消费品价值在 1% 的水平上显著, 回归系数为 0.0537, 说明耐用消费品价值每增加 1 个单位, 子代的收入会增加 0.0537 个单位, 此时的代际收入弹性为 0.382, 相比于模型 (1), 代际收入弹性降低了 8.393%。

表 7 - 7 　　　　　　　　2013 年我国城镇居民的条件代际收入弹性

变量名称	(1)	(2)	(3)	(4)
父代收入	0.417 *** (0.0329)	0.404 *** (0.0336)	0.367 *** (0.0339)	0.382 *** (0.0343)
子代性别	0.0726 * (0.0421)	0.0842 ** (0.0424)	0.0810 * (0.0414)	0.0760 * (0.0418)
子代年龄	0.120 ** (0.0488)	0.0997 ** (0.0498)	0.105 ** (0.0481)	0.103 ** (0.0487)
子代年龄的平方	- 0.00145 * (0.00087)	- 0.00108 (0.00089)	- 0.00123 (0.00086)	- 0.00120 (0.00087)

续表

变量名称	(1)	(2)	(3)	(4)
父代年龄	0.0646 (0.0665)	0.0622 (0.0664)	0.0781 (0.0655)	0.0733 (0.0661)
父代年龄的平方	−0.000540 (0.00062)	−0.000522 (0.00062)	−0.000660 (0.00061)	−0.000612 (0.00062)
子代的受教育年限		0.0146* (0.00757)		
金融资产价值			0.0810*** (0.0164)	
耐用消费品价值				0.0537*** (0.0158)
常数项	1.808 (1.484)	2.093 (1.488)	1.326 (1.462)	1.638 (1.473)
样本容量	671	671	671	671
R^2	0.263	0.267	0.289	0.276
弹性的变化率		−3.118%	−11.99%	−8.393%

注：括号中为标准误，***、**、* 分别表示在 1%、5% 和 10% 的水平上显著。

　　总的来看，1995～2013 年财富资本对我国城镇居民代际收入流动性的影响如下：第一，在基础模型中加入人力资本变量后，代际收入弹性的变化率分别为 −0.619%、−12.47%、−16.449%、−3.548% 和 −3.118%，说明人力资本对代际收入流动性的由一定的影响；从代际收入弹性下降趋势来看，代际收入弹性的下降程度呈先上升后下降的趋势，说明人力资本对代际收入弹性的影响程度呈先增强后减弱；从人力资本投资的回报率来看，各年人力资本投资的回报率分别为 0.00662、0.0487、0.0542、0.0304 和 0.0146，人力资本投资回报率也呈先上升后下降的变化趋势，说明通过父代对子代的人力资本投资、公共教育政策的实施以及高校扩招，能够在一定程度上降低代际收入弹性，提高代际收入流动性，但是随着高校的扩招，也使得教育的回报率有所降低。第二，在基础模型中加入金融资产变量后，代际收入弹性的变化率分别为 - 9.485%、- 20.624%、- 30.809%、- 21.29% 和 - 11.99%，说明金融资产价值对代际收入弹性有很大的影响；从代际收入弹性的下降趋势来看，代际收入弹性的下降程度呈先上升后下降的趋势，说明金融资产价值对城镇居民的代际收入流动性的影响也呈先增强后减弱的趋势；从金融资产的回报率来看，各年金融资产的回报率分别为 0.0622、0.0841、0.155、0.0928 和 0.0810，金融资产价值的回报率呈先上升后下降的变化趋势。第三，在基础模型中加入耐用消费品价值后，代际收入弹性的变化率分别为 - 7.423%、- 3.118%、- 20.627%、- 8.71% 和 - 8.393%，说明耐用消费品价值对代际收入弹性存在一定的影响；从代际收入弹性的下降趋势来看，代际收入弹性的下降程度总体上呈先上升后下降的趋势，说明耐用消费品价值对代际收入弹性的影响呈先增强后减弱的变化趋势；从耐用消费品价值的回报率来看，各年的回报率分别为 0.0494、0.140、0.184、0.0434 和 0.0537，耐用消费品价值的回报率也呈先上升后下降的变化趋势。第四，在基础模型中加入房产价值后，代际收入弹性的变化率分别为 - 11.546%、- 12.71%、- 22.715% 和 - 21.613%，说明房产价值对代际收入流动性存在很大的影响；从代际收入弹性的下降趋势来看，代际收入弹性的下降程度呈先上升后下降的变化趋势，说明房产价值对代际收入流动性的影响呈先增强后减弱的变化趋势；从房产价值的回报率来看，各年的回报率分别为 0.0855、0.135、0.169 和 0.153，房产价值的回报率呈先上升后下降的变化趋势。对比人力资本可知，财富资本对代际收入流动性的影响程度要远高于人力资本，其中，金融资产价值对代际收入流动性的影响最大、房产价值次之、耐用消费品价值最低。

7.4　基于代际收入流动性分解的我国城镇居民代际收入流动性分析

7.4.1　投资系数

本节采用布兰登（2007）提出的代际收入流动性的分解方法，通过模型（5.6）~模型（5.10）考察不同中间变量对城镇居民代际收入流动性解释度的差异来分析我国代际收入流动性的影响机制。其中，投资系数指父代收入对子代受教育年限、父代工作单位、金融资产价值、耐用消费品价值与房产价值的影响程度；回报率指子代受教育年限、父代工作单位、金融资产价值、耐用消费品价值与房产价值对子代收入的影响程度；解释度指投资系数和回报率的乘积再与代际收入弹性的比值。

表7-8反映了1995年、1999年、2002年、2008年和2013年各个中间变量的投资系数。第一，子代受教育年限的投资系数分别为0.732、1.051、1.213、0.501和1.101，子代受教育年限的投资系数总体上呈上升的趋势，说明父代收入对子代的受教育年限的影响呈逐年增强的变化趋势。第二，金融资产价值的投资系数分别为0.792、1.034、0.755、0.648和0.601，金融资产价值的投资系数呈先上升后下降的变化趋势，说明父代收入对金融资产价值的影响呈先增强后减弱的变化趋势。第三，耐用消费品价值的投资系数分别为0.820、0.096、0.438、0.643和0.645，耐用消费品价值的投资系数呈先下降后上升的变化趋势，说明父代收入对耐用消费品价值的影响呈先减弱后增强的变化趋势。第四，房产价值的投资系数分别为0.574、0.416、0.541和0.431，房产价值的投资系数总体上呈下降的变化趋势，说明父代收入对房产价值的影响程度总体上在减小。

表 7 - 8　　　　　1995～2013 年我国城镇居民代际收入投资系数

年份	被解释变量	子代受教育年限	金融资产价值	耐用消费品价值	房产价值
1995	父代收入	0.732 * (0.433)	0.792 *** (0.211)	0.820 *** (0.153)	0.574 *** (0.198)
	常数项	4.939 (3.821)	2.175 (1.865)	1.664 (1.348)	5.229 *** (1.749)
	样本容量	246	246	246	246
	R^2	0.012	0.055	0.106	0.033
1999	父代收入	1.051 * (0.557)	1.034 *** (0.239)	0.0969 (0.141)	0.416 ** (0.163)
	常数项	3.094 (5.119)	0.681 (2.197)	8.331 *** (1.298)	7.382 *** (1.503)
	样本容量	127	127	127	127
	R^2	0.028	0.130	0.004	0.049
2002	父代收入	1.213 *** (0.181)	0.755 *** (0.0801)	0.438 *** (0.0647)	0.541 *** (0.0618)
	常数项	1.632 (1.664)	3.322 *** (0.737)	4.951 *** (0.594)	6.430 *** (0.568)
	样本容量	675	675	675	675
	R^2	0.063	0.116	0.064	0.102
2008	父代收入	0.501 ** (0.224)	0.648 *** (0.140)	0.643 *** (0.127)	0.431 *** (0.0981)
	常数项	9.585 *** (2.221)	4.320 *** (1.389)	3.197 ** (1.257)	8.650 *** (0.971)
	样本容量	289	289	289	289
	R^2	0.017	0.069	0.082	0.063

续表

年份	被解释变量	子代受教育年限	金融资产价值	耐用消费品价值	房产价值
2013	父代收入	1.101 *** (0.172)	0.601 *** (0.0748)	0.645 *** (0.0789)	—
	常数项	1.766 (1.781)	4.542 *** (0.774)	3.602 *** (0.816)	—
	样本容量	671	671	671	—
	R^2	0.058	0.088	0.091	—

注：括号中为标准误，*** 、** 、* 分别表示在1%、5%和10%的水平上显著。

7.4.2　回报率

表 7－9 反映了 1995 年、1999 年、2002 年、2008 年和 2013 年我国城镇地区各中间变量的回报率，第一，子代受教育年限的回报率分别为 0.00987、0.0476、0.0405、0.0220 和 0.0177，子代受教育年限的回报率呈先上升后下降的变化趋势，说明子代受教育年限对子代收入的影响呈先增强后减弱的变化趋势；第二，金融资产价值的回报率分别为 0.0645、0.0932、0.117、0.0770 和 0.103，金融资产价值的回报率也呈先上升后下降的变化趋势，说明金融资产价值对子代收入的影响呈先增强后减弱的变化趋势；第三，耐用消费品价值的回报率分别为 0.0322、0.0611、0.116、0.0110 和 0.0578，耐用消费品价值的回报率总体上呈先上升后下降的变化趋势，说明耐用消费品价值对子代收入的影响呈先上升后下降的变化趋势；第四，房产价值的回报率分别为 0.0873、0.133、0.119 和 0.133，房产价值的回报率总体上呈上升的趋势，说明房产价值对子代收入的影响总体上在增强。

表 7 – 9   1995～2013 年我国城镇居民代际收入回报率

变量名称	1995	1999	2002	2008	2013
子代性别	0.0392 (0.0543)	0.0949 (0.0807)	−0.0132 (0.0448)	0.0952** (0.0483)	0.102** (0.0447)
子代年龄	0.225** (0.0936)	0.172 (0.219)	0.112** (0.0506)	0.207*** (0.0747)	0.138*** (0.0426)
子代年龄的平方	−0.00448** (0.00193)	−0.00306 (0.00459)	−0.00179** (0.000908)	−0.00370** (0.00144)	−0.00189** (0.000746)
子代受教育年限	0.00987 (0.0119)	0.0476*** (0.0166)	0.0405*** (0.00875)	0.0220* (0.0126)	0.0177** (0.00813)
金融资产价值	0.0645** (0.0259)	0.0932*** (0.0352)	0.117*** (0.0198)	0.0770*** (0.0211)	0.103*** (0.0183)
耐用消费品价值	0.0322 (0.0354)	0.0611 (0.0657)	0.116*** (0.0254)	0.0110 (0.0220)	0.0578*** (0.0178)
房产价值	0.0873*** (0.0264)	0.133** (0.0547)	0.119*** (0.0258)	0.133*** (0.0297)	—
常数项	3.412*** (1.157)	2.715 (2.661)	3.052*** (0.718)	3.993*** (0.991)	5.875*** (0.595)
样本容量	246	127	675	289	671
R^2	0.132	0.246	0.265	0.264	0.183

注：括号中为标准误，***、**、*分别表示在1%、5%和10%的水平上显著。

7.4.3 对代际收入流动性的解释度

表 7 – 10 反映了 1995～2013 年不同中间变量对代际收入流动性的解释比例，具体结果如表 7 – 10 所示。

表 7 - 10　　　　　　　　　我国总体代际收入流动性的解释度

年份	中间变量	人力资本	财富资本			总的可解释比例
		子代受教育年限	金融资产价值	耐用消费品价值	房产价值	
1995	投资系数	0.732	0.792	0.82	0.574	27.799%
	回报率	0.00987	0.0645	0.0322	0.0873	
	可解释比例	1.49%	10.533%	5.444%	10.332%	
1999	投资系数	1.051	1.034	0.0969	0.461	49.795%
	回报率	0.0476	0.0932	0.0611	0.133	
	可解释比例	11.997%	23.11%	1.42%	13.268%	
2002	投资系数	1.213	0.755	0.438	0.541	65.966%
	回报率	0.0405	0.117	0.116	0.119	
	可解释比例	12.827%	23.064%	13.266%	16.809%	
2008	投资系数	0.501	0.648	0.643	0.431	40.424%
	回报率	0.022	0.077	0.011	0.133	
	可解释比例	3.555%	16.095%	2.282%	18.492%	
2013	投资系数	1.101	0.601	0.645	—	28.458%
	回报率	0.0177	0.103	0.0578	—	
	可解释比例	4.673%	14.845%	8.94%	—	

　　注：投资系数指父代收入对子代受教育年限、父代工作单位、金融资产价值、耐用消费品价值与房产价值的影响程度；回报率指子代受教育年限、父代工作单位、金融资产价值、耐用消费品价值与房产价值对子代收入的影响程度；解释度指投资系数和回报率的乘积再与代际收入弹性的比值。

　　首先，由表 7 - 10 可知，1995 年、1999 年、2002 年、2008 年和 2013 年，人力资本对代际收入流动性的解释度分别为 1.49%、11.997%、12.827%、3.555% 和 4.673%，人力资本对代际收入流动性的解释比例总体上呈先上升后下降的变化趋势，其中 1999 年和 2002 年的可解释比例最高，超过了 10%，这一方面说明了人力资本确实是影响代际收入流动性的重要因素，另一方面也说明了 1999 年开始的高等教育扩招改革在一定程度上提高了我国城镇居民的代际收入流动性，使得低收入家庭的子代能够通过教育来摆脱父代对自身收入的影响，有更大的概率进入高收入阶层；此外，子代受教育年限的投资系数和回报率均呈先上升后下降的变化趋势且教育的投资系数要大于教育的收益率，说明教育的投资系数和回报率均对代际收入流动性有着重要的影响且投资系数的影响程度要高于回报率，由此可见，提高教育回报可能是改善代际收入流动性的有效途径。

其次，总的来看，1995 年、1999 年、2002 年、2008 年和 2013 年财富资本对代际收入流动性的解释比例分别为 26.309%、37.798%、53.139%、36.869% 和 23.785%，财富资本对代际收入流动性的解释比例要远高于人力资本。从财富资本分项观察下面各类财富对代际收入流动性的解释力度。

第一，1995 年、1999 年、2002 年、2008 年和 2013 年金融资产价值对代际收入流动性的解释比例分别为 10.533%、23.11%、23.064%、16.095% 和 14.845%。金融资产对代际收入流动性的解释比例呈先上升后下降的变化趋势，总的来看，金融资产对代际收入流动性的解释比例都在 10% 以上，尤其 1999 年和 2002 年的解释力度超过了 20%，说明金融资产确实是影响代际收入流动性的重要因素，这一方面反映了我国市场上各种金融产品的品种越来越丰富，另一方面反映了金融资产在城镇居民的总资产中占有重要的比重；且各年份金融资产对代际收入流动性的解释比例均要高于人力资本，对比人力资本和金融资产的投资系数和回报率可知，二者的投资系数相差不大，但是金融资产的回报率要高于人力资本。

第二，1995 年、1999 年、2002 年、2008 年和 2013 年耐用消费品价值对代际收入流动性的解释比例分别为 5.444%、1.42%、13.266%、2.282% 和 8.94%，耐用消费品价值对代际收入流动性的解释比例波动幅度较大，2002 年的解释比例最高为 13.266%，说明耐用消费品价值对代际收入流动性存在一定的影响。

第三，1995 年、1999 年、2002 年和 2008 年房产价值对代际收入流动性的解释比例分别为 10.332%、13.268%、16.809% 和 18.492%，房产价值对代际收入流动性的解释比例呈逐年递增的变化趋势，所有年份的解释力度都要大于10%，说明房产价值对代际收入流动性存在着重要影响。随着我国的经济发展和住房体制改革，再加上房屋价格的不断上涨，使得房产在城镇居民的财产中占有重要的比重，在城镇，拥有较高价值的房产意味着拥有更高的收入和社会地位，同时也意味着可以为子代提供更加优质的教育。对比人力资本可知，各年份房产价值对代际收入流动性的解释比例均要高于人力资本，此外，各年份房产价值的投资系数均要低于人力资本，但是回报率均要高于人力资本。

7.5　本章小结

本章主要采用埃里克森等（2005）提出的条件对数收入模型以及布兰登（2007）提出的代际收入流动性的分解来分析我国城镇居民的代际收入流动性。主要结论如下：

首先，从条件对数收入模型的分析结果可知，第一，人力资本对代际收入流动性存在一定的影响。从代际收入弹性的变化来看，加入人力资本变量后，代际收入弹性下降，下降程度呈先上升后下降的变化趋势，说明人力资本对代际收入弹性的影响程度表现为先增强后减弱。从人力资本投资的回报率来看，人力资本投资回报率也呈先上升后下降的变化趋势，说明通过父代对子代的人力资本投资、公共教育政策的实施以及高校扩招，能够在一定程度上降低代际收入弹性，提高代际收入流动性，但是随着高校的扩招，也使得教育的回报率有所降低；第二，金融资产价值对代际收入弹性有很大的影响。从代际收入弹性的变化趋势来看，加入金融资产变量后，代际收入弹性下降，下降程度呈先上升后下降的趋势，说明金融资产价值对城镇居民的代际收入流动性的影响也呈先增强后减弱的趋势。从金融资产的回报率来看，金融资产价值的回报率呈先上升后下降的变化趋势；第三，耐用消费品价值对代际收入弹性存在一定的影响。从代际收入弹性的变化趋势来看，加入耐用消费品变量后，代际收入弹性下降，下降程度总体上呈先上升后下降的趋势，说明耐用消费品价值对代际收入弹性的影响呈先增强后减弱的变化趋势。从耐用消费品价值的回报率来看，耐用消费品价值的回报率也呈先上升后下降的变化趋势；第四，房产价值对代际收入流动性存在很大的影响。从代际收入弹性的变化趋势来看，加入房产变量后，代际收入弹性下降，下降程度呈先上升后下降的变化趋势，说明房产价值对代际收入流动性的影响呈先增强后减弱的变化趋势。从房产价值的回报率来看，房产价值的回报率呈先上升后下降的变化趋势；第五，对比财富资本和人力资本变量可知，财富资本变量对代际收入弹性的影响要远高于人力资本，在财富资本变量中，金融资产价值和房产价值对代际收入弹性的影响均要高于人力资本，耐用消费品价值对代际收入弹性的影响与人力资本相当，其中，金融资产对代际收入弹性的影响最大、房产价值次之、耐用消费品价值最小。

其次，从对代际收入流动性的分解的结果可知，第一，人力资本对代际收入流动性的解释比例总体上呈先上升后下降的变化趋势，其中 1999 年和 2002 年的解释比例最高，超过了 10%，说明人力资本确实是影响代际收入流动性的重要因素，父代对子代的教育投资、九年制义务教育的推行以及近年来高校扩招，在一定程度上提高了我国城镇居民的代际收入流动性，使得低收入家庭的子代能够通过教育来摆脱父代对自身收入的影响，有更大的概率进入高收入阶层；此外，子代受教育年限的投资系数和回报率均呈先上升后下降的变化趋势且教育的投资系数要大于教育的收益率，说明教育的投资系数和回报率均对代际收入流动性有着重要的影响且投资系数的影响程度要高于回报率。第二，与人力资本相比，财富资本对代际收入流动性的解释比例要远高于人力资本。其中，金融资产对代际收入流动性的解释比例呈先上升后下降的变化趋势，总的来看，金融资产对代际收入流动性的解释比例都在 10% 以上，说明金融资产确实是影响代际收入流动性的重要因素，这一方面反映了我国市场上各种金融产品的品种越来越丰富，另一方面反映了金融资产在城镇居民的总资产中占有重要的比重；且各年份金融资产对代际收入流动性的解释比例均要高于人力资本，对比人力资本和金融资产的投资系数和回报率可知，二者的投资系数相差不大，但是金融资产的回报率要高于人力资本。耐用消费品价值对代际收入流动性的解释比例波动幅度较大，其中 2002 年的解释比例最高为 13.266%，说明耐用消费品价值对代际收入流动性存在一定的影响。房产价值对代际收入流动性的解释比例呈逐年递增的变化趋势，所有年份的解释力度都要大于 10%，说明房产价值对代际收入流动性存在着重要影响。随着我国的经济发展和住房体制改革，再加上房屋价格的不断上涨，使得房产在城镇居民的财产中占有重要的比重，在城镇，拥有较高价值的房产意味着拥有更高的收入和社会地位，同时也意味着可以为子代提供更加优质的教育。对比人力资本可知，各年份房产价值对代际收入流动性的解释比例均要高于人力资本，此外，各年份房产价值的投资系数均要低于人力资本，但是回报率均要高于人力资本。

第8章
信贷约束对我国农村家庭代际收入流动性影响分析

8.1 信贷约束的相关经验分析

8.1.1 信贷约束的概念

当消费者收入受到暂时性的负向波动，转向金融市场以平滑这种负向的冲击时，却无法足额获取贷款需求的情况视为受信贷约束（Zeldes，1989）。林文夫（1985）认为信贷约束包含预付货款、借贷数量及借贷利率三个层次的约束。其中借贷数量上的约束是主要狭义的信贷约束。消费者主动向金融机构提出贷款申请，但被拒绝；或自认为会被拒绝而未敢提出的情况都视为受信贷约束，且后者消费者表现得更为消极（Jappelli，1990）。此后，这种对信贷约束的理解也被广泛应用于家庭负债问题的研究中（Cox and Jappelli，1990、1993）。国内学者朱喜等（2009）从需求方对借贷约束加以定义，即由于农户贷款能力受限，期望的贷款未能得到足额满足的状态。王定祥等（2011）区分了需求型和供给型的信贷约束，前者是指贫困农户因为投资收益率低或收入缺少保障等原因，无法从正规金融机构获取满足自身需求的足额贷款，从而被迫转移至非正规金融机构上的现象；后者是指正规金融机构的贷款要求较高，而贫困家庭背景和条件较低，因此无法达到贷款门槛的现象。

8.1.2　信贷约束的衡量

关于信贷约束的衡量大致可以分为以下两个方面：

第一，是否受到信贷约束的甄别。一般多用"0"或"1"二值变量表示，即一种通过结果观察而反向推出借贷约束有无的间接识别法。比如，林文夫（1985）和泽尔德（1989）认为低金融资产和低储蓄的家庭即是受借贷约束的表现；哈佩利（1990）对样本家庭直接提问，将选择"申请贷款被拒绝"或"因为害怕申请贷款被拒绝而没有申请贷款"的家庭视为受信贷约束。这种分类方法在后续研究中被广泛采用（Holtz - Eakin et al.，1994a；1994b）；近年来，国内大多数学者利用信贷可得性作为信贷约束情况的判断标准（孔荣等，2010；王定祥等，2011；易小兰等，2012）；马双和赵朋飞（2015）利用 CHFS2013 数据库调查问卷里的问题：需要贷款，但没有申请；申请过，但被拒绝。上述这些文献里使用的判断方法具有一定的片面性和主观性。张琳琬和吴卫星（2016）为了规避主观性对结果的影响，没有使用个人投资者对自己借贷难度的评价衡量流动性约束，而是将家庭现有债务/资产比例大于 50% 的，以及资产总量为 0 的，定义为 1，即受到信贷约束。

第二，对于信贷约束程度的衡量。具体又可以分为以下两种情况：一种是连续性的程度表示。巴尤米（1993）、萨诺和泰勒（1998）等用贷款收入比衡量，贷款收入比越大，借贷约束越松；陈健等（2012）在此基础上，选用了人均贷款余额与个人可支配收入的比值、新增抵押贷款占 GDP 比重、人均储蓄代理自由支配收入衡量借贷约束。另一种是在用虚拟变量 0 和 1 甄别是否存在信贷约束的基础上进一步细分，分为多个信贷约束程度等级阶层。刘辉煌和吴伟（2014）在分析影响家庭信贷约束状况时，将户主的主观判断和客观事实结合起来，将仅有金融机构借款、银行贷款和其他贷款、有借款需求但没借款分别视为信贷约束程度依次增加。

8.1.3 我国农村家庭受信贷约束的状况

大部分学者的研究结果表明农户普遍还是存在较强的借贷约束问题。李锐和朱喜（2007）分析了3000个样本农户，并利用 Biprobit 模型得到农户受到信贷约束的比例为70.92%；李庆海等（2012）以2003～2009年的1000个农户为调查对象，利用 Biprobit 模型和含有虚拟变量的线性回归模型，得出受完全及部分信贷约束的农户分别占54.0%和10.5%，无信贷约束的占35.5%；有学者基于我国山东潍坊市的农村家庭调查数据，发现我国农村由于交易成本和风险配给，也存在需求型信贷约束（Zhao J. and J. Barry Peter，2014）；宁国强等（2016）采用582个种粮大户的调查数据，运用 Biprobit 模型，并借鉴凯恩克和巴西特（1978）的分位数回归方法，估算出样本受正规信贷约束的比例约为78.89%。此外，也有一部分学者的研究结果显示我国家庭面临的信贷约束并非那么严重。刘西川等（2009）以四个贫困县的农户为样本，发现受数量、交易成本及风险约束的农户分别占11.46%、22.68%和12.20%；钟春平等（2010）基于安徽农户的调查数据，实证发现大部分农户的借贷需求可被满足，农户并非有严格的信贷约束；李岩等（2013）研究结果也表明农户受到很低的信贷约束，超过一半的农户其实并无贷款需求，提出贷款申请的农户中绝大部分可足额满足（约87.4%）。

8.1.4 影响信贷约束的主要影响因素

关于信贷约束的影响因素，部分学者从农业市场的共性因素考虑。斯蒂格利茨和韦斯（1981）认为信息不对称、缺乏适合的抵押物以及高交易成本会影响农户的信贷约束；贝斯利和科特（1994）的研究表明缺少抵押物使得农户无法得到农村金融市场辅助机构的信贷，国内学者朱喜等

（2009）也认为农户间的信誉差异主要来源于信息和交易成本，二者分别从不同角度支持了斯蒂格利茨和韦斯（1981）的观点。农业自身的特性以及政治法律等方面的约束，使得农户的信贷状况受到影响（Morduch J.，2000）；有些学者从农业生产的季节性角度考虑，对于金融机构与农户，二者在资金的供需间存在时间的不一致，从而增加了信贷的风险（Ahlin C. Lin and Maio M.，2010）。此外，从农户家庭及个体的异质性角度研究的文献也较多。王定祥等（2011）发现贫困型农户的信贷需求受家庭及户主个体因素影响显著；有些学者考察了越南北中海岸农户受正规信贷约束的情况，发现在耕地面积、劳动力数量和非农收入方面具有优势的家庭不太可能受到信贷约束（Tran，M. C. et.，2016）。除了这些可观测的因素，近年来的研究视角转向一些不可观测的因素。比如，金融知识也可以显著降低家庭金融排斥的概率（张号栋和尹志超，2016），林建浩等（2016）基于 2010 年的 CFPS 数据，认为社会网络有助于提高家庭融资能力。

8.1.5　信贷约束对代际收入流动的影响机制

关于信贷约束对代际收入流动的影响机制研究，普遍认为其可通过抑制父代对子代教育投资，进而影响子代收入。贝克尔和托姆斯（1979）认为继承与投资是影响代际传递的两个主要因素，后者考虑信贷约束，在1986 年时假设教育和金融市场都是有效的，此时信贷约束在模型中并不发挥明显的作用；而当考虑家庭普遍存在信贷约束的事实基础时，对富裕家庭而言，依然和无约束的情形一致，而贫穷家庭的父代将无法对子代进行最优人力资本投资，从而抑制了代际收入流动性。后来，一些学者指出家庭人力资本的投资决策和家庭效用最大化的相关决策可能是在经济约束的条件下进行的，也逐渐认识到信贷约束的重要性（Mulligan，1997、1999；Lochner and Monge - Naranjo，2011）。当然，也有不少研究集中在信贷约束的存在（Carneiro and Heckman，2002；Keane and Wolpin，2001；Cameron and Taber，2004），比如贝利和洛克纳（2007）和贝利和洛克纳（2011）

基于不同分位家庭对高等教育参与率的异质性影响来衡量信贷约束，并宣称找到了证明信贷约束存在的比较可靠证据。

关于信贷约束影响人力资本投资，进而影响代际收入流动性的实证研究较少。在已有的文献中，卢卡斯和克尔（2013）利用芬兰的数据，证明了信贷约束对人力资本投资的影响不容忽视，其作用甚至超过能力遗传。有些学者指明借贷约束阻碍了贫困父母对子女的最优人力资本投资，从而降低了穷人家庭的收入流动性［Gaviria and Alejandro（1998）和 Song Han Casey and Mulligan（2001）］。目前国内从信贷约束角度研究代际收入流动性的文献较少，才国伟和刘剑雄（2014）通过构建教育投资的世代交叠模型，证明了在存在融资约束时，居民选择的教育水平将会低于社会最优水平；李力行和周广肃（2014）利用中国健康与养老追踪调查数据，证实了中国居民收入的代际收入弹性因信贷约束的存在而有所增加；由于受预算约束限制，父母对子女的教育在初期投入较低，后期的教育参与率也随之降低，进而影响了子代的收入（杨娟等，2015）。

8.2 数据来源和样本选择说明

8.2.1 数据来源

本章的数据主要来源于中国家庭收入调查（Chinese Household Income Project Survey，CHIP）。它是为衡量中国城乡收入分配情况，由中外研究者共同参与，由国家统计局协助完成的。在中国微观收入方面，被认为是最全面和严格的公开数据库。CHIP 数据库已收集了 1988 年、1995 年、2002年、2007 年和 2013 年五年的城镇及农村的家庭信息，分别编号为CHIP1988、CHIP1995、CHIP2002、CHIP2007 和 CHIP2013。

最新的 CHIP2013 数据是由北京师范大学与国外合作开展的有关中国

收入分配动态变化追踪的研究项目，CHIP 项目组是根据系统抽样，样本涉及我国 15 个省份、126 个城市与 234 个县区，具体包含 7175 户城镇住户样本、11013 户农村住户样本和 760 户外来务工住户样本。数据内容主要包括住户个人及家庭信息等相关内容。相对于城市样本，一方面农村样本数量更大、信息更完善；另一方面农村又是受信贷约束影响比较严重，代际收入流动性较差的地区，基于此，本章重点使用 2014 年做的城乡居民收入分配与生活状况调查问卷（农村住户适用）数据考察农村问题。

8.2.2　样本选择说明

本章首先根据个人 ID 把所有子女与其户主相匹配，一共 12057 个数据。在完整的匹配样本的基础上，剔除了 2014 年农村调查问卷结果中个人工资性收入、受正规教育年限、性别、政治面貌、家庭负债等数值缺失或异常的样本。为了使子代尽可能地接近其职业生涯中期以避免生命周期误差，进一步删除了父代年龄大于 65 周岁，子代年龄小于 16 周岁以及父代和子代年龄相差小于 16 岁，子代工资性收入两端 0.5% 的极值样本。为了减小测量误差，再将数据中子女不是排行老大的删除，使得一名户主对应一名子女个体。同时，将子女工资性收入、户主工资性收入、家庭负债对数化，最终得到 2272 个家庭样本。

8.3　变量说明和描述性统计

8.3.1　变量定义

本章涉及的变量主要有父代和子代的收入、年龄、人力资本、政治身份，子代婚姻状况、子代性别，家庭信贷约束、所处地区以及衡量省份金融环境的宏观变量。具体变量设置及取值见表 8-1。

表 8-1   变量设置及取值说明

变量名称	变量代码	取值说明
父代收入	fw	户主工资性收入取对数
父代年龄	fage	户主出生年份
父代人力资本	fedu	户主受正规教育年限
父代政治身份	fpol	共产党员 =1，其他 =0
父代健康状况	fhel	非常好 =1，好 =2，一般 =3，不好 =4，非常不好 =5
子代收入	cw	子女工资性收入取对数
子代人力资本	cedu	子女受正规教育年限
子代政治身份	cpol	共产党员 =1，其他 =0
子代年龄	cage	子女出生年份
子代性别	cgen	子女的性别（男 =1，女 =2）
子代婚姻状况	cmar	"非单身" =1，"单身" =0
信贷约束	cc	因为不需要借款没有向银行和亲戚朋友申请过借款，或者需要借款，但全被满足了，视为较低的借贷约束 =0；其他 =1
负债	deb	住户负债余额（总计）取对数
地区	pro	东部地区 =1，中部地区 =2，西部地区 =3
金融环境	fe	省份平均每新型农村金融机构的资产数额取对数

第一，子代收入与父代收入主要使用子女及父母的工资性收入衡量。因为工资性收入是在各类微观家庭调查数据中一般都有，且可比性较高的收入。个人的收入其主要来源就是工资性收入，且具有稳定性。所以本章选取子女和户主的工资性收入作为子代及父代的持久性收入的代理变量。

第二，根据问卷调查的内容，本章采用户主的主观选择以及客观事实相结合的方法推断信贷约束状况，从经济含义上讲，因为不需要借款没有向银行和亲戚朋友申请过借款，或者需要借款，但全被满足了，视为面对的信贷约束程度较低，其他的则视为受较高的信贷约束。

第三，根据本章的文献综述部分可知，人力资本主要使用子代受正规教育年限衡量。一是因为学历是父代对子代的人力资本投资的一种直观表现；二是受教育年限的可比性较强，因此，本章将选用子代受正规教育年限作为对人力资本的衡量指标。

第四，政治身份通常被视为政治资本，而政治资本也可视为一种特殊的社会资本。结合数据的可得性以及中国的实际情况，本章选取子代是否为党员身份变量作为控制变量，共产党员 = 1，其他 = 0。党员身份的子代往往拥有更多的政治资本，通过权力寻租效应带来收益的增加。

第五，农户个体和家庭特征变量。包括户主年龄、户主身体健康状况、子女年龄、子女性别、家庭负债、所在地区。其中 CHIP2013 数据的婚姻状况包含了初婚、再婚、同居、离异、丧偶和未婚六种，本章的婚姻状况主要考虑共同生活是否会影响信贷，因此把前三类归"非单身"，后三类归为"单身"。

第六，衡量金融环境的因素比较复杂。参照鲁强（2014），综合考虑来讲可包含金融市场规模、深化程度以及发展效率等。由于本书的研究重点不在于农村金融环境的标准性衡量，为简化研究，本章利用同花顺 iFinD 软件，利用 2013 年各省份平均每新型农村金融资产数额作为省份金融环境的衡量指标，值越大代表该省份金融环境越为良好，且这里的农村金融机构包含了新型农村金融机构和小型农村金融机构。该变量主要作为模型中的控制变量，对回归结果做一稳健性检验。

8.3.2　描述性统计

根据以上变量定义和样本筛选结果，此处对农户的主要变量情况进行描述性统计分析。如表 8 - 2 所示，2272 个样本中，有 704 个样本受较高信贷约束的影响，约占 30.99%，有 1568 个样本受信贷约束影响较小，约占总样本的 69.01%。从不同信贷约束家庭的子代收入均值来看，较低信贷约束家庭的子代收入均值为 10.066，略高于 10.023 的总体均值，而信贷约束较高的家庭，其子代收入的均值仅为 9.926，说明信贷约束有可能对子代收入产生负向影响；对于父代收入亦是如此，但信贷约束对其影响的程度略小。已婚子代往往拥有夫妻双方的稳定资金来源以及更广的借贷渠道，所以家庭面临的信贷约束更小；通常来说，男性比女性的工资水平更高，这也使得男性在资金借贷方面获得比女性更多的优势；信贷约束较强时，父代身体状况更差些，可能因为身体状况差的父代，其家庭的资金借贷需求比较大，而且也影响着收入来源的稳定性；从地区上来看，相对东部地区，中西部地区经济较为落后，农民的生活水平普遍较低，农村金融也相对不普及，所以可能面对更多的信贷约束；从家庭负债上看，可以很明显地看出，信贷约束较强的家庭其家庭负债的均值更高；从金融环境上看，对于信贷约束较强的农村家庭，所在省份的平均新型农村金融资产相对数额更小，也就是说金融环境越良好的地区，农户平均受较高信贷约束的可能性会越小。

表 8 - 2 　　　　　　　　　　　主要变量的描述统计信息

变量代码	总体		较低的信贷约束		较高的信贷约束	
	均值	标准差	均值	标准差	均值	标准差
cw	10.023	0.717	10.066	0.703	9.926	0.739
fw	9.824	0.848	9.884	0.814	9.690	0.905
cedu	10.473	2.809	10.605	2.816	10.178	2.772
cc	0.310	0.463	0	0	1	0
cage	25.314	4.651	25.405	4.711	25.112	4.510
fage	51.105	6.019	51.211	6.044	50.868	5.959
fedu	7.434	2.477	7.559	2.427	7.155	2.565
fpol	0.114	0.317	0.123	0.329	0.092	0.290
fhel	2.006	0.820	1.936	0.813	2.161	0.815

续表

变量代码	总体		较低的信贷约束		较高的信贷约束	
	均值	标准差	均值	标准差	均值	标准差
cpol	0.040	0.196	0.038	0.192	0.044	0.205
cgen	1.253	0.435	1.258	0.438	1.240	0.427
cmar	0.444	0.497	0.447	0.497	0.437	0.496
deb	1.776	3.934	1.147	3.270	3.177	4.827
pro	1.795	0.722	1.748	0.712	1.899	0.733
fe	2.764	0.745	2.810	0.764	2.663	0.691
N	2272	—	1568	—	704	—

8.4　计量模型

贝克尔和托姆斯（1979）开创性地构建了代际收入流动性的经济学理论模型，此后该模型得到广泛的改进和应用。这些研究大多来源于以下的基本回归模型：

$$\ln Y^s = \alpha + \beta \ln Y^f + \varepsilon \qquad (8.1)$$

其中，Y^f 和 Y^s 分别表示父代和子代的一生收入，α 是常数项，表示与父代收入无关的部分。β 表示子代收入对父代收入的反应弹性，即代际收入弹性，$1-\beta$ 则表示代际收入流动性，一般来说，$\beta \in (0, 1)$，即代际收入弹性介于 0 和 1 之间，子代的收入部分由父代收入决定。ε 是误差项，且满足 $\mathrm{cov}(x^f, \varepsilon) = 0$。

然而在数据收集中，人一生的长期收入很难获得，更多的是只能得到父母与子女短期收入 y^f 和 y^s。但短期收入与长期收入之间往往存在测量误差，为减小误差，Solon（1992）加入了父代和子代的年龄及其平方项进行调整。此外，根据前人的研究经验，子代的政治身份、婚姻状况等因素也可能会影响子代收入，本书将子父代年龄及其平方项以及其他控制变量加入式（8.1），调整为：

$$\ln y^s = \alpha + \beta_0 \ln y^f + \lambda x + \mu \tag{8.2}$$

其中，β_0 为使用子父代短期收入代替一生收入计算而来的代际收入弹性；x 为包含子代和父代年龄及其平方项、其他控制变量；λ 为控制变量的系数向量，代表着控制变量对子代收入的影响程度；μ 为计量误差项。

为验证较强的信贷约束是否增加了中等收入阶层家庭的代际收入弹性，本书借鉴李力行和周广肃（2014）的研究方法，使用 2013 年父代和子代的工资性收入作为 Y^f 和 Y^s 的替代变量，在式（8.2）的基础上引入信贷约束与父代收入的交叉项，并加入信贷约束控制变量，式（8.2）调整为：

$$cw = \alpha + \beta_1 fw + \gamma_1 fw \cdot cc + \lambda z + \mu \tag{8.3}$$

其中，γ_1 为信贷约束与父代收入交叉项的系数，当它为正数时表示当家庭受较高信贷约束时，父代收入对子代收入的相关系数的增加量，即较强的信贷约束增加了代际收入弹性，抑制了代际收入传递，当它为负数时情况则相反，表示信贷约束反而会促进代际收入传递；β_1 为考虑信贷约束时的代际收入弹性；cc = 1 或 0，分别代表家庭受较高和较低信贷约束的情况；z 为包含子代和父代年龄及其平方项、其他控制变量；λ 为控制变量的系数向量，代表着控制变量对子代收入的影响程度；μ 为计量误差项。

需要注意的是，一般对模型回归的方法采用普通最小二元回归（OLS）。但 OLS 假设回归系数的估计量为最优线性无偏估计，在现实中往往不成立，且易受极端值影响。为此，本书将选用凯恩克和巴西特（1978）提出的"分位数回归"（Quantile Regression，QR）方法进行估计。它是 OLS 模型的延伸，但比 OLS 回归的结果更稳健。

分位数回归模型如下：

$$\min_{\beta_q} \sum_{i: y_i \geq x_i'\beta_q}^{n} q \mid y_i - x_i'\beta_q \mid + \min_{\beta_q} \sum_{i: y_i < x_i'\beta_q}^{n} (1 - q) \mid y_i - x_i'\beta_q \mid \tag{8.4}$$

其中，y_i 为子代收入，x_i 是 $1 \times k$ 解释变量，q 为用于估计的分位数，β_q 为 q 分位回归系数。

8.5　我国农村家庭信贷约束的现状分析

图 8－1 描述了我国农户信贷约束结构，可以看出问卷分别从"是否向正规金融机构申请贷款"以及"是否向亲戚朋友提出借款要求"入手，分别视为正规和非正规信贷渠道。首先，向金融机构提出贷款申请的仅有 11.09%，其中 76.98% 的农户资金需求得到了足额满足，农户资金需求被部分满足和直接被拒绝的比例分别为 8.73% 和 14.29%。没有向金融机构提出贷款申请的比例为 88.91%，其中原因分别有"不需要借钱或贷款"（74.60%）、"觉得可能会被拒绝"（5.05%）、"不懂得怎么申请"（4.60%）、"要付利息"（6.19%）和"其他"（9.55%）。其次，向亲戚朋友提出借钱要求的比例为 30.55%，且其中农户资金需求被"足额满足""部分拒绝"以及"被拒绝"的比例分别为 69.60%、15.71% 和 14.70%；而没有向亲戚朋友提出过借款要求的农户比例为 69.45%，其中"不需要借钱""觉得他们没有能力或者被拒绝"以及"其他"原因的分别占 88.47%、2.15% 和 9.38%。

进一步地，本书将向正规和非正规信贷渠道提出过贷款需求且被足额满足的、因为不需要贷款而没有提出的直接归为受较低信贷约束的情况，其比例为 69.19%；来自正规和非正规借贷渠道的其他情况分别视为受较高正规信贷约束和非正规信贷约束，其比例分别为 25.13% 和 17.30%。此外，根据供给和需求型信贷约束的定义，本书将向正规和非正规信贷渠道提出过贷款或借钱要求但不是足额满足的情况，归为供给型信贷约束行列，比例为 10.82%；而将不是因为不需要借钱或贷款而没有向信贷渠道提出贷款或借钱要求的情况，归为需求型信贷约束，比例为 24.52%。本书最终将这四类信贷约束都归为农户家庭受较高信贷约束行列，比例为 30.18%。

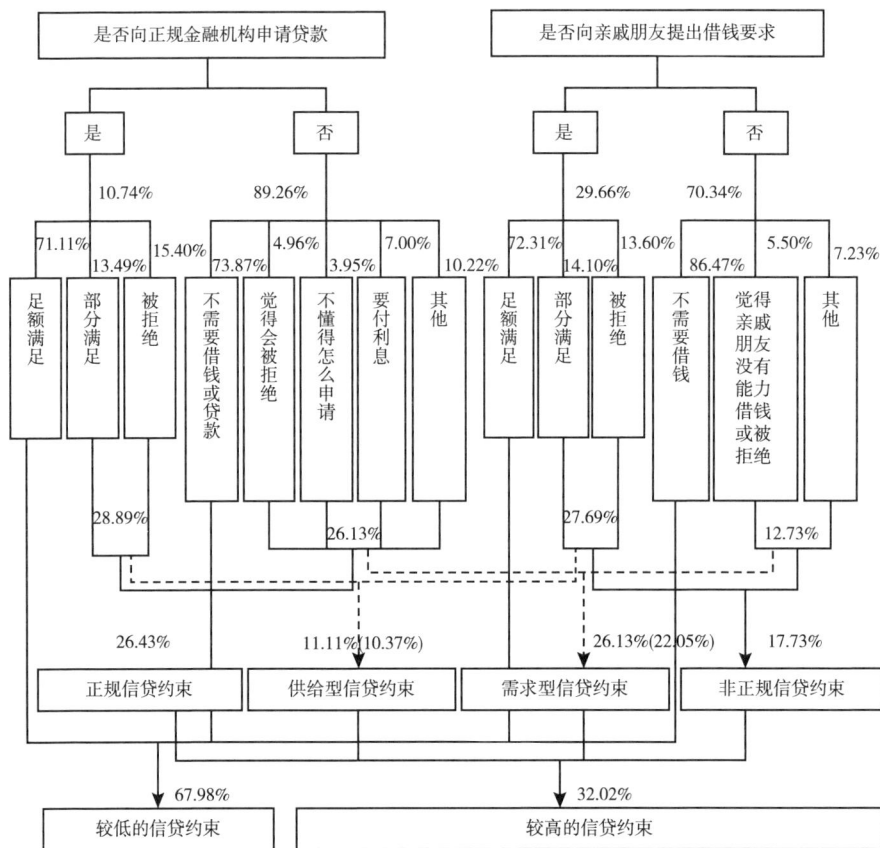

图 8 - 1　我国农户信贷约束结构

　　根据对我国农户信贷约束结构的分析，可得目前我国农户受一定的信贷约束，但并不存在严格的信贷约束。大部分农户没有资金借贷需求或资金需求能被足额满足。此结论与钟春平等（2010）结论一致，即很难认为农户存在实质性的信贷约束，其可能的原因是农户借贷信息获取相对比较容易，通常能找到相应的担保人或者适合的抵押品，并且正规金融机构以及亲戚朋友资金也较充足。选择向正规金融机构申请贷款的比例占11.09%，而向亲戚朋友提出借款要求的比例占30.55%，说明有资金借贷需求时，农户可能会优先选择非正规资金借贷渠道。在受到需求型正规信贷约束的农户中，相对于"觉得会被拒绝"以及"不知道怎么申请""要付利息"的占比更高一些，说明农村金融机构贷款利息成本过高抑制了贷款需求；受到需求型非正规信贷约束的农户，因为"觉得亲戚朋友没有能力借钱或被拒绝"仅占 2.15%，相对来说非正规借贷渠道的需求信贷约束更小。从四种信贷约束类型上看，首先，农户主要受正规和需求型信贷约束，其次是非正规信贷约束，最后是供给型信贷约束。这与李长生和张文棋（2014）、李祎雯和张兵（2016）得出的结论一致。综合来看，解决需求型的正规信贷约束是解决农户家庭资金借贷情况的重要关注点。

8.6　信贷约束对代际收入流动性的影响机制研究

8.6.1　分阶层分析

表 8-3 给出了信贷约束对代际收入弹性非线性影响的情况。为进一步捕捉该非线性影响，本节利用式（5.3）和式（5.4）分析不同子代收入阶层的代际收入影响。即根据子代收入将样本从低到高排序，并分为 5 个阶层：10%、25%、50%、75%、90%。如表 8-3 所示，从中可以看出，代际收入弹性并非是平稳的，在 10% 的收入阶层中，代际收入弹性高达 0.436，随后呈现递减趋势，在 75% 的收入阶层中，代际收入弹性最低，仅为 0.101，而 90% 收入阶层中代际收入弹性又呈现微弱的上升趋势，代际收入弹性为 0.135，但是相对于收入底层的农户，流动性已经是非常高了。整体而言，子女收入是关于户主收入先降后升的"U"型曲线关系，也就是说位于收入分布两端尾部群体的代际收入流动性低于分布中间的群体，该结论与李小瑛和魏洲（2014）、丁亭亭等（2016）的结论一致。其原因可能是低收入阶层的父母无法通过资本市场贷款对子女进行人力资本投资，货币资本是更为主要的传递机制；而相对富裕家庭的父母可通过资

本市场贷款，但贷款的额度又随家庭资产的增加而增加，所以对子女的人力资本投资力度也是在逐渐增加，人力资本传递机制的重要性在逐渐地上升，代际收入流动性也在逐渐增大。但对于最高收入阶层的代际收入弹性又回升的原因，可以从三个方面进行解释：一是高收入群体对子女的投资不仅表现在教育水平上，而且也表现在教育质量、社会资本上，教育质量和社会资本的增加无疑对子女的收入也会产生重要的影响；二是高收入阶层的父母往往本身就是高教育水平、高职位等，这些因素也会直接对子女的教育产生溢价效应；三是高收入阶层的子女从父母处继承的财产也比一般收入阶层高得多，这些财产对其收入的获取也产生了极其重要的作用。此外，代际收入弹性最高的点是在 75% 分位，验证了第三章理论分析中的 x_m 点偏右分布，长期来看，更多群体家庭财富收敛于较低的 x_1 点，较少群体家庭财富收敛于较高的 x_3，也即家庭财富两极分化的结果使得富人占少数，穷人还是占多数。

其次，重点看信贷约束与父代收入的交叉项，中低以及中等收入阶层的系数均显著为正，说明较强的信贷约束确实增加了代际收入弹性，且中低阶层"信贷约束"取值为 1 时，代际收入弹性比取值为 0 的高 11.3%，而中等阶层的代际收入弹性仅比不受信贷约束群体的收入弹性高 9.8%，也就是说收入阶层越低，信贷约束对代际收入流动性的抑制程度越深。中高阶层和最高收入阶层的"cc·fw"的系数并不显著，说明较高收入家庭的代际收入流动性并不直接受到信贷约束的影响，这与本书第三章中理论分析的结果一致，说明相对富裕家庭父母的初始禀赋充足，或在资本市场受融资约束的程度较小，足以满足子代的人力资本最优投资。最低阶层的"cc·fw"系数也不显著，标准误也相对更大一些，可能的原因一是虽然最低收入阶层的父母初始禀赋很低，或许根本无法支持子代的人力资本投资，但从 1986 年《中华人民共和国义务教育法》规定国家实行九年制义务教育以及各项政府教育资助等，使得即使家庭在资金借贷上存在约束，子代基本的教育投资也不会受到太大影响，从而其代际收入弹性也不显著；二是这类群体可能是完全被金融借贷市场排斥在外的，即完全贷不到款或由于认知偏差，根本不会通过资金借贷实现教育投资，所以，无论约束程度如何变化，对家庭子代的人力资本不会产生任何影响。三是即使这类群体可贷到一部分款项，但资金首先解决的是生活消费及温饱的问题，所以资金借贷的成本首先影响的是家庭当前的消费，而非对子代将来的收入。

再来看其他变量对子代收入的影响。第一，信贷约束与"cc·fw"的系数类似，在25%及50%分位水平上显著为负，且25%分位上的系数更大，较低信贷约束的家庭，其子代收入比资金约束的家庭高1.187倍，而50%分位上的则是高出1.052倍，这意味着信贷约束对中低阶层家庭的子女收入抑制作用更加明显。相应地，其他阶层的结果也都不再显著，其原因可能与交互项一致。第二，子女年龄在各分位均在1%水平上正向影响子代收入，而且最低阶层的子代年龄对其收入的影响最大（系数为0.231），在75%分位时影响最小（0.118），50%分位和90%分位的影响都较大，分别为0.139和0.135。也就是说，总体上子代收入随着年龄增加而增加，但年龄对收入的影响在最低收入阶层影响最为显著，可能该群体的收入来源更依赖于年龄和身体情况；而中高阶层的收入对年龄的依赖性更低。第三，子代年龄的平方项系数为负，表明每个阶层上都有生命周期效应，随着年龄的增大，子女收入呈现倒"U"型，只是随着阶层的提高，倒"U"型的弯曲程度在逐渐地减弱并趋于平稳，也即生命周期效应在减弱并趋于平稳，这也可以反映出最低阶层子代收入的生命周期效应最为明显。第四，父代年龄及其平方项并不显著影响子代收入。第五，子代政治身份整体上也是正向影响子代收入，且该影响随着收入阶层提高而逐渐减弱，即父母对其子女政治资本投资增加也会带来一定的收入增加，并且这种增加效应在最低收入阶层中表现得最为明显。第六，除了最低和中低收入阶层，其他分位上，子代性别均显著负向影响子代收入，而且程度上整体随阶层增加而提高，也就是说，女性子代的收入普遍低于男性收入，且这个效果在富裕的家庭中更为凸显。可能的原因：一是农村传统"重男轻女"的思想根深蒂固，女性受教育水平及质量等方面低于男性；二是扭曲的劳动力市场的工资制度，对女性长期以来的歧视；三是女性传统的"回归家庭"思想及个人能力使得对高收入追求的欲望低于男性。第七，子代的婚姻状况仅在90%分位最富裕的样本中显著，且"非单身"子代比"单身"子代的收入低7.1%。其可能的原因是"非单身"的子代需要在更多精力和时间花费在配偶或家庭上，其工作时间和精力将降低；"单身"的子代多是年龄较小的一代，随着我国教育体制改革以及对教育的逐渐重视，导致年轻的一代教育水平越来越高，收入水平也普遍偏高。第八，地区因素对子代收入的影响为负，且程度随阶层上升而下降，在75%及以上的分位阶层中影响不再显著，90%分位上的系数甚至为正值。这说明贫穷家庭中的子代收入表现出明显的地区差异，比较中东部地区，西部的子代收入总体低于东中部地区，但是穷人更穷，富人更富，甚至富过东中部地区。

附表40是控制省份农村金融发展程度基础上的实证结果，可以看出金融发展程度在中高及最高收入阶层显著影响子代收入，各省份平均每新型农村金融机构的资产数额越大，农村金融发展程度越高，该省份的家庭子代收入平均也越高。但是，该影响对收入阶层较低的子代并不明显，甚至最低阶层的系数为负，即使不显著，也可以说明我国农村金融发展更有利于收入阶层高的家庭，农村金融机构的作用需进一步的规划改进。其他因素的系数基本和表8-3的结果一致，说明信贷约束对代际收入弹性的影响具有一定的稳定性。

表8-3　　　　　分收入阶层信贷约束影响代际收入弹性的实证结果

	最低（10%）	中低（25%）	中等（50%）	中高（75%）	最高（90%）
	(1)	(2)	(3)	(4)	(5)
fw	0.436 ***	0.264 ***	0.143 ***	0.101 ***	0.135 ***
	(0.056)	(0.032)	(0.019)	(0.018)	(0.023)
cc · fw	-0.014	0.113 **	0.098 ***	0.025	-0.052
	(0.091)	(0.051)	(0.031)	(0.029)	(0.038)

续表

	最低（10%）	中低（25%）	中等（50%）	中高（75%）	最高（90%）
	（1）	（2）	（3）	（4）	（5）
cc	0.0301 (0.889)	−1.187** (0.500)	−1.052*** (0.299)	−0.318 (0.287)	0.439 (0.369)
cage	0.231*** (0.078)	0.129*** (0.044)	0.139*** (0.026)	0.118*** (0.025)	0.135*** (0.033)
$cage^2$	−0.004** (0.001)	−0.002** (0.001)	−0.002*** (0.000)	−0.002*** (0.000)	−0.002*** (0.001)
fage	0.077 (0.115)	0.027 (0.065)	−0.001 (0.039)	0.002 (0.037)	−0.005 (0.048)
$fage^2$	−0.001 (0.001)	−0.000 (0.001)	0.000 (0.000)	−0.000 (0.000)	0.000 (0.000)
cpol	0.329* (0.188)	0.160 (0.106)	0.254*** (0.063)	0.201*** (0.061)	0.162** (0.078)
cgen	−0.094 (0.087)	−0.075 (0.049)	−0.100*** (0.029)	−0.111*** (0.028)	−0.109*** (0.036)
cmar	−0.109 (0.090)	−0.051 (0.051)	−0.031 (0.030)	0.028 (0.029)	−0.071* (0.037)
pro	−0.132** (0.053)	−0.100*** (0.030)	−0.055*** (0.018)	−0.028 (0.017)	0.003 (0.022)
常数项	−0.660 (2.644)	4.453*** (1.488)	6.733*** (0.891)	7.697*** (0.854)	7.254*** (1.098)
Pseudo R^2	0.1211	0.1067	0.0915	0.0728	0.0958
N	2272	2272	2272	2272	2272

注："＊""＊＊""＊＊＊"分别表示在10%、5%和1%水平上显著，括号中为标准误。

考虑样本使用 OLS 估计可能会存在内生性问题，导致估计结果偏误，但本书使用豪斯曼检验方法，原假设为所有的变量均为外生性，检验结果表明 Prob > chi2 = 0.688，接受原假设，认为不存在内生变量。因为豪斯曼检验是基于同方差的假设，本书进一步使用了异方差下更为稳健的杜宾—吴—豪斯曼检验，其检验结果显示 p = 0.686，仍没有理由说明存在内生性变量。基于以上分析得出，本书使用 OLS 估计更为有效，不再进一步采用两阶段最小二乘法（2SLS）处理。

8.6.2 分地区分析

本节在上节的基础上进一步分地区讨论信贷约束对我国东、中、西部地区农户代际收入弹性的影响，具体结果如表 8-4 所示。首先，父代收入均在 1% 水平上高度与子代收入正向相关，且三个地区的代际收入弹性间存在差异。以第（1）、（2）和（3）列为例，西部地区农户的代际收入弹性最高，东部地区次之，中部地区最低；其次，也是本书重点关注的，信贷约束与父代收入的交互项对子代收入在东中西部地区的影响各有不同，东中部地区系数为负，且不显著，西部地区则显著为负，值为 0.221。这也就是说，仅有西部金融环境、经济水平较为不高的地区，信贷约束才对代际收入流动性具有抑制作用，这一结论也与上一节的类似，且受到信贷约束的家庭其代际收入弹性高于 "cc = 0" 的 27.4%。对其他控制变量而言，信贷约束在东中部地区的影响也不显著，在西部地区的影响显著为负，且较强的信贷约束使得子代收入增加 2.802 倍，表明信贷约束确实是影响子代收入的一大重要因素。子代年龄的结果表明除了中部地区，东西部地区的子代收入都会随着年龄增加而增加，子代年龄的平方项则表明东部地区的收入存在生命周期效应，而中西部地区并不明显。仅中部地区在 5% 水平上表现为显著影响子代收入，女性收入平均比男性低 11.6%，这与收入阶层的结果一致，只是这种性别工资差异在中部地区更为明显。在婚姻方面，东中部地区 "非单身" 子代的收入要比 "单身" 子代的收入高，但这个差别并非显著，而西部地区则显示 "非单身" 子代的收入比 "单身" 子代的收入高 18.4%，且在 5% 的水平上显著。这说明可能西部地区"非单身"的状况给工作上的精力和时间影响最大。

表8-4中第（4）、（5）、（6）列是控制各省份农村金融发展情况的实证结果。从中可以看出，农村金融发展状况仅对中部地区在10%水平上显著，当省份平均每新型农村金融机构的资产数额增加一个单位，其农村家庭的子代收入平均将提高9.9%。其他各变量系数基本与不加控制变量时的一致，这就说明了实证结果具有一定的稳定作用。

表8-4　　　　　　　　分地区信贷约束影响代际收入弹性的实证结果

	东部地区	中部地区	西部地区	东部地区	中部地区	西部地区
	（1）	（2）	（3）	（4）	（5）	（6）
fw	0.197***	0.195***	0.221***	0.203***	0.196***	0.218***
	(0.039)	(0.041)	(0.059)	(0.039)	(0.041)	(0.059)
$cc \cdot fw$	-0.025	-0.013	0.274**	-0.029	-0.014	0.273**
	(0.074)	(0.061)	(0.112)	(0.074)	(0.061)	(0.113)
cc	0.167	0.097	-2.802**	0.209	0.112	-2.790**
	(0.739)	(0.606)	(1.096)	(0.738)	(0.603)	(1.102)
cage	0.192***	0.063	0.177**	0.195***	0.061	0.178**
	(0.043)	(0.044)	(0.087)	(0.043)	(0.044)	(0.088)
$cage^2$	-0.003***	-0.001	-0.002	-0.003***	-0.001	-0.002
	(0.001)	(0.001)	(0.001)	(0.001)	(0.001)	(0.002)
fage	-0.005	0.090	0.061	-0.002	0.089	0.061
	(0.067)	(0.076)	(0.121)	(0.067)	(0.076)	(0.121)
$fage^2$	0.000	-0.001	-0.000	0.000	-0.001	-0.000
	(0.001)	(0.001)	(0.001)	(0.001)	(0.001)	(0.001)
cpol	0.201**	0.218**	0.386***	0.197**	0.213**	0.396***
	(0.096)	(0.105)	(0.127)	(0.097)	(0.105)	(0.129)
cgen	-0.050	-0.116**	-0.107	-0.049	-0.117**	-0.110
	(0.044)	(0.052)	(0.083)	(0.044)	(0.051)	(0.083)

	东部地区	中部地区	西部地区	东部地区	中部地区	西部地区
	(1)	(2)	(3)	(4)	(5)	(6)
cmar	-0.013	-0.027	-0.184 **	-0.015	-0.028	-0.188 **
	(0.049)	(0.050)	(0.089)	(0.050)	(0.050)	(0.089)
fe				-0.038	0.099 *	0.076
				(0.026)	(0.057)	(0.128)
常数项	5.155 ***	4.550 ***	3.352	5.113 ***	4.360 **	3.187
	(1.574)	(1.732)	(2.730)	(1.578)	(1.732)	(2.710)
F 统计量	16.71	8.53	10.21	15.30	7.87	9.52
Prob > F	0.0000	0.0000	0.0000	0.0000	0.0000	0.0000
Adj R^2	0.1701	0.0912	0.2357	0.1724	0.0943	0.2365
N	873	992	407	873	992	407

注："*""**""***"分别表示在10%、5%和1%水平上显著,括号中为标准误。

8.7 本章小结

本章借助 CHIP2013 农村样本,通过构建结构图剖析了目前我国农户家庭受信贷约束的情况,对信贷约束是否抑制我国农户家庭代际收入流动性进行了整体、分阶层、分地区的实证分析。

本章主要得出以下几项结论:第一,根据描述性统计分析,我国农村目前受到一定的信贷约束,但并不是非常严重,其比例近 1/3(30.81%);主动向正规金融机构以及亲戚朋友提出贷款或借款需求的比例较少,主要原因是家庭并不需要贷款或借钱,而提出借钱或贷款的家庭,绝大部分资金需求是可以全额满足的;相对正规借贷渠道(11.09%),农户更愿意向亲戚朋友提出借款需求(30.66%),但在前者情况下被足额满足的情况更多一点,在没有提出贷款需求的农户中,受到来自金融机构的需求型约束比例大于非正规借贷约束；正规信贷约束（25.13%）大于非正规的信贷约束（17.30%），而供给型信贷约束（10.82%）小于需求型信贷约束（24.52%），也就是说，解决正规信贷约束和需求型信贷约束是解决农户信贷约束的关键。第二，根据实证结果，代际收入弹性随家庭收入阶层的增加而呈现出"U"型结构，在最低阶层处代际收入弹性最大（0.436），随后呈现下降趋势，在中高收入阶层时最小（0.091），随后在最高收入阶层又呈现出微弱的上升趋势（0.135）。这说明收入分布两端的居民趋向于收入阶层固化，而中间收入阶层的居民收入流动性较高。第三，信贷约束对代际收入流动性的影响是非线性的，且中低、中等收入阶层表现为信贷约束抑制了代际收入流动性，较高信贷约束的家庭其代际收入弹性比一般的家庭分别高11.3%和9.8%，说明抑制效果在较为贫困的家庭愈为明显。在最低阶层和最高阶层家庭该影响并不显著，可能因为九年义务教育等政策，使得信贷约束对子女的教育年限的影响并不显著，也可能是因为富裕家庭资金充足且融资能力较强，信贷约束对子女教育及收入的影响也不显著。第四，在分地区实证时，发现东中部地区的信贷约束并非显著影响代际收入流动性，而仅有西部地区表现为显著的抑制作用，且较强信贷约束的家庭其代际收入弹性比较低的家庭分别高27.4%。这可能是因为东中部地区经济条件优越，金融市场相对发达，父母对其子女的教育投资不需要通过资本市场融资，或融资能力强；而西部地区的家庭父母对其子女的教育受金融市场的影响较大。

第**9**章
信贷约束对我国农村家庭代际
收入流动性的影响机制

9.1 计量模型

关于代际收入弹性的传递机制分解，本书参考代际弹性系数分解法，将父代货币资本与子代货币资本之间的联系分解为父代货币资本的代际传递和子代人力资本投资的代际传递两部分。父代收入可通过影响子代人力资本，进而影响子代收入，也可直接通过货币资本影响子代收入；前者被称为间接传递机制，后者被称为直接传递机制。

为了研究信贷约束影响代际收入流动性的路径机制，本章进一步在式（8.3）的基础上引入子代人力资本 cedu 及其与信贷约束的交叉项 cedu · cc，得式（9.1）：

$$cw = \alpha + \beta_{11}fw + \gamma_{11}fw \cdot cc + \beta_{12}cedu + \gamma_{12}cedu \cdot cc + \lambda z + \mu \quad (9.1)$$

其中，β_{11} 表示在考虑子代人力资本和信贷约束时，父代货币资本对子代收入的影响；γ_{12} 表示信贷约束对人力资本收益率的影响，当 γ_{12} 为负时，意味着信贷约束高的家庭，其子代人力资本对子代收入的影响比 "cc = 0" 的低，也就是说较高的信贷约束降低了人力资本回报率。β_{12} 为子代人力资本对子代收入的影响，也可表示为人力资本的收益率。γ_{11} 表示信贷约束对父代货币资本对子代收入传递机制的影响，当 γ_{11} 为正时，意味着信贷约束较高的家庭，其父代收入对子代收入的直接影响比"cc = 0"的高，也即较强的信贷约束会抑制代际收入流动的直接传递。

9.2　分位回归的实证分析

为进一步验证研究信贷约束对人力资本回报率的影响，利用式（9.1）进行实证，其结果如表9 - 1所示：

表 9 - 1　　分收入阶层信贷约束影响代际收入传递机制的实证结果

项目	最低（10%）	中低（25%）	中等（50%）	中高（75%）	最高（90%）
	（1）	（2）	（3）	（4）	（5）
fw	0.436 ***	0.248 ***	0.120 ***	0.092 ***	0.132 ***
	（0.061）	（0.032）	（0.019）	（0.018）	（0.025）
$cc \cdot fw$	− 0.032	0.117 **	0.102 ***	0.004	− 0.052
	（0.099）	（0.051）	（0.031）	（0.029）	（0.040）
cedu	− 0.004	0.018 *	0.023 ***	0.027 ***	0.028 ***
	（0.018）	（0.009）	（0.006）	（0.005）	（0.007）
$cc \cdot cedu$	0.006	− 0.013	− 0.016 *	− 0.011	− 0.015
	（0.031）	（0.016）	（0.010）	（0.009）	（0.013）
cc	0.135	− 1.094 **	− 0.928 ***	0.0124	0.616
	（0.957）	（0.499）	（0.298）	（0.284）	（0.388）
cage	0.236 ***	0.115 ***	0.120 ***	0.084 ***	0.089 ***
	（0.085）	（0.044）	（0.026）	（0.025）	（0.034）
$cage^2$	− 0.004 **	− 0.002 **	− 0.002 ***	− 0.001 **	− 0.001 **
	（0.002）	（0.001）	（0.000）	（0.000）	（0.001）
fage	0.0832	0.033	− 0.001	0.016	0.031
	（0.123）	（0.064）	（0.038）	（0.036）	（0.050）

续表

项目	最低（10%） （1）	中低（25%） （2）	中等（50%） （3）	中高（75%） （4）	最高（90%） （5）
fage^2	-0.001 (0.001)	-0.000 (0.001)	0.000 (0.000)	-0.000 (0.000)	-0.000 (0.000)
cpol	0.335* (0.203)	0.100 (0.106)	0.161** (0.063)	0.165*** (0.060)	0.143* (0.082)
cgen	-0.074 (0.094)	-0.097** (0.049)	-0.108*** (0.029)	-0.131*** (0.028)	-0.160*** (0.038)
cmar	-0.111 (0.098)	-0.013 (0.051)	-0.008 (0.031)	0.055* (0.029)	-0.017 (0.040)
pro	-0.138** (0.056)	-0.081*** (0.029)	-0.064*** (0.018)	-0.016 (0.017)	0.025 (0.023)
常数项	-0.815 (2.812)	4.471*** (1.467)	6.991*** (0.877)	7.595*** (0.835)	6.712*** (1.140)
β_{11}/β_1	100.00%	93.94%	83.92%	91.09%	97.78%
$1-\beta_{11}/\beta_1$	0.00%	6.06%	16.08%	8.91%	2.22%
γ_{11}/γ_1		103.54%	104.08%		
$1-\gamma_{11}/\gamma_1$		-3.54%	-4.08%		
Pseudo R^2	0.1213	0.1084	0.0957	0.0802	0.1064
N	2268	2268	2268	2268	2268

注："*""**""***"分别表示在10%、5%和1%水平上显著，括号中为标准误。β_{11}/β_1表示货币资本对代际收入弹性的贡献率，$1-\beta_{11}/\beta_1$表示人力资本对代际收入弹性的贡献率；γ_{11}/γ_1表示信贷约束对货币资本传递机制的影响，$1-\gamma_{11}/\gamma_1$表示信贷约束对人力资本传递机制的影响①。下同。

———————

① β_{11}/β_1大于50%表示货币资本是代际收入的直接传递机制，$1-\beta_{11}/\beta_1$小于50%表示人力资本是代际收入的间接传递机制；γ_{11}/γ_1大于1表示信贷约束约束加强了代际收入货币资本直接传递机制，$1-\gamma_{11}/\gamma_1$小于0表示信贷约束抑制了代际收入人力资本间接传递机制。

从表 9 - 1 中可以看出，代际收入弹性与表 8 - 3 中的系数极其类似。具体地看系数比值可以发现，不同收入阶层的家庭，其货币资本传递机制对代际收入弹性的解释力均大于 80%，即代际收入主要通过货币资本直接传递，而人力资本间接传递机制占较小比例。此外，直接影响的解释力也随收入阶层的增加呈现"U"型结构，对贫穷家庭而言，父代收入对子代收入的直接影响的贡献率甚至高达 100%，而在 75% 分位阶层的贡献率低至 83.92%，而最富家庭的贡献率又升至 97.78%。对应地，人力资本间接传递机制对代际收入弹性的贡献率则呈现倒"U"型结构，在 10% 分位阶层的最低，随后逐渐增加，在 75% 分位达到最高值（16.08%），随后又下降。

再看信贷约束与父代收入的交叉项，与表 8 - 3 中的系数类似，中低以及中等收入阶层的系数均显著为正，但值相对更大一些，即 γ_{11}/γ_1 大于 1，说明信贷约束加强了货币资本对子代收入的影响，而且其效果大于对整体代际收入流动的影响。对应地，也说明信贷约束削弱了代际收入人力资本的间接传递渠道。

然后看子代人力资本对子代收入的影响。由其系数可以看出 25% 分位及其以上的阶层的家庭，子代人力资本的增加均导致子代收入的增加。而且随着收入阶层的增加，教育收益率也在逐渐提高。这意味着，对子女增加同等教育投入，富裕家庭的子代未来会获得更高的收益回报。对于信贷约束与子代人力资本的交叉项的系数可以看出，除了最低收入阶层，信贷约束均抑制了教育收益率。特别是中等收入阶层的家庭，信贷约束存在时，子代受正规教育年限每增加一年带来的子代收入增加将比"cc = 0"少 1.6%。

其他的变量也与表 8 - 3 中的类似。

附表 41 为控制省份农村金融发展程度后对表 9 - 1 实证结果的稳健性检验。从中看出金融发展程度并非显著影响子代收入，其他因素的系数基本和附表 40 的结果一致，说明信贷约束对代际收入弹性的影响具有一定的稳定性。第一，代际收入弹性依然呈现"U"型结构，在 75% 分位阶层的代际收入弹性最小，流动性最大。第二，信贷约束也是在中低及中等收入阶层显著抑制代际收入流动，且中等阶层的抑制效果更大。第三，在信贷约束对代际收入弹性影响的分解中，对货币资本直接传递机制影响的贡献率依然占绝对优势，且随收入阶层的增加，该贡献率也基本呈现"U"型结构，人力资本间接传递机制影响的贡献率在75%分位时最高（19.29%）。第四，教育对子代收入的影响也随收入阶层的增加而增加，人力资本的收入回报在富裕人群体中表现得更为明显。信贷约束的存在没有显著抑制教育收益率。

同样考虑样本使用 OLS 估计可能会存在内生性问题，导致估计结果偏误，但与上一章一致，本章使用豪斯曼方法检验是否有所变量均为外生，结果显示 Prob > chi2 = 0.871，认为不存在内生变量。再进一步使用了异方差下更为稳健的杜宾—吴—豪斯曼检验，其检验结果显示 p = 0.870，仍没有理由说明存在内生性变量。基于以上分析得出，本章使用 OLS 估计更为有效。

9.3　分地区的实证分析

本节在9.1节的基础上进行分地区实证，其结果如表9-2所示。

首先从前三列实证结果可以看出，第一，父代收入对子代收入的直接影响在东部地区最小，父代货币资本每增加一单位，将导致子代收入直接提高18.1%，中部地区的次之，为19.4%，西部地区的最高，为21.7%。第二，从货币资本对代际收入弹性影响的贡献率上来看，直接传递机制依然占据绝对地位，而人力资本间接传递渠道占次要地位。第三，信贷约束仅对西部地区的货币资本代际收入直接传递机制起到显著的促进作用，存在信贷约束的西部农村家庭，父代收入对子代收入的决定作用将比"cc = 0"的高28.3%。第四，子代受正规教育程度对子代收入的影响不显著，东中部地区子代收入都会随受教育年数的增加而增加，但结果并不显著，西部地区子代受教育年数每增加 1 年，收入显著减少，说明子代的教育回报并不明显。

表 9－2 后三列是控制农村金融发展程度后的稳健性检验结果，可以看出金融发展程度对子代人力资本在东部地区产生显著影响，且金融发展程度每增加一个单位，其平均家庭子代受正规教育年限增加 0.715 年。其他变量系数的大小和方向与表 9－2 前三列的极其类似，这也反映了实证结果具有一定的稳健性。

表 9－2　　　　分地区信贷约束影响代际收入传递机制的实证结果

	子代收入			稳健性检验		
	东部地区	中部地区	西部地区	东部地区	中部地区	西部地区
fw	0.181 *** (0.040)	0.194 *** (0.041)	0.217 *** (0.059)	0.187 *** (0.040)	0.194 *** (0.041)	0.214 *** (0.059)
cc·fw	-0.0255 (0.077)	-0.0200 (0.062)	0.283 ** (0.112)	-0.032 (0.078)	-0.021 (0.061)	0.282 ** (0.113)
cedu	0.392 (0.737)	0.236 (0.617)	-2.670 ** (1.117)	0.443 (0.735)	0.245 (0.616)	-2.662 ** (1.124)
cc·cedu	0.172 *** (0.044)	0.048 (0.045)	0.177 ** (0.088)	0.172 *** (0.043)	0.046 (0.045)	0.178 ** (0.088)
cc	-0.003 *** (0.001)	-0.000 (0.001)	-0.002 (0.002)	-0.003 *** (0.001)	-0.000 (0.001)	-0.002 (0.002)
cage	-0.019 (0.066)	0.0826 (0.075)	0.060 (0.121)	-0.017 (0.067)	0.081 (0.076)	0.061 (0.122)
$cage^2$	0.000 (0.001)	-0.001 (0.001)	-0.000 (0.001)	0.000 (0.001)	-0.001 (0.001)	-0.000 (0.001)
fage	0.159 (0.101)	0.173 * (0.104)	0.386 *** (0.134)	0.142 (0.101)	0.167 (0.103)	0.396 *** (0.135)

	子代收入			稳健性检验		
	东部地区	中部地区	西部地区	东部地区	中部地区	西部地区
$fage^2$	-0.070 (0.044)	-0.136*** (0.052)	-0.109 (0.084)	-0.071 (0.044)	-0.138*** (0.052)	-0.111 (0.084)
cpol	0.007 (0.050)	0.003 (0.052)	-0.185** (0.089)	0.008 (0.050)	0.003 (0.052)	-0.189** (0.089)
cgen				-0.054** (0.026)	0.099* (0.057)	0.073 (0.128)
cmar	0.024*** (0.008)	0.023** (0.010)	0.011 (0.019)	0.028*** (0.009)	0.023** (0.010)	0.010 (0.019)
fe	-0.021 (0.019)	-0.006 (0.018)	-0.022 (0.027)	-0.020 (0.019)	-0.005 (0.018)	-0.021 (0.027)
常数项	5.723*** (1.584)	4.733*** (1.726)	3.304 (2.756)	5.735*** (1.592)	4.550*** (1.726)	3.146 (2.735)
β_{11}/β_1	91.88%	99.49%	98.19%	92.12%	98.98%	98.17%
$1-\beta_{11}/\beta_1$	8.12%	0.51%	1.81%	7.88%	1.02%	1.83%
F统计量	14.88	7.61	8.50	13.91	7.14	8.04
Prob > F	0.0000	0.0000	0.0000	0.0000	0.0000	0.0000
Adj R^2	0.1770	0.0979	0.2367	0.1814	0.1010	0.2374
N	871	990	407	871	990	407

注:"*""**""***"分别表示在10%、5%和1%水平上显著,括号中为标准误。

9.4 社会保障对信贷约束的影响

9.4.1 变量定义

本节涉及的变量主要有信贷约束、社会保障以及其他家庭和户主变量，各变量的含义和度量方法如下：

首先，由于信贷约束甄别的标准不统一，根据上述文献综述和CHIP2013 的农村调查问卷，本书将因为不需要借款而没有向银行和亲戚朋友申请过借款，或者需要借款且全部被满足的农户视为不存在信贷约束的样本，其他的则视为存在信贷约束。具体的归类情况见下文的我国信贷约束结构。

其次，本节重点关注的社会保障指标包含的内容比较广泛。在各种社会保险福利中，依据其对社会经济影响大小排序，养老保险排在第一位，医疗保险排在第二位。特别是随着人口老龄化越来越严重，不仅增加了社会养老保险的需求，对医疗保险的需要也大大提高。在 CHIP2013 数据库中，除养老保险和医疗保险之外同时还有其他社会保障项目，比如最低生活保障或社会救济等，由于覆盖面窄，并非本书研究的重点。因此，本书借鉴方匡南和章紫艺（2013）对社会保障的度量方法，选取"您参加了以下哪种养老保险"和"您参加了以下哪种医疗保险"两个变量共同决定居民享有的社会保障情况，在调查问卷的选项中，户主只要选择城镇职工基本养老保险、城镇灵活就业人员养老保险、（城镇）居民社会养老保险、新型农村社会养老保险、企业年金、商业养老保险、其他养老保险中的一种时，就视为参加了养老保险。同理，户主只要选择城镇职工基本医疗保险、公费医疗或统筹、（城镇）居民基本医疗保险、新型农村合作医疗保险、商业医疗保险、其他医疗保险中的其中一种时，就视为参加了医疗保险，且只有当户主同时参加了医疗保险和养老保险时，才视为家庭拥有社会保障。

最后，本节也考虑了一些可能会影响信贷约束的控制变量。在家庭特征方面，选取了金融资产、负债、土地面积和地区特征变量。其中将家庭2013 年拥有的金融资产和负债取对数，地区是根据省份划分出东、中、西三个地区。此外，户主是家庭的主要经济支柱，其主要特征很大程度上反映了一个家庭的情况。因此，本书又选取了户主工资性收入、年龄、受正规教育年限、婚姻状况、政治面貌、健康状况特征因素。其中

CHIP2013 数据的婚姻状况包含了初婚、再婚、同居、离异、丧偶和未婚六种，本章加入婚姻状况的主要目的是为了考察共同生活是否会影响信贷，因此把前三类归为"非单身"，后三类归为"单身"。具体变量设置及取值见表 9 - 3。

表 9 - 3 变量设置及取值说明

	变量名称	变量代码	取值说明
家庭特征	信贷约束	credit_constraints	因为不需要借款没有向银行和亲戚朋友申请过借款，或者需要借款，但全被满足了，视为不存在借贷约束 = 0；其他 = 1。
	社会保障	social_security	同时拥有养老保险和医疗保险 = 1，其他 = 0
	金融资产	financial_assets	人民币金融资产余额（总计）与外币金融资产余额（总计）（折算人民币）之和取对数
	负债	liabilities	住户负债余额（总计）取对数
	土地面积	land_area	家庭经营和闲置的土地总面积
	地区	regions	东部地区 = 1，中部地区 = 2，西部地区 = 3
户主特征	工资性收入	wage_income	户主工资性收入取对数
	年龄	age	2013 - 户主出生年份
	受正规教育年限	education	户主受正规教育年限
	婚姻状况	marital_status	"非单身" = 1，"单身" = 0
	政治面貌	political_affiliation	共产党员 = 1，非共产党员 = 0
	健康状况	health_condition	非常好 = 1，好 = 2，一般 = 3，不好 = 4，非常不好 = 5

9.4.2 描述性统计

表 9 - 4 列出了主要变量的描述性统计信息。首先，从总体样本可以看

出，我国农户受信贷约束的概率为 0.320，将近 1/3，存在一定的资金约束问题。其次，从存在信贷约束和不存在信贷约束家庭拥有的社会保障情况观察，拥有医疗保险和养老保险的户主占绝大部分，比率约为 86%，说明我国农村现阶段社会保障体系正趋完善，但仍需继续扩大社会保障覆盖的范围；从两类家庭的比较来看，不存在信贷约束的家庭拥有的社会保障率相对更高。从两类家庭和户主的特征比较来看，相比于不存在信贷约束的家庭（或户主），存在信贷约束的样本家庭金融资产、拥有的土地面积、户主受正规教育年限、为党员的概率、结婚的概率、年龄、身体健康状况都较低，而家庭负债是较高的。同时，不受信贷约束的家庭更多位于中东部地区。根据已有的研究成果，本书推测，社会保障健全的家庭，其收入来源越稳定，信贷需求较小，越不容易受资金约束。一般认为，金融资产、负债、户主工资性收入代表了农户的经营能力与经济实力，从而户主收入越高，金融资产越多、负债越少的家庭，经营能力越强，经济实力越强，往往还款能力也越强。农户土地面积也是农户家庭财富的一部分，土地面积越大，收入一般越高，但同时生产性经营的成本也高，资金借贷需求大。从地区上来看，相对中东部地区，西部地区经济较为落后，农民的生活水平普遍较低，农村金融也相对不普及，所以可能面对更多的信贷约束。户主受正规教育年限越大，金融意识可能越强，金融知识储备量越高，对申贷流程也更加了解，受需求型信贷约束的可能性也越低。随着户主年龄的增长，积累的资产一般越多，但年龄较大的生产能力也会下降。党员身份可能代表着个人能力较强，也有研究表明政治身份与个人收入之间呈现正相关关系。户主身体健康状况对信贷约束的影响可能为负，身体状况越好其医疗资金需求越低，生产经营能力越强。总之，这仅是根据描述性统计获取的信息及猜测，具体的影响仍需进行进一步的实证检验。

表9-4 主要变量的描述统计信息

变量名称		总体		存在信贷约束		不存在信贷约束	
		均值	标准差	均值	标准差	均值	标准差
家庭特征	信贷约束	0.320	0.467	1	0	0	0
	社会保障	0.860	0.347	0.832	0.374	0.874	0.33
	金融资产	9.445	2.622	8.879	2.917	9.711	2.425
	负债	1.722	3.848	3.178	4.767	1.036	3.100
	土地面积	4.366	5.820	4.411	5.646	4.346	5.901
	地区	1.840	0.751	2.003	0.762	1.763	0.733
户主特征	工资性收入	9.868	0.821	9.774	0.867	9.912	0.795
	年龄	47.482	9.333	46.847	9.242	47.781	9.361
	教育年限	7.627	2.315	7.500	2.408	7.687	2.267
	婚姻状况	0.944	0.229	0.935	0.247	0.949	0.221
	政治身份	0.086	0.280	0.078	0.269	0.089	0.285
	健康状况	1.995	0.831	2.149	0.856	1.922	0.810
	变量个数	5381	5381	1723	1723	3658	3658

9.4.3 我国社会保障的情况分析

我国农户家庭的社会保障结构如图9-1所示。图中显示，拥有医疗保险的户主比例为99.24%，而没有医疗保险的户主仅占0.76%。在有医疗保险的户主中，其中97.79%的样本都是只有一种类型的医疗保险，仅有2.21%的样本拥有两种及以上类型的医疗保险。在仅有一种医疗保险的样本中，其中新型农村合作医疗保险比例占90.81%，城镇职工基本医疗保险占4.69%、城镇居民基本医疗保险占3.91%、其他类型的医疗保险占0.59%。而在农户养老保险中，其中有养老保险的户主比例为86.29%，而没有养老保险的户主仅占13.71%。在有养老保险的户主中，其中98.30%的样本都是只有一种类型的养老保险，仅有1.70%的样本拥有两种及以上类型的养老保险。在只有一种养老保险类型的样本中，新型农村养老保险占 87.05%、城镇职工基本养老保险占 5.89%，其他类型的养老保险占 7.06%。户主同时有医疗保险和养老保险，即家庭受社会保障的比例为 86.04%，没有受社会保障的比例则为 13.96%。

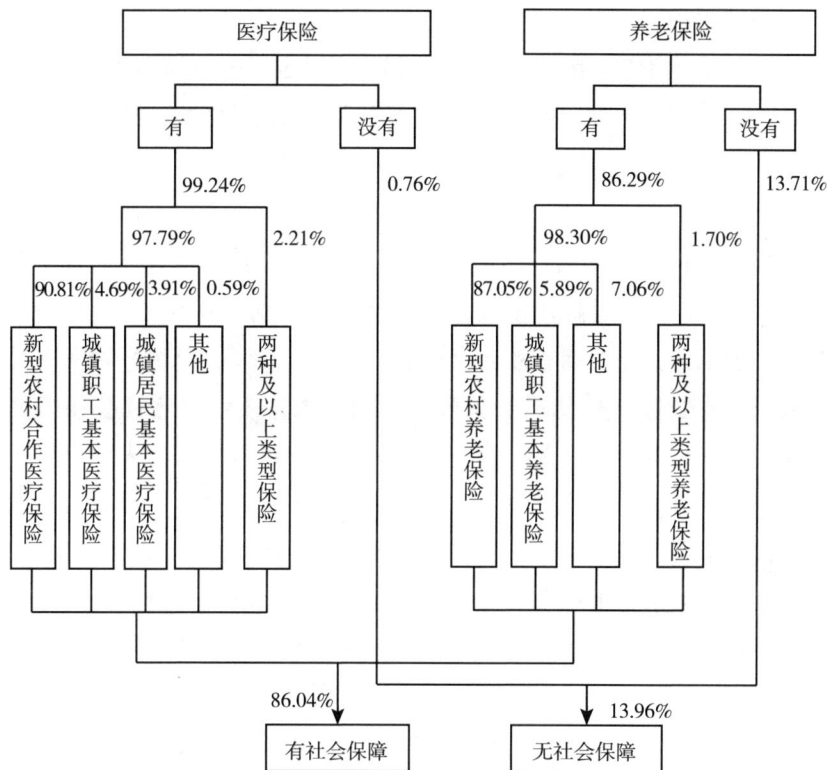

图 9-1　我国农村社会保障结构

总体上看，绝大部分户主同时拥有医疗保险和养老保险，但医疗保险的比例更高一些，而养老保险的健全仍需进一步加强；新型农村合作医疗保险和新型农村养老保险在所有医疗和养老保险类型中覆盖面最广；多数户主都仅有一种类型的医疗保险和养老保险，两种及以上的比例占极其微小的一部分；当同时考虑家庭户主和子女社会保障时，发现其实我国农户家庭社会保障体系仍需进一步加强。

9.4.4 实证检验及分析

1. 计量方法

在研究我国信贷约束的情况时，我们首先设定了简单的 Probit 模型用以考察家庭拥有的社会保障情况对家庭是否受信贷约束的影响，模型可写为：

$$credit\_constraints_i^* = ss_i\beta_1 + z_i'\beta_2 + \varepsilon_i \tag{9.2}$$

其中，$credit\_constraints_i = I(cc_i^* > 0)$，因变量 $credit\_constraints_i^*$ 表示潜变量（Latent Variable）；$credit\_constraints_i$ 表示家庭 i 是否受信贷约束的哑变量；$I(\cdot)$ 是符号标示函数，括号内表达式成立取值为 1，否则取值为 0；ss_i 表示家庭是否拥有社会保障的哑变量；z_i 代表一组影响家庭受信贷约束的其他变量；β_1 为社会保障的回归系数，表示家庭社会保障健全时，对受信贷约束的影响；β_{2i} 为自变量 z_i' 的回归系数矩阵，表示家庭和户主各特征因素对家庭受信贷约束情况的影响大小，ε_i 表示同分布的随机误差项，代表不可观测因素的汇总，服从标准正态分布。

实证研究越来越重视重要解释变量的内生性问题，严重的内生性问题往往会导致参数估计的不一致，进而带来统计推断结果的不可靠。上述回归的一个潜在问题便是社会保障的内生性问题。户主是否拥有社会保障与不可观测的家庭异质性或者说与家庭特征密切相关，而这些因素又同时影响着家庭信贷约束情况，倘若忽略这些可能会造成估计的偏差。为了解决潜在的内生性问题，我们使用多种办法进行尝试，以尽可能地减弱内生性问题带来的估计偏误。

一般解决内生性问题的办法是使用工具变量法。工具变量法的要求是，所选择的工具变量与其所要替代的解释变量相关，且与误差项不相关，即该变量应该与家庭是否拥有社会保障相关，但并不影响家庭信贷约束的情况，否则，该变量也应该作为解释变量放入模型中。一般做法是选用样本所在社区的社会保障相关指标，但介于农村调查问卷的限制，本书试图从宏观角度考虑，选取 2013 年省份医疗卫生、社会保障和就业的财政支出之和的对数作为社会保障的工具变量。一方面，家庭社会保障与所在省份的医疗卫生、社会保障和就业的财政支出高度相关，总体上讲，省份社会保障方面的财政支出越高，当地农户家庭的社会保障系统一般越健全；另一方面，家庭受信贷约束的情况与所在省份的社会保障财政支出并没有直接的联系，并且具有一定的外生性。因此医疗卫生、社会保障和就业的财政支出之和的对数是一个较为理想的工具变量。

2. 计量方法

本部分利用 Stata12.1 统计软件实证回归，先采用 LPM 模型、Probit 模型进行回归，并计算了各影响因素的平均边际效应。考虑到社会保障可能存在的内生性问题，又分别使用 Ivprobit 进行最大似然估计以及两阶段估计。具体回归结果如表 9 - 5 所示。

表 9 - 5　　　　社会保障对我国农户信贷约束影响的回归结果

变量名称		LPM (1)	Probit (2)	dy/dx (3)	Ivprobit (4)	Ivprobit2 (5)
家庭特征	社会保障	- 0.047 ** (0.019)	- 0.140 *** (0.054)	- 0.046 *** (0.017)	- 2.559 *** (0.472)	- 4.819 (3.393)
	金融资产	- 0.013 *** (0.003)	- 0.038 *** (0.007)	- 0.013 *** (0.002)	- 0.023 * (0.012)	- 0.043 *** (0.012)
	负债	0.028 *** (0.002)	0.074 *** (0.005)	0.024 *** (0.001)	0.038 * (0.021)	0.071 *** (0.008)
	土地面积	- 0.002 * (0.00109)	- 0.006 (0.004)	- 0.002 (0.001)	0.011 ** (0.005)	0.020 (0.020)
	地区	0.055 *** (0.009)	0.168 *** (0.026)	0.055 *** (0.008)	0.007 (0.067)	0.013 (0.119)

续表

变量名称		LPM （1）	Probit （2）	dy/dx （3）	Ivprobit （4）	Ivprobit2 （5）
户主特征	工资性收入	− 0. 022 *** （0. 008）	− 0. 065 *** （0. 025）	− 0. 021 *** （0. 008）	− 0. 027 （0. 028）	− 0. 051 （0. 040）
	年龄	− 0. 003 *** （0. 001）	− 0. 008 *** （0. 002）	− 0. 003 *** （0. 001）	0. 006 （0. 005）	0. 012 （0. 015）
	教育年限	− 0. 002 （0. 003）	− 0. 007 （0. 009）	− 0. 002 （0. 003）	− 0. 010 （0. 007）	− 0. 019 （0. 016）
	婚姻状况	− 0. 027 （0. 028）	− 0. 078 （0. 079）	− 0. 025 （0. 026）	− 0. 036 （0. 073）	− 0. 067 （0. 125）
	政治身份	− 0. 009 （0. 021）	− 0. 035 （0. 068）	− 0. 012 （0. 022）	0. 144 ** （0. 065）	0. 272 （0. 247）
	健康状况	0. 059 *** （0. 008）	0. 177 *** （0. 023）	0. 058 *** （0. 007）	0. 055 （0. 061）	0. 103 （0. 065）
	常数项	0. 622 *** （0. 111）	0. 385 （0. 328）	— —	1. 991 *** （0. 380）	3. 750 （2. 492）
Wald 内生性检验		—	—	—	p = 0. 0433	p = 0. 0340
第一阶段 F 值		—	—	—		16. 24
观测值		5381	5381	5381	5381	5381

注：*、**、*** 表示估计结果在10%、5%、1%的水平上显著；括号中为标准误。

表 9 - 5 显示了各解释变量对我国农户信贷约束的影响结果。第
（1）列为使用简单的线性概率模型估计的结果，发现社会保障的系数为
− 0. 047，且在5%的水平上显著，说明社会保障存在的家庭受信贷约束的
可能性较低；金融资产在1%的水平上与信贷约束呈负相关，且金融资产
每增加一个单位，家庭受信贷约束的可能性下降1. 34%；负债则表现出与
信贷约束高度的正相关，负债增加一个单位，家庭受信贷约束的可能性将
上升2. 75%；从地区的系数为0. 055表明，西部地区受信贷约束的情况比

中东部地区更为严重；在户主特征中，户主的工资性收入也与信贷约束呈显著负向相关，年龄较长的户主，其受到信贷约束的可能性略微更小；户主的健康状况的系数显著为正，说明户主身体越差，受信贷约束情况越严重，可能的原因一是医疗资金需求大，二是家庭资金获取能力降低；而户主受教育年限、婚姻、政治身份却与信贷约束并没有显著的相关性。第（2）列为Probit模型估计结果，正确预测率为71.08%，除土地面积不再显著影响外，其他变量与LPM模型结果近似。为了进一步分析其经济含义，我们在第（3）列中给出了更有实际意义的平均边际效应。对于Probit模型，它表示自变量变化每单位家庭受信贷约束的概率会变化多少。可以看出，社会保障依然显著地抑制了家庭受信贷约束的情况，其他变量的系数与LPM模型的系数极其接近，结果具有一定的稳健性。

第（4）列和第（5）列是考虑了社会保障可能存在的内生性问题，结果显示边际效应相比前两列均有提高，第（4）列显示社会保障对家庭持有风险资产的概率边际效应分别为 - 2.559 和 - 4.819，说明在使用一般Probit模型进行估计，由于忽略了社会保障的内生性，将低估社会保障对信贷约束的抑制作用。在内生性检验方面，沃尔德检验显著拒绝了原假设，表明模型确实存在一定的内生。此外，为了进一步识别选用工具变量的有效性，我们报告了第一阶段的F值（Staiger and Stock，1997）。根据表9-5的结果，第（5）列的Ivprobit两阶段估计结果中，第一阶段的F值大于10，这说明本章选取的工具变量比较有效。这里使用Ivprobit两阶段法的结果中，社会保障对信贷约束影响并不显著，虽然两步法计算更为方便，但由于第一步的误差被代进第二步，所以最大似然的估计结果更为有效，本章也将以其估计的结果为主。其他解释变量方面：第一，与预期的一致，金融资产总量与家庭受信贷约束概率呈现负相关，这说明了金融资产总量越高的家庭越不可能受信贷约束。第二，负债显著提高了居民家庭受信贷市场约束的概率。第（3）列回归结果中，平均而言，负债每增加1单位，家庭受信贷约束的概率要高出3.8%左右。第三，土地面积的增加对信贷约束有显著的正向影响，系数为0.011，说明控制内生性问题后，家庭土地面积每增加一亩将使信贷约束发生的可能性增加 1.1%，可能的原因在于，虽然土地是主要种植农户的收入来源，但大规模种植的生产性信贷需求更大，且在传统贷款模式下，信贷需求和信贷供给之间存在结构性不匹配，其有效信贷需求难以完全被满足（黄惠春等，2016）。第四，户主的政治身份对信贷约束的影响显著为正，且党员农户比非党员农户受信贷约束的概率高 14.4%。为解释此现象，本章分析了不同年龄阶段的样本，发现年龄较大的户主成为党员的可能性更大，进一步又将样本按照党员和非党员分类，发现虽然党员拥有社会保障的概率更大、持有的金融资产以及负债更少，但拥有的土地面积更多，工资性收入更低。因此我们推测，即使党员农户的社会网络较广，贷款渠道多，但由于党员年龄结构不合理，年纪大的党员占多数，总体工资性收入较低，土地面积也较多，生产性经营资金需求更大，所以面临的信贷约束可能性更大。童馨乐等（2011）通过实证检验也认为党员身份反映的是社会对一个人品德和能力等方面的认可，可能会增加其信贷额度，但其信贷门槛依然存在。第五，其他的解释变量，地区、户主工资收入和年龄不再显著，表明它们并非直接对家庭信贷约束造成影响。

9.5　本章小结

本章利用了 CHIP2013 的数据库，描述性分析了我国农村当前信贷约束对代际收入流动性的影响机制，讨论了社会保障的结构，再通过 LPM、Probit 及 Ivprobit 模型，实证分析了社会保险对信贷约束的影响，并得出以下几项结论：第一，代际收入弹性是非线性的，随着收入阶层的增加而呈现出的"U"型结构，在收入分布两端的代际收入流动性较小，而在中间的代际收入流动性较大。第二，在代际收入传递机制的研究上，发现货币资本直接传递机制对代际收入弹性的贡献率占主要地位，且随着收入阶层的增加，该贡献率则表现为"U"型结构，货币资本对子代收入的影响在收入阶层两端较大，而对中等收入阶层的影响相对较小。对应地，人力资本间接渠道对代际收入弹性的贡献率与之相反。也就是说，贫穷家庭想通过"知识改变命运"最难，而中等收入家庭相对容易一些。第三，信贷约束在中低以及中等收入阶层处显著抑制代际收入流动，而且前者的抑制效果更加明显。第四，在信贷约束对代际收入弹性影响的分解中，发现信贷约束主要是通过加强货币资本直接传递机制、并削弱人力资本间接传递机制进而抑制代际收入流动性的。第五，关于其他的因素。子代收入随年龄的增加而增加，而且存在着显著的生命周期效应，这种效应对于最低收入阶层的子代更为明显；政治资本对西部地区和最低收入阶层的家庭子代收入影响最为显著；西部地区的两极分化相对中东部地区更为严重，即"穷人更穷，富人更富"。第六，医疗保险和养老保险的覆盖率都较高，而养老保险的覆盖率相对医疗保险的覆盖率较低；86%的户主都有医疗保险以及养老保险，说明农村的社会保障制度还是较为健全的，但为达到全民参保的目标仍需继续努力。社会保障健全的家庭受信贷约束的可能性更小；对于其他的解释变量，金融资产越多，负债越少的家庭受信贷约束的概率也越小。

第 10 章
主要结论与政策建议

10.1　主要结论

本书利用 CHIPS1995 年、1999 年、2002 年、2008 年和 2013 年历时近 20 年的数据，借助于家庭效用最大化理论、普通最小二乘法、分位数回归、对数收入模型、条件代际收入模型以及中间变量法来分析我国代际收入流动性的变化趋势以及影响机制，主要结论如下：

本书先借助 Bewley 模型的理论框架，对家庭金融资产代内不平等和代际传递的动态变化机制进行分析，结果表明预防性储蓄是我国家庭积累金融资产的主要动机，宏观的经济环境异质性和微观的家庭经济地位异质性会导致我国现阶段家庭金融资产的代内不平等，代际传递的存在可能会使家庭金融资产不平等问题在长期内存在。根据微观数据的筛选结果，对现金和存款总值、股票、基金借出款和其他类别的主要金融资产在总样本家庭、城乡样本家庭和不同金融资产总量水平下的样本家庭间的分布和变动情况进行统计分析，结果表明家庭金融资产在各样本家庭的分布差异佐证了理论模型中预防性储蓄和个体异质性对家庭金融资产积累差异的影响。然后实证分析证明货币资本和人力资本在代际间存在联系，而且这种联系在不同类别家庭的父代和子代间并不相同，这种代际间的联系会使得父代的总资产水平和金融资产选择行为在子代身上复制，进而使得家庭金融资产不平等在子代家庭中继续存在。继而本书借助世代交叠模型的理论框架，分析了信贷约束对代际收入传递的影响，以及信贷约束对代际收入弹性影响的传递机制，并得出相应的结论。第 9 章是利用信贷约束与父代收入的交叉项以及分位数方法，考察了不同收入阶层家庭信贷约束对代际收入流动性影响。在以东、中、西三个区域的样本进行实证检验时，发现其中存在显著的差异。在第九章实证结论的基础上，本书在第 10 章试图探索出信贷约束影响代际收入流动的传递机制。基于信贷约束分别与父代收入以及子代受正规教育年限的交叉项，估计信贷约束对货币资本直接传递渠道以及人力资本间接传递渠道的影响。本章将结合以上分析作出总结以及政策建议。

10.1.1　理论结论

本书通过对理论模型以及实际案例的分析，发现在人力资本同质性和收入无风险的假设下，股权人力资本投资有一定的优势。并在对股权形式人力资本投资与债权形式人力资本投资进行比较时发现，无论是信用市场完全还是存在外生性融资约束，股权最优人力资本投资量都显著高于债权最优人力资本投资量。而且在外生性融资约束下，股权最优人力资本投资量与债权最优人力资本投资量之间的差距会比在市场完全情况下更大。且外生性融资约束越强，两者之间的差距越大；相反两者间的差距会缩小。

另外借助世代交叠模型的理论框架，分别在市场完全、存在外生性融资约束与存在内生性融资约束的情况下，对股权人力资本投资状况及其分配效应进行了动态分析，结果表明由于遗赠量不同引起的内生性融资约束会对股权人力资本投资的分配效应产生永久性的影响。当不存在融资约束与存在外生性融资约束时，各个家庭的股权人力资本投资量都能达到最优水平，因此长期来看家庭财富分布都会趋于某一个均衡；但是当存在与遗赠量直接挂钩的内生性融资约束时，由于不同家庭初始禀赋（相当于第一代中年人获得的遗赠）的不同，其对子代的人力资本投资决策就会受到不同程度的限制，也就间接地影响了子代为下一代留下的遗赠量，这样经过不断的代际交替，最终家庭财富分布就会趋于两极分化。

通过分析第4章中模型假设条件变动对股权人力资本投资分配效应的影响，本文得到以下结论：当放松违约行为惩罚机制，即将惩罚由全部金融资产改为部分金融资产时，发现之前的结论仍然成立，只是融资约束所对应的遗赠量上下界限都有所上升，也就对人力资本投资产生了一定的抑制作用，从而加剧了财富分布的两极分化。当对市场中个体的遗赠偏好做了改动，即当父代的遗赠偏好从遗赠量转向子代中年时期的收入时，市场中个体选择违约时遭受的损失变得更大，因此融资约束会变得较为宽松一些，这就从一定程度上促进了人力资本投资，从而也就缓解了家庭财富分布两极分化的趋势。

10.1.2 统计结论

从统计分析结果看，第一，金融资产在家庭总资产中占有重要地位，但贫富悬殊。家庭金融资产在家庭总资产中的占比仅次于家庭房产价值，富裕家庭持有的金融资产总量超过家庭总收入，极少部分家庭支配着全社会大多数的金融资产，但同时也存在金融资产总量为零的家庭，家庭金融资产的分布表现出两极分化的现象。第二，现金和存款是居民家庭金融资产的主要持有方式，但不同家庭的金融资产持有总量和结构差异较大。现金和存款总额在所有样本家庭金融资产持有量中占比最高，预防性储蓄是居民家庭进行金融资产储备的主要动力。城市家庭和高分位阶层家庭拥有的金融资产总量更多且类别更丰富，农村家庭和低分位阶层家庭金融资产基本以非风险性金融资产为主，持有的股票和基金这类风险性金融资产的比例极低，经济环境的异质性能够在一定程度上解释我国现阶段家庭金融资产不平等的现象。第三，家庭金融资产不平等现象严重，且短期内不易改善。以基尼系数、变异系数和极值比测算的我国居民家庭金融资产不平等程度都要比相应的工资性收入和家庭总收入严重，风险性金融资产比非风险性金融资产表现出更大的不平等。2012 年家庭金融资产不平等情况相比 2010 年并没有好转，反而表现出继续恶化的趋势。第四，家庭金融资产代内社会流动性低，两极社会阶层固化。短期内，家庭金融资产百分位排序比较稳定，以相对位置保持不变和小幅变化的样本数居多，在相对位置保持不变的样本中又以高分位阶层和低分位阶层的家户数量最多，这在一定程度上可以解释家庭金融资产不平等在短期内稳定存在。第五，我国农村目前受一定的信贷约束，但并不是非常严重，其比例占近 1/3；主动向正规金融机构以及亲戚朋友提出贷款或借款需求的比例较少，大多数家庭并不需要借贷或可足额满足借款需求；相较于正规借贷渠道而言，农户更愿意向亲戚朋友提出借款需求，但在前者情况下被足额满足的情况更多一点；在农户受到的信贷约束的类型中，其中正规型和需求型的情况更为普遍，也就是说，解决正规信贷约束和需求型信贷约束是解决农户信贷约束的关键。

10.1.3　实证结论

从实证分析的结果看，首先，关于家庭金融资产：第一，家庭金融资产的代际流动性低。在各组样本的回归结果中，父代收入水平的提高都会显著增加子代收入，进而影响子代家庭金融资产持有总量，城市家庭的代际收入弹性系数比农村家庭高，最高和最低 25% 分位阶层家庭的代际收入弹性系数比中间阶层家庭的代际收入弹性系数高。第二，货币资本的直接代际传递比通过子代人力资本投资的间接传递对子代总资产水平的影响更大。各组家庭样本中子代的收入水平都会受到父代收入水平的显著影响，但父代收入的增加并不一定会增加子代人力资本投资，因为子代的教育回报在不同的分组家庭中各不相同，比如城市家庭父代更愿意将增加的收入投资于子代的教育，而农村家庭父代对子代教育的投资意愿就相对弱一些。第三，中间阶层家庭是缓解家庭金融资产不平等的重要力量。中间阶层家庭的代内社会流动性和代际收入流动性都要比高分位阶层和低分位阶层家庭高，同时可以由父代人力资本投资和教育回报解释的比例也更高，这部分家庭更可能通过自身的努力创造和积累财富。第四，家庭金融资产不平等将在长期内继续存在。较低的代际收入流动性和较高的直接解释力使得父代的财富优势直接传递到子代身上，富裕家庭的子代拥有足够的总资产可以用于金融资产投资，而相对贫困的家庭很难通过教育投资提高子代金融资产的相对位置。第五，个体特征对总资产水平存在显著影响。各组回归结果中，子代收入都随着子代年龄的增加显著提高；除最高25%分位阶层家庭样本外，男性子代的收入水平都显著高于女性子代。

其次，关于城镇家庭代际流动：第一，由普通最小二乘法回归结果可知，在财富资本视角下，城镇居民总体代际收入弹性呈先下降后上升的"U"型变化趋势。从子代性别来看，父子和父女之间的代际收入弹性的变化趋势和总体代际收入弹性的变化趋势一致，父女之间的代际收入弹性始终高于父子，说明女儿收入受父代的影响更大。从子代工作的单位来看，1995～1999年，子代在体制内单位工作的代际收入弹性要高于在体制外工作的代际收入弹性；而2002～2013年，子代在体制外工作的代际收入弹性要高于在体制内工作的代际收入弹性。分不同区域来看，东部、中部和西部地区的代际收入弹性的变化趋势和总体一致，1995～2013年，西部地区的代际收入弹性最高，东部地区次之，中部地区最低。第二，通过分位数回归可知，在财富资本视角下，由总体分位数回归可知，从低分位点到高分位点，1995年、1999年和2013年的代际收入弹性有所降低，2002年的代际收入弹性有所上升，2008年的代际收入弹性基本保持不变。从不同分位点代际收入弹性的变化趋势来看，各分位点的代际收入弹性均有所降低。从子代性别来看，由父子之间分位数回归的结果可知，从低分位点到高分位点，1995年、1999年和2013年的代际收入弹性有所降低，2002年和2008年的代际收入弹性有所上升。从不同分位点代际收入弹性的变化趋势来看，10%、25%、50%和75%分位点的代际收入弹性均有所降低，90%分位点的代际收入弹性有所上升。由父女之间分位数回归的结果可知，从低分位点到高分位点，1995年、1999年、2008年和2013年的代际收入弹性有所降低，2002 年的代际收入弹性有所上升。从不同分位点代际收入弹性的变化趋势来看，10% 和 90% 分位点的代际收入弹性有所上升，25%、50% 和 75% 分位点的代际收入弹性有所降低。分区域来看，由东部地区分位数回归的结果可知，从低分位点到高分位点，1995 年、1999 年和 2013 年的代际收入弹性均有所降低，2002 年和 2008 年的代际收入弹性均有所上升；从不同分位点代际收入弹性的变化趋势来看，10%、25%、50% 和 75% 分位点的代际收入弹性有所降低，90% 分位点的代际收入弹性有所上升。由中部地区分位数回归结果可知，从低分位点到高分位点，1995 年、1999 年、2002 年和 2013 年的代际收入弹性有所上升，2008 年的代际收入弹性有所降低。从不同分位点代际收入弹性的变化趋势来看，10% 和 90% 分位点的代际收入弹性有所上升，25%、50% 和 75% 分位点的代际收入弹性有所降低。由西部地区分位数回归结果可知，从低分位点到高分位点，1995 年、1999 年、2002 年和 2013 年的代际收入弹性有所降低，2008 年的代际收入弹性有所上升；从不同分位点代际收入弹性的变化趋势来看，各个分位点的代际收入弹性均有所降低。第三，从条件对数收入模型的分析结果可知，人力资本对代际收入的流动性存在一定的影响；从代际收入弹性下降趋势来看，代际收入弹性的下降程度呈先上升后下降的变化趋势，说明人力资本对代际收入弹性的影响程度先增强后减弱；从人力资本投资的回报率来看，人力资本投资回报率也呈先上升后下降的变化趋势，说明通过父代对子代的人力资本投资、公共教育政策的实施以及高校扩招，能够在一定程度上降低代际收入弹性，提高代际收入流动性，但是随着高校的扩招，也使得教育的回报率有所降低。金融资产价值对代际收入弹性有很大的影响，从代际收入弹性的下降趋势来看，代际收入弹性的下降程度呈先上升后下降的趋势，说明金融资产价值对城镇居民代际收入流动性的影响也呈先增强后减弱的趋势；金融资产价值的回报率呈先上升后下降的变化趋势。同时耐用消费品价值对代际收入弹性存在一定的影响；从代际收入弹性的下降趋势来看，代际收入弹性的下降程度总体上呈先上升后下降的趋势，说明耐用消费品价值对代际收入弹性的影响呈先增强后减弱的变化趋势；从耐用消费品价值的回报率来看，耐用消费品价值的回报率也呈先上升后下降的变化趋势。房产价值对代际收入流动性存在很大的影响；从代际收入弹性的下降趋势来看，代际收入弹性的下降程度呈先上升后下降的变化趋势，说明房产价值对代际收入流动性的影响呈先增强后减弱的变化趋势；从房产价值的回报率来看，房产价值的回报率呈先上升后下降的变化趋势。对比财富资本和人力资本变量可知，财富资本变量对代际收入弹性的影响要远高于人力资本，在财富资本变量中，金融资产价值和房产价值对代际收入弹性的影响均要高于人力资本，耐用消费品价值对代际收入弹性的影响与人力资本相当，其中，金融资产对代际收入弹性的影响最大、房产价值次之、耐用消费品价值最小。第四，通过对代际收入流动性的分解可知，人力资本对代际收入流动性的解释比例总体上呈先上升后下降的变化趋势，总的来看，人力资本对代际收入流动性的解释比例在10%左右，说明人力资本确实是影响代际收入流动性的重要因素，父代对子代的教育投资、九年制义务教育的推行以及近年来高校扩招，在一定程度上提高了我国城镇居民的代际收入流动性，使得低收入家庭的子代能够通过教育来摆脱父代对自身收入的影响，有更大的概率进入高收入阶层；此外，子代受教育年限的投资系数和回报率均呈先上升后下降的变化趋势且教育的投资系数要大于教育的收益率，说明教育的投资系数和回报率均对代际收入流动性有着重要的影响且投资系数的影响程度要高于回报率。与人力资本相比，财富资本对代际收入流动性的解释比例要远高于人力资本。其中，金融资产对代际收入流动性的解释比例呈先上升后下降的变化趋势，总的来看，金融资产对代际收入流动性的解释比例在20%左右，说明金融资产确实是影响代际收入流动性的重要因素，这一方面反映了我国市场上各种金融产品的品种越来越丰富，另一方面反映了金融资产在城镇居民的总资产中占有重要的比重；且各年份金融资产对代际收入流动性的解释比例均要高于人力资本，对比人力资本和金融资产的投资系数和回报率可知，二者的投资系数相差不大，但是金融资产的回报率要高于人力资本。耐用消费品价值对代际收入流动性的解释比例总体上呈先上升后下降的变化趋势，总的来看，耐用消费品价值对代际收入流动性的解释比例在 10% 左右，说明耐用消费品价值对代际收入流动性存在一定的影响。房产价值对代际收入流动性的解释比例呈逐年递增的变化趋势，总的来看，房产价值对代际收入流动性的解释比例在 15% 左右，说明房产价值对代际收入流动性存在着重要影响。随着我国的经济发展和住房体制改革，再加上房屋价格的不断上涨，使得房产在城镇居民的财产中占有重要的比重，在城镇，拥有较高价值的房产意味着拥有更高的收入和社会地位，同时也意味着可以为子代提供更加优质的教育。对比人力资本可知，各年份房产价值对代际收入流动性的解释比例均要高于人力资本，此外，各年份房产价值的投资系数均要低于人力资本，但是回报率均要高于人力资本。

最后，关于农村家庭代际流动：第一，代际收入弹性随家庭收入阶层的增加而呈现出"U"型结构，在最低阶层处代际收入弹性最大，随后有所降低，在中高收入阶层时最小，之后又有所上升（0.135）。这说明位于收入分布两端的收入阶层固化相对严重，中间的固化程度较小。第二，信贷约束对代际收入流动性的影响是非线性的，且中低、中等收入阶层部分表现为信贷约束抑制代际收入流动性，较高信贷约束的家庭其代际收入弹性比一般的家庭分别高 11.3% 和 9.8%，说明抑制效果在较为贫困的家庭表现得更明显，但信贷约束在高等收入阶层的家庭中则表现出促进代际收入流动的效果；在分区域实证时，发现东中部地区的信贷约束并非显著影响代际收入流动性，而西部地区则表现为显著的抑制作用，且存在信贷约束的家庭其代际收入弹性比信贷约束较弱的家庭高 27.4%。第三，代际收入流动性主要通过父代货币资本直接传递，对代际收入弹性的贡献率超过80%，而且随收入阶层的提高，贡献率呈"U"型结构，在 10% 收入阶层中直接传递机制的贡献率最高，约 100%，而在 50% 收入阶层的最低，约为 83.92%；对应地，人力资本传递机制占次要地位，对代际收入弹性的贡献率小于 20%，且贡献率随收入阶层的提高呈倒"U"型结构，在 10%收入阶层的间接传递机制的贡献率最低，约 0，而在 50% 收入阶层的贡献率最高，约 16.09%。第四，信贷约束主要通过影响货币资本代际收入直接传递机制进而抑制代际收入流动性。以 25% 收入阶层的家庭为例，加入信贷约束控制变量时，较强的信贷约束使得父代收入对子代收入影响的系数为 0.113，而进一步控制人力资本时，信贷约束使得父代收入对子代收入影响的系数变为 0.117，说明信贷约束主要通过货币资本渠道直接传递，而代际收入人力资本传递机制在信贷约束较高时被削弱了。第五，从分地区的情况来看，西部地区的信贷约束显著地抑制了代际收入流动性。信贷约束对东部地区家庭货币资本传递机制的影响显著，但是对人力资本并不显著。此外，信贷约束也促进了西部地区家庭子代人力资本对父代收入的依赖度。第六，关于其他的因素。最低收入阶层的子代收入来源受年龄影响最大，生命周期效应也最明显，也说明其收入的不稳定及脆弱性；这可能会进一步加剧收入不平等、抑制社会流动性；西部地区的两极分化相对中东部地区更为严重。

10.2　政策建议

我国家庭金融资产总量虽在近年急速上升，但同时也面临着分布不平等、结构失衡和社会流动性低的问题，较低的代际流动性使得子代总资产水平在很大程度上受到父代资产水平的影响，而仅靠父代对子代的人力资本投资不足以改善低分位阶层家庭子代的金融资产持有状况，家庭金融资产不平等将在长期内存在。为增加家庭金融资产总量、改善家庭金融资产配置、缓解家庭金融资产不平等、提高家庭金融资产代际流动性，同时控制财产性收入差距进一步恶化，本书提出以下建议：

（1）拓宽投资渠道，提高居民理财意识，盘活民间资本。

现阶段我国居民家庭金融资产组成仍然以货币和存款为主，股票、基金、债券、理财产品等其他类型的金融资产占比较低，这主要是由于我国资本市场起步较晚，金融市场发展水平较低，居民在有限的投资渠道下被迫选择储蓄存款。政府可以通过发行债券、大力发展场外交易市场和建立财富管理中心等方式来拓宽民间资本的投资渠道，引导居民投资于多样化的金融产品以实现家庭资产的增值保值；金融机构也可以发行适合各类投资群体的理财产品，增加居民投资种类；同时居民本身应该提高理财观念，将积累的家庭总资产合理地在风险性资产和非风险性金融资产之间分配。

（2）逐步规范金融市场，完善社会保障制度，增加居民参与金融资产投资的积极性。

预防性储蓄动机是居民家庭储蓄金融资产的主要动机，在面对借贷约束和未来不确定的收入风险时，居民同时承担着在住房、教育、医疗和养老等方面的巨大压力，居民家庭没有额外的收入可以投资于未来收益十分不确定的风险性金融资产，这也是造成我国家庭股票市场参与不足的原因之一。政府通过完善社会保障制度，可以降低居民在其他方面的压力，提高居民家庭金融资产尤其是风险性金融资产的持有比例；同时，金融市场相关法律法规的不断完善，也可以为居民家庭参与金融市场提供一个健康规范的环境，增强居民投资金融资产的信心。

（3）提高居民可支配收入占国民收入的比重，尤其是农村家庭和低收入家庭的可支配收入。

虽然我国经济发展总量和增长速度都居世界前列，但人均 GDP 远远落后于很多国家，居民部门的劳动收入份额总体处于下降趋势，这也是我国居民金融资产总量低于其他发达国家的主要原因之一。囿于可得资源的限制，农村家庭和低收入家庭的金融资产持有量总体处于社会最低水平，加剧了家庭金融资产两极分化。因此，政府在通过开发就业岗位、提高基本工资水平、调整税收制度、调整失业保险待遇标准和完善社会保障制度等措施来提高居民整体可支配收入的同时，应该重点加强农村地区金融资源覆盖，提高农村居民和低收入居民的金融投资意识，最终达到增加整体社会家庭金融资产持有量和降低各阶层家庭金融资产不平等程度的双重效果。

（4）加强公共教育投资力度，提高教育回报。

父代财富优势的代际传递使得家庭金融资产积累模式在子代继续存在，社会阶层固化，金融资产不平等的现象不易被改善，这会导致社会效率扭曲。通过人力资本投资改善社会财富阶层是打破这种模式的重要方式，但由于人力资本投资的高成本和回报的不确定性，父代对子代人力资本投资的边际意愿相差较大，这使得自发的人力资本投资在长期内并没有明显地改善家庭金融资产差异。此时，政府应当充分利用自身的公共职能，将一部分税收用于增加当前的教育投资，同时配合相应的政策降低助学贷款的成本，提高整体教育水平尤其是农村地区和低收入家庭子代的教育质量，增加这部分家庭的子代通过自身的努力创造更多财富的可能性。最终达到降低社会不平等程度，让更多的家庭共享经济发展成果的目的。

（5）加快房产税的立法工作，保障低收入群体的购房需求。

由本书的实证分析结果可知，房产价值对代际收入流动性的解释比例仅次于金融资产价值。房产价值在我国城镇居民的总资产中占有较大的比重，再加上我国家庭对房产的需求性高，使得一线城市的房屋价格越涨越高，低收入家庭更加负担不起买房的重担，从而导致贫富差距越来越大，我国政府应该加快房产税的立法，抑制非法炒房、恶意抬高房价的行为，同时应该建设更多的经济适用房与保障性住房，尽量满足低收入群体的购房需求。

（6）完善遗产税等税收制度，提高个税起征点。

我国城镇家庭的财富资本主要通过财富的直接转移传递给子代，这会使得富裕的家庭其子代也富裕，贫穷的家庭其子代也贫穷，从而导致社会上出现"富二代""贫二代"的现象，完善遗产税制度，可以在一定程度上缓解财富的直接转移现象，缓解子代之间的贫富差距。此外，政府部门应该提高个税起征点，对城镇低收入家庭来说，工资性收入是家庭主要的收入来源，提高个税起征点可以有效地提高低收入家庭的收入，缓解贫富差距。

（7）改善农村金融环境，缓解家庭信贷约束。

改善我国农村整体金融环境，尤其是西部地区的金融环境是缓解信贷约束的有效政策。首先，农村金融机构应持续创新借款抵押产品，扩大担保的范围。由于金融市场普遍存在摩擦以及信息不对称现象，所以贷款者在审核或确定信贷配额等方面较为谨慎。因此，农村金融机构应根据农户自身需求，创新保险方式、扩大担保范围、提高农户信贷支持的力度。其次，加大涉农信贷投放力度，致力于小微企业与"三农"建设，不断提高金融服务的效率。增加金融资产持有金额，增强农户获取贷款的信心和预期，完善债权保护机制，挖掘正规金融机构发现农村信贷市场的潜力，主动提供服务。最后，普及金融知识，维护普惠金融健康稳定发展。农村居民对金融意识程度不深，对金融风险的识别程度不高，所以不善于利用创新型金融手段解决家庭资金需求问题。因此，应积极向广大农民宣传金融产品品种及相应的风险，消除农民盲目的理财观念，引导农民客户使用网上银行、手机银行等金融网络服务渠道，持续提高农户金融意识和风险防范能力，不断改善农村地区金融环境，为普惠金融的健康稳定发展保驾护航。

（8）提高农村居民收入，增加家庭货币资本。

首先，多渠道提高农村居民收入。农村居民收入多来源于农产品种植，受季节性、气候性、地域性影响较大，产品品种比较单一。因此，必须要加快农业结构调整，根据各地区的实际情况，积极发展特色产品。加快特色产业基地建设，打造地区特色产品与品牌，利用互联网软件加大农业产品的宣传，扩大市场规模，带动农民增收。加快农业结构调整，扩大产业生产链，促进农业产品的衍生，降低农业产品受季节、温度、地区等限制，为农民创造更多致富道路。其次，健全新型农业经营主体支持政策，支持农业创业创新。要完善信贷、保险、财税等支持政策，创新培育农产品龙头企业等经营主体。综合运用补贴、税收优惠等政策工具，支持由传统农业向农产品加工业转型升级，同时带动食品、旅游业的发展，努力形成一体化的综合商业链。最后，针对农民工工资问题，需要建立健全收入分配调节机制。尽可能保证每个农村居民都可享受公平的机会，利用转移支付以及互助等方式，在有效调节高等收入阶层的过高收入的同时，有针对性地缓解了极其贫困家庭的状况，抑制了两极分化程度。

（9）其他的政策建议。

从本书的实证中，可以发现的是女性的受教育水平平均比男性高，但是其工资性水平却比男性低，这说明劳动力市场上仍存在一些性别工资歧视。最低收入阶层的子代收入受年龄影响最大，生命周期效应最明显，说明其收入来源与年龄和身体状况有密切相关性。首先，缩小男女收入之间的差距。具体地，完善女性劳动权益保护的相关法律，培养女性在工资等方面的维权意识；提高底层女性劳动者的工作素质，为底层女性提供更多合适的工作岗位以及薪资水平。其次，改善工作条件，保障老年收入。加大农村机械化生产，提供农业机械政策补贴，减少农民受年龄的限制；继续扩大社会保障的覆盖面，深化社会保障的程度，做好老龄人口医疗保障及养老保障等社会保障服务，努力使社会保障制度惠及每个农村劳动人口，尤其是社会底层以及西部地区的群体。最后，破除制度障碍，减少政府干预。劳动市场应是自由竞争的市场，要实现充分的社会流动性，就必须要破除制度障碍，不设壁垒，规范政府行为，减少政府干预，完善劳动力市场自由竞争和准入制度，为个体的全面发展创造更加公平的平台。

10.3　研究拓展

本书中仍然存在一些不足及未来研究中可以深入讨论的地方：

第一，本书在分析家庭金融资产代内不平等问题时，使用的是 CFPS 数据库中包含家庭的金融资产相关数据，详细测算了样本家庭金融资产持有总量和结构的差异。但在考虑代际传递因素对子代家庭金融资产持有及家庭金融资产不平等的未来变化趋势时，限于数据库中只有以家庭为单位统计的金融资产信息，笔者使用父代和子代的个人收入作为研究金融资产代际传递的替代变量。因此，今后的研究可以通过数值模拟个体金融资产数据进一步分析该问题，或者基于更详细的微观数据直接分析各项金融资产在代际间的传递情况，深入挖掘父代金融资产选择行为对子代金融资产持有的影响。

第二，本书在考察家庭金融资产代内不平等和代际传递问题时虽然同时考虑了宏观环境异质性和微观家庭异质性的影响，但没有进一步控制诸如经济发展阶段、经济金融政策和利率水平等一系列宏观政策的影响。家庭金融资产持有总量和结构都会随着以上宏观因素的波动而变化。比如居民在经济繁荣时能够积累更多的金融资产和配置更高比例的风险性金融资产，经济萧条时可能更倾向于保守的投资方式；我国东、中、西部地区居民金融资产的配置方式也会因为经济发展水平和金融市场化程度不同而存在很大差异。因此，未来的研究可以考虑控制更详细的宏观条件和微观因素。

第三，由于 1988 年、1995 年、1999 年、2002 年、2007 年、2008 年的 CHIP 数据可与 CHIP2013 农村数据匹配样本量较少，并且缺少家庭财富以及政治身份等重要变量，所以本书并未使用过去数据收入的均值，也没用早年父辈的工资性收入作为父代永久性收入的替代变量，以减少代际收入弹性的度量误差。加之本书的研究重点是信贷约束对代际收入传递机制的影响，所以并没有在提高代际收入弹性估计的精准度上进行过多研究。今后的研究可使用父代家庭多年收入均值代替父亲个人的单年收入，不仅停留在信贷约束对代际收入传递的横截面影响，甚至可进一步研究其纵向层面的变化趋势，比如考察信贷约束对代际收入弹性抑制作用的变化趋势。

第四，本书的信贷约束仅用虚拟变量对其程度进行粗略的衡量。为进一步进行研究，将来可考察信贷约束程度大小对其影响的变化。这是在本书研究的基础上更深一层次的研究，因而可以继续利用 CHIP2013 数据库里关于农户家庭借贷的问卷回答，使用直接引出法，根据借贷被拒绝、部分满足、全部满足等做等级划分，构建信贷约束程度的虚拟变量，从而更精准地衡量家庭所受的信贷约束状况，以研究其对我国家庭代际收入流动性的影响，也将进一步地验证本书结论的正确性。

第五，由于受到样本量、工作量及精力的限制，本书没有进一步考虑社会资本等其他间接传递机制。未来的研究领域可进一步涵盖社会资本、财富资本等方面，以便更全面地实证检验信贷约束影响代际收入弹性的传递机制，完善家庭金融领域的研究。

附　　录

附表1		我国居民代际收入流动性的总体趋势			
项目	1995 年	1999 年	2002 年	2008 年	2013 年
父代收入	0. 426 *** (0. 0845)	0. 331 *** (0. 110)	0. 226 *** (0. 0434)	0. 237 *** (0. 0490)	0. 353 *** (0. 0347)
子代性别	0. 0767 (0. 0528)	0. 0176 (0. 0815)	− 0. 0174 (0. 0453)	0. 104 ** (0. 0480)	0. 0819 ** (0. 0413)
子代年龄	0. 210 ** (0. 0948)	0. 178 (0. 233)	0. 123 ** (0. 0593)	0. 197 ** (0. 0889)	0. 0965 ** (0. 0481)
子代年龄的平方	− 0. 00419 ** (0. 00194)	− 0. 00305 (0. 00484)	− 0. 00202 * (0. 00104)	− 0. 00358 ** (0. 00172)	− 0. 00111 (0. 000860)
父代年龄	− 0. 235 (0. 178)	0. 181 (0. 299)	0. 118 (0. 0933)	0. 00360 (0. 118)	0. 0814 (0. 0653)
父代年龄的平方	0. 00216 (0. 00170)	− 0. 00172 (0. 00283)	− 0. 00106 (0. 000835)	0. 0000439 (0. 00109)	− 0. 000686 (0. 000612)
金融资产价值	0. 0564 ** (0. 0252)	0. 0732 * (0. 0382)	0. 125 *** (0. 0200)	0. 0886 *** (0. 0206)	0. 0700 *** (0. 0173)
耐用消费品价值	0. 0242 (0. 0344)	0. 122 * (0. 0647)	0. 144 *** (0. 0248)	0. 0156 (0. 0221)	0. 0318 * (0. 0166)
常数项	7. 315 (4. 528)	− 3. 434 (7. 873)	− 0. 875 (2. 324)	3. 365 (2. 573)	1. 290 (1. 459)
样本容量	246	127	675	289	671
R^2	0. 187	0. 217	0. 247	0. 262	0. 293

注：括号中为标准误，*** 、** 、* 分别表示在1%、5%和10%的水平上显著。

附表 2 加入更多控制变量的代际收入弹性

项目	1995 年	1999 年	2002 年	2008 年	2013 年
父代收入	0.421 *** (0.0862)	0.310 *** (0.113)	0.199 *** (0.0452)	0.227 *** (0.0518)	0.364 *** (0.0355)
子代性别	0.0830 (0.0540)	0.0513 (0.0856)	−0.00563 (0.0449)	0.112 ** (0.0490)	0.0962 ** (0.0418)
子代年龄	0.203 ** (0.0962)	0.0121 (0.241)	0.107 * (0.0594)	0.175 * (0.0904)	0.101 ** (0.0496)
子代年龄的平方	−0.00409 ** (0.00198)	0.000502 (0.00505)	−0.00160 (0.00103)	−0.00305 * (0.00175)	−0.00111 (0.000882)
父代年龄	−0.245 (0.181)	0.194 (0.297)	0.0840 (0.0936)	−0.0118 (0.119)	0.0819 (0.0658)
父代年龄的平方	0.00226 (0.00173)	−0.00184 (0.00281)	−0.000768 (0.000838)	0.000167 (0.00110)	−0.000685 (0.000616)
子代的受教育年限	0.00675 (0.0127)	0.0407 ** (0.0179)	0.0316 *** (0.00953)	0.0252 ** (0.0128)	0.0131 (0.00866)
子代婚姻状况	0.0702 (0.0549)	−0.176 (0.140)	−0.0885 (0.0653)	−0.0428 (0.0648)	−0.107 ** (0.0476)
子代工作单位性质	0.0713 (0.0642)	−0.0254 (0.0926)	−0.00913 (0.0507)	−0.0609 (0.0455)	−0.0195 (0.0478)
父代的受教育年限	−0.00657 (0.00754)	0.00494 (0.0146)	0.0126 * (0.00751)	0.0000476 (0.00914)	−0.0148 * (0.00790)
父代婚姻状况	−0.0169 (0.0555)	−0.0169 (0.0555)	0.0471 (0.191)	−0.0253 (0.173)	0.0884 (0.130)
父代工作单位性质	0.0150 (0.0556)	−0.0195 (0.0929)	−0.0682 (0.0618)	0.0688 (0.0455)	−0.0112 (0.0483)
金融资产价值	0.0501 * (0.0257)	0.0529 (0.0397)	0.103 *** (0.0204)	0.0886 *** (0.0209)	0.0663 *** (0.0174)
耐用消费品价值	0.0253 (0.0351)	0.108 * (0.0644)	0.137 *** (0.0249)	0.00608 (0.0223)	0.0368 ** (0.0172)
常数项	7.723 * (4.628)	−1.941 (7.824)	0.241 (2.350)	3.887 (2.606)	0.932 (1.495)
样本容量	246	127	675	289	671
R^2	0.201	0.269	0.272	0.283	0.304

注：括号中为标准误，*** 、** 、* 分别表示在1%、5%和10%的水平上显著。

附表 3　　　　　　　　　**男性子代的代际收入弹性**

项目	1995 年	1999 年	2002 年	2008 年	2013 年
父代收入	0. 404 *** (0. 113)	0. 301 ** (0. 136)	0. 190 *** (0. 0594)	0. 236 *** (0. 0573)	0. 349 *** (0. 0419)
子代年龄	0. 166 (0. 112)	0. 0833 (0. 278)	0. 151 ** (0. 0763)	0. 239 ** (0. 108)	0. 114 * (0. 0613)
子代年龄的平方	− 0. 00290 (0. 00226)	− 0. 00125 (0. 00574)	− 0. 00253 * (0. 00131)	− 0. 00413 ** (0. 00207)	− 0. 00144 (0. 00107)
父代年龄	− 0. 384 (0. 238)	− 0. 0139 (0. 402)	0. 156 (0. 134)	− 0. 0472 (0. 162)	0. 0624 (0. 0853)
父代年龄的平方	0. 00356 (0. 00229)	0. 000133 (0. 00381)	− 0. 00132 (0. 00119)	0. 000467 (0. 00149)	− 0. 000488 (0. 000794)
金融资产价值	0. 0218 (0. 0314)	0. 0875 * (0. 0476)	0. 128 *** (0. 0269)	0. 0575 ** (0. 0248)	0. 0615 *** (0. 0219)
耐用消费品价值	0. 0793 * (0. 0444)	0. 123 (0. 0807)	0. 123 *** (0. 0326)	0. 0340 (0. 0258)	0. 0146 (0. 0209)
常数项	11. 71 * (6. 125)	3. 022 (10. 67)	− 2. 046 (3. 394)	4. 402 (3. 513)	1. 892 (1. 888)
样本容量	130	79	372	193	430
R^2	0. 245	0. 223	0. 213	0. 246	0. 273

注：括号中为标准误，***、**、* 分别表示在 1%、5% 和 10% 的水平上显著。

附表 4　　　　　　　　　**女性子代的代际收入弹性**

项目	1995 年	1999 年	2002 年	2008 年	2013 年
父代收入	0. 429 *** (0. 128)	0. 370 * (0. 208)	0. 278 *** (0. 0648)	0. 286 *** (0. 0967)	0. 379 *** (0. 0633)
子代年龄	0. 505 ** (0. 193)	0. 274 (0. 542)	0. 105 (0. 109)	0. 237 (0. 192)	0. 0273 (0. 0829)

续表

项目	1995 年	1999 年	2002 年	2008 年	2013 年
子代年龄的平方	− 0.0110 *** (0.00408)	− 0.00459 (0.0116)	− 0.00180 (0.00202)	− 0.00498 (0.00384)	0.000163 (0.00154)
父代年龄	− 0.152 (0.266)	0.429 (0.502)	0.132 (0.135)	0.0527 (0.172)	0.151 (0.103)
父代年龄的平方	0.00138 (0.00254)	− 0.00409 (0.00473)	− 0.00127 (0.00123)	− 0.000404 (0.00159)	− 0.00139 (0.000982)
金融资产价值	0.101 ** (0.0416)	0.0538 (0.0697)	0.117 *** (0.0304)	0.175 *** (0.0374)	0.0971 *** (0.0287)
耐用消费品价值	− 0.0297 (0.0546)	0.152 (0.125)	0.170 *** (0.0387)	− 0.0534 (0.0442)	0.0700 ** (0.0270)
常数项	2.010 (6.618)	− 11.69 (13.41)	− 1.351 (3.264)	1.202 (4.068)	− 0.447 (2.307)
样本容量	116	48	303	96	241
R^2	0.209	0.236	0.308	0.343	0.340

注：括号中为标准误，***、**、*分别表示在1%、5%和10%的水平上显著。

附表5　　　　子代在体制内单位工作的代际收入弹性

项目	1995 年	1999 年	2002 年	2008 年	2013 年
父代收入	0.497 *** (0.169)	0.374 * (0.203)	0.188 ** (0.0730)	0.218 *** (0.0730)	0.271 *** (0.0679)
子代性别	0.0587 (0.105)	0.114 (0.161)	0.0213 (0.0778)	0.114 (0.0739)	− 0.0318 (0.0696)
子代年龄	0.0126 (0.545)	− 0.321 (0.431)	0.261 ** (0.113)	0.212 (0.145)	0.261 * (0.138)
子代年龄的平方	0.000849 (0.0119)	0.00734 (0.00919)	− 0.00415 ** (0.00198)	− 0.00371 (0.00282)	− 0.00375 (0.00255)

续表

项目	1995 年	1999 年	2002 年	2008 年	2013 年
父代年龄	-0.300 (0.389)	0.302 (0.610)	-0.149 (0.154)	0.137 (0.216)	-0.0185 (0.146)
父代年龄的平方	0.00254 (0.00371)	-0.00272 (0.00575)	0.00138 (0.00138)	-0.00125 (0.00200)	0.0000859 (0.00137)
金融资产价值	0.108 * (0.0606)	0.171 ** (0.0809)	0.130 *** (0.0361)	0.0863 *** (0.0299)	0.0544 * (0.0281)
耐用消费品价值	-0.0179 (0.0938)	0.146 (0.132)	0.0762 (0.0495)	0.0105 (0.0335)	0.0406 (0.0250)
常数项	10.86 (9.895)	-2.721 (15.56)	5.193 (3.816)	0.0194 (5.063)	2.920 (3.032)
样本容量	63	40	188	139	226
R^2	0.307	0.357	0.241	0.234	0.267

注：括号中为标准误，*** 、** 、* 分别表示在1%、5%和10%的水平上显著。

附表6　　　　　子代在体制外单位工作的代际收入弹性

项目	1995 年	1999 年	2002 年	2008 年	2013 年
父代收入	0.399 *** (0.0996)	0.325 ** (0.141)	0.252 *** (0.0533)	0.270 *** (0.0696)	0.383 *** (0.0416)
子代性别	0.0741 (0.0630)	-0.0326 (0.105)	-0.0423 (0.0549)	0.0954 (0.0660)	0.147 *** (0.0518)
子代年龄	0.174 * (0.102)	0.411 (0.300)	0.0727 (0.0696)	0.197 * (0.114)	0.0600 (0.0530)
子代年龄的平方	-0.00353 * (0.00207)	-0.00770 (0.00620)	-0.00122 (0.00122)	-0.00368 * (0.00219)	-0.000587 (0.000938)
父代年龄	-0.211 (0.207)	0.167 (0.367)	0.234 ** (0.115)	-0.0395 (0.144)	0.105 (0.0756)

项目	1995 年	1999 年	2002 年	2008 年	2013 年
父代年龄的平方	0.00200 (0.00199)	-0.00168 (0.00347)	-0.00212 ** (0.00103)	0.000485 (0.00133)	-0.000849 (0.000708)
金融资产价值	0.0357 (0.0291)	0.0490 (0.0466)	0.120 *** (0.0240)	0.100 *** (0.0302)	0.0821 *** (0.0222)
耐用消费品价值	0.0212 (0.0381)	0.0857 (0.0810)	0.166 *** (0.0287)	0.00849 (0.0314)	0.0223 (0.0220)
常数项	7.412 (5.317)	-4.984 (9.598)	-3.625 (2.875)	4.054 (3.022)	0.716 (1.702)
样本容量	183	87	487	150	445
R^2	0.148	0.207	0.266	0.304	0.317

注：括号中为标准误，*** 、** 、* 分别表示在1%、5%和10%的水平上显著。

附表7　　　　　　　　东部地区居民的代际收入弹性

项目	1995 年	1999 年	2002 年	2008 年	2013 年
父代收入	0.480 *** (0.167)	0.365 ** (0.143)	0.213 *** (0.0598)	0.243 *** (0.0607)	0.329 *** (0.0472)
子代性别	-0.129 (0.107)	-0.0888 (0.108)	-0.0615 (0.0652)	0.0230 (0.0696)	-0.0128 (0.0583)
子代年龄	0.337 * (0.192)	0.287 (0.299)	0.215 ** (0.0844)	0.334 *** (0.128)	0.153 ** (0.0649)
子代年龄的平方	-0.00603 (0.00400)	-0.00540 (0.00626)	-0.00353 ** (0.00147)	-0.00591 ** (0.00244)	-0.00215 * (0.00116)
父代年龄	-0.490 (0.375)	0.439 (0.393)	0.0386 (0.169)	-0.133 (0.189)	-0.00296 (0.0968)
父代年龄的平方	0.00450 (0.00361)	-0.00414 (0.00371)	-0.000398 (0.00151)	0.00123 (0.00174)	0.000181 (0.000903)

项目	1995 年	1999 年	2002 年	2008 年	2013 年
金融资产价值	− 0. 0311 (0. 0594)	0. 0838 (0. 0518)	0. 114 *** (0. 0318)	0. 0738 ** (0. 0294)	0. 0986 *** (0. 0289)
耐用消费品价值	0. 0847 (0. 0795)	0. 175 ** (0. 0857)	0. 123 *** (0. 0355)	− 0. 0183 (0. 0305)	0. 0223 (0. 0250)
常数项	12. 33 (10. 01)	− 12. 26 (10. 62)	0. 751 (4. 237)	5. 753 (3. 985)	2. 719 (2. 253)
样本容量	64	61	343	164	312
R^2	0. 322	0. 385	0. 204	0. 232	0. 329

注：括号中为标准误，*** 、** 、* 分别表示在 1% 、5% 和 10% 的水平上显著。

附表 8　　　　　　　　　　　　中部地区居民的代际收入弹性

项目	1995 年	1999 年	2002 年	2008 年	2013 年
父代收入	0. 383 *** (0. 144)	0. 130 (0. 325)	0. 110 * (0. 0657)	0. 223 ** (0. 0965)	0. 303 *** (0. 0659)
子代性别	0. 125 (0. 0831)	0. 227 (0. 236)	0. 0138 (0. 0655)	0. 126 * (0. 0741)	0. 164 ** (0. 0702)
子代年龄	0. 0631 (0. 140)	− 0. 366 (0. 686)	0. 388 *** (0. 0989)	0. 0431 (0. 182)	0. 102 (0. 0922)
子代年龄的平方	− 0. 00169 (0. 00278)	0. 00792 (0. 0140)	− 0. 00669 *** (0. 00176)	− 0. 000393 (0. 00349)	− 0. 00123 (0. 00165)
父代年龄	− 0. 151 (0. 286)	1. 221 (0. 880)	− 0. 252 ** (0. 121)	− 0. 108 (0. 153)	0. 177 (0. 110)
父代年龄的平方	0. 00149 (0. 00274)	− 0. 0117 (0. 00846)	0. 00232 ** (0. 00109)	0. 00114 (0. 00139)	− 0. 00170 (0. 00104)
金融资产价值	0. 0677 (0. 0450)	− 0. 0549 (0. 103)	0. 0692 ** (0. 0284)	0. 00845 (0. 0376)	0. 0139 (0. 0267)

续表

项目	1995 年	1999 年	2002 年	2008 年	2013 年
耐用消费品价值	0.00837 (0.0536)	-0.408* (0.226)	0.0853** (0.0364)	0.0601 (0.0405)	0.0119 (0.0273)
常数项	7.168 (7.252)	-16.17 (22.17)	7.496** (3.008)	8.328** (3.679)	0.213 (2.513)
样本容量	103	26	192	79	243
R^2	0.131	0.235	0.203	0.272	0.188

注：括号中为标准误，***、**、*分别表示在1%、5%和10%的水平上显著。

附表9　　　　　　　　　　　西部地区居民的代际收入弹性

项目	1995 年	1999 年	2002 年	2008 年	2013 年
父代收入	0.511*** (0.184)	0.417* (0.224)	0.258** (0.111)	0.309* (0.153)	0.376*** (0.0910)
子代性别	0.0643 (0.0938)	-0.0547 (0.158)	0.0109 (0.105)	0.252** (0.122)	0.181* (0.104)
子代年龄	0.331 (0.222)	-0.261 (0.517)	-0.251** (0.126)	0.0179 (0.230)	-0.00530 (0.115)
子代年龄的平方	-0.00644 (0.00462)	0.00644 (0.0106)	0.00435** (0.00219)	-0.0000244 (0.00463)	0.000801 (0.00206)
父代年龄	-0.151 (0.312)	0.419 (0.672)	0.400** (0.182)	0.617* (0.354)	0.143 (0.156)
父代年龄的平方	0.00129 (0.00299)	-0.00409 (0.00630)	-0.00357** (0.00162)	-0.00583* (0.00332)	-0.00134 (0.00145)
金融资产价值	0.0173 (0.0430)	0.0815 (0.0875)	0.0905** (0.0442)	0.0889 (0.0584)	0.0918** (0.0401)
耐用消费品价值	-0.00126 (0.0584)	0.234* (0.126)	0.183*** (0.0637)	-0.0207 (0.0571)	0.0777* (0.0433)

项目	1995 年	1999 年	2002 年	2008 年	2013 年
常数项	3.539 (7.625)	-6.299 (17.50)	-3.850 (4.610)	-10.19 (7.904)	0.0767 (3.436)
样本容量	79	40	140	46	116
R^2	0.167	0.245	0.227	0.349	0.314

注：括号中为标准误，***、**、*分别表示在1%、5%和10%的水平上显著。

附表10　　　　1995 年我国城镇居民不同收入阶层的代际收入弹性

项目	q10	q25	q50	q75	q90
父代收入	0.423 *** (0.144)	0.453 *** (0.135)	0.469 *** (0.111)	0.382 *** (0.106)	0.330 *** (0.0804)
子代性别	0.0398 (0.0900)	0.0478 (0.0845)	0.0948 (0.0691)	0.00942 (0.0661)	0.0443 (0.0503)
子代年龄	0.498 *** (0.162)	0.189 (0.152)	0.163 (0.124)	0.182 (0.119)	0.203 ** (0.0902)
子代年龄的平方	-0.0101 *** (0.00331)	-0.00376 (0.00311)	-0.00319 (0.00254)	-0.00357 (0.00243)	-0.00422 ** (0.00185)
父代年龄	-0.440 (0.303)	-0.167 (0.284)	-0.124 (0.233)	-0.339 (0.222)	-0.460 *** (0.169)
父代年龄的平方	0.00404 (0.00290)	0.00153 (0.00272)	0.00113 (0.00223)	0.00324 (0.00213)	0.00439 *** (0.00162)
金融资产价值	0.0175 (0.0429)	0.0657 (0.0403)	0.0759 ** (0.0330)	0.0603 * (0.0315)	0.0637 *** (0.0240)
耐用消费品价值	0.00545 (0.0586)	-0.0763 (0.0550)	0.0498 (0.0450)	0.0950 ** (0.0430)	0.0948 *** (0.0327)
常数项	9.466 (7.717)	6.074 (7.242)	4.156 (5.929)	10.15 * (5.667)	13.77 *** (4.309)
样本容量	246	246	246	246	246
Pseudo R^2	0.1146	0.0859	0.0924	0.1479	0.1993

注：括号中为标准误，***、**、*分别表示在1%、5%和10%的水平上显著。

附表 11　　　　1999 年我国城镇居民不同收入阶层的代际收入弹性

项目	q10	q25	q50	q75	q90
父代收入	0. 470 ** (0. 226)	0. 335 * (0. 176)	0. 315 ** (0. 153)	0. 381 *** (0. 126)	0. 132 (0. 155)
子代性别	0. 139 (0. 167)	0. 0252 (0. 130)	− 0. 114 (0. 113)	− 0. 0218 (0. 0930)	− 0. 0797 (0. 115)
子代年龄	0. 598 (0. 477)	0. 358 (0. 372)	− 0. 0366 (0. 322)	0. 115 (0. 266)	0. 108 (0. 327)
子代年龄的平方	− 0. 0112 (0. 00991)	− 0. 00656 (0. 00773)	0. 00200 (0. 00669)	− 0. 00150 (0. 00553)	− 0. 00226 (0. 00681)
父代年龄	− 0. 546 (0. 613)	0. 0396 (0. 478)	0. 577 (0. 414)	0. 538 (0. 342)	0. 625 (0. 421)
父代年龄的平方	0. 00484 (0. 00579)	− 0. 000388 (0. 00451)	− 0. 00545 (0. 00391)	− 0. 00520 (0. 00323)	− 0. 00580 (0. 00397)
金融资产价值	0. 0563 (0. 0782)	0. 0760 (0. 0610)	0. 0763 (0. 0528)	0. 0705 (0. 0436)	0. 113 ** (0. 0537)
耐用消费品价值	0. 0964 (0. 132)	0. 115 (0. 103)	0. 151 * (0. 0894)	0. 0894 (0. 0738)	0. 0234 (0. 0909)
常数项	9. 749 (16. 12)	− 2. 262 (12. 57)	− 11. 68 (10. 88)	− 11. 73 (8. 985)	− 11. 37 (11. 07)
样本容量	127	127	127	127	127
Pseudo R^2	0. 0939	0. 1284	0. 1466	0. 1659	0. 1334

注：括号中为标准误，*** 、** 、* 分别表示在 1% 、5% 和 10% 的水平上显著。

附表 12　　　　2002 年我国城镇居民不同收入阶层的代际收入弹性

项目	q10	q25	q50	q75	q90
父代收入	0. 109 (0. 0955)	0. 198 *** (0. 0618)	0. 281 *** (0. 0446)	0. 280 *** (0. 0538)	0. 320 *** (0. 0825)
子代性别	− 0. 103 (0. 0996)	− 0. 0233 (0. 0645)	0. 0274 (0. 0466)	− 0. 0305 (0. 0561)	0. 0492 (0. 0861)

续表

项目	q10	q25	q50	q75	q90
子代年龄	0.0731 (0.130)	0.164 * (0.0845)	0.136 ** (0.0610)	0.0656 (0.0735)	−0.111 (0.113)
子代年龄的平方	−0.000674 (0.00228)	−0.00247 * (0.00148)	−0.00239 ** (0.00107)	−0.00127 (0.00129)	0.00160 (0.00197)
父代年龄	0.208 (0.205)	0.123 (0.133)	0.0868 (0.0959)	0.0917 (0.116)	0.0308 (0.177)
父代年龄的平方	−0.00207 (0.00184)	−0.00130 (0.00119)	−0.000756 (0.000858)	−0.000651 (0.00103)	−0.0000281 (0.00159)
金融资产价值	0.103 ** (0.0440)	0.135 *** (0.0285)	0.141 *** (0.0206)	0.132 *** (0.0248)	0.0977 ** (0.0380)
耐用消费品价值	0.185 *** (0.0545)	0.122 *** (0.0353)	0.0930 *** (0.0255)	0.175 *** (0.0307)	0.204 *** (0.0471)
常数项	−2.109 (5.109)	−1.112 (3.310)	−0.350 (2.389)	−0.160 (2.879)	3.874 (4.416)
样本容量	675	675	675	675	675
Pseudo R^2	0.099	0.1021	0.1599	0.1802	0.1968

注：括号中为标准误，*** 、** 、* 分别表示在1%、5%和10%的水平上显著。

附表 13　　**2008 年我国城镇居民不同收入阶层的代际收入弹性**

项目	q10	q25	q50	q75	q90
父代收入	0.239 *** (0.0765)	0.240 *** (0.0656)	0.206 *** (0.0610)	0.275 *** (0.0820)	0.235 *** (0.0640)
子代性别	0.0842 (0.0750)	0.153 ** (0.0643)	0.120 ** (0.0598)	0.0555 (0.0804)	0.0463 (0.0627)
子代年龄	0.128 (0.139)	0.126 (0.119)	0.284 ** (0.111)	0.163 (0.149)	0.130 (0.116)

续表

项目	q10	q25	q50	q75	q90
子代年龄的平方	− 0.00272 (0.00268)	− 0.00248 (0.00230)	− 0.00532 ** (0.00214)	− 0.00268 (0.00287)	− 0.00227 (0.00224)
父代年龄	− 0.0118 (0.184)	− 0.214 (0.158)	− 0.111 (0.147)	0.0394 (0.197)	0.189 (0.154)
父代年龄的平方	0.000282 (0.00170)	0.00217 (0.00146)	0.00112 (0.00135)	− 0.000312 (0.00182)	− 0.00168 (0.00142)
金融资产价值	0.0277 (0.0322)	0.0590 ** (0.0276)	0.0652 ** (0.0257)	0.108 *** (0.0345)	0.132 *** (0.0269)
耐用消费品价值	0.0298 (0.0344)	0.0279 (0.0295)	0.0362 (0.0274)	0.0239 (0.0369)	0.0125 (0.0288)
常数项	4.719 (4.017)	9.621 *** (3.445)	5.560 * (3.200)	2.440 (4.304)	− 0.424 (3.357)
样本容量	289	289	289	289	289
Pseudo R^2	0.1051	0.1390	0.1527	0.1581	0.2032

注：括号中为标准误，*** 、** 、* 分别表示在1%、5%和10%的水平上显著。

附表 14　　　　2013 年我国城镇居民不同收入阶层的代际收入弹性

项目	q10	q25	q50	q75	q90
父代收入	0.390 *** (0.0752)	0.385 *** (0.0467)	0.305 *** (0.0373)	0.249 *** (0.0346)	0.265 *** (0.0439)
子代性别	− 0.116 (0.0896)	0.0755 (0.0557)	0.105 ** (0.0444)	0.0696 * (0.0412)	0.135 ** (0.0523)
子代年龄	0.234 ** (0.104)	0.0354 (0.0649)	0.0690 (0.0517)	0.114 ** (0.0481)	0.0546 (0.0610)
子代年龄的平方	− 0.00320 * (0.00186)	0.0000502 (0.00116)	− 0.000548 (0.000924)	− 0.00157 * (0.000858)	− 0.000412 (0.00109)

续表

项目	q10	q25	q50	q75	q90
父代年龄	0.251 * (0.142)	0.230 *** (0.0880)	0.0515 (0.0702)	-0.0472 (0.0652)	0.0360 (0.0828)
父代年龄的平方	-0.00223 * (0.00133)	-0.00213 ** (0.000825)	-0.000468 (0.000658)	0.000525 (0.000611)	-0.000306 (0.000775)
金融资产价值	0.0778 ** (0.0376)	0.0847 *** (0.0234)	0.0698 *** (0.0186)	0.0809 *** (0.0173)	0.0875 *** (0.0220)
耐用消费品价值	0.0534 (0.0359)	0.0554 ** (0.0223)	0.0384 ** (0.0178)	0.0234 (0.0165)	0.0128 (0.0210)
常数项	-6.668 ** (3.164)	-2.705 (1.965)	3.036 * (1.568)	5.877 *** (1.456)	4.635 ** (1.847)
样本容量	671	671	671	671	671
Pseudo R^2	0.1717	0.1622	0.1692	0.1728	0.1678

注：括号中为标准误，*** 、** 、* 分别表示在 1% 、5% 和 10% 的水平上显著。

附表 15　　　　　　　　1995 年父子间的代际收入弹性

项目	q10	q25	q50	q75	q90
父代收入	0.498 ** (0.197)	0.404 * (0.208)	0.435 *** (0.134)	0.359 *** (0.108)	0.218 * (0.129)
子代年龄	0.400 ** (0.195)	0.264 (0.206)	0.119 (0.132)	0.228 ** (0.107)	0.140 (0.128)
子代年龄的平方	-0.00764 * (0.00394)	-0.00450 (0.00416)	-0.00204 (0.00267)	-0.00434 ** (0.00215)	-0.00280 (0.00258)
父代年龄	-0.654 (0.417)	-0.411 (0.439)	-0.0221 (0.282)	-0.434 * (0.227)	-0.323 (0.273)
父代年龄的平方	0.00610 (0.00400)	0.00380 (0.00421)	0.0000960 (0.00271)	0.00412 * (0.00218)	0.00311 (0.00262)

续表

项目	q10	q25	q50	q75	q90
金融资产价值	−0.00976 (0.0550)	−0.0137 (0.0579)	0.0439 (0.0372)	0.0494 (0.0300)	0.0371 (0.0360)
耐用消费品价值	0.00708 (0.0776)	0.0504 (0.0817)	0.100* (0.0525)	0.127*** (0.0423)	0.113** (0.0507)
常数项	15.54 (10.71)	11.34 (11.29)	2.310 (7.251)	12.12** (5.842)	11.95* (7.004)
样本容量	130	130	130	130	130
Pseudo R^2	0.1433	0.1055	0.1688	0.1948	0.1988

注：括号中为标准误，***、**、*分别表示在1%、5%和10%的水平上显著。

附表16　　　　　　　　　1999年父子间的代际收入弹性

项目	q10	q25	q50	q75	q90
父代收入	0.425* (0.216)	0.315 (0.211)	0.362* (0.186)	0.339* (0.185)	0.219 (0.174)
子代年龄	0.520 (0.443)	0.141 (0.431)	−0.407 (0.380)	0.180 (0.378)	−0.202 (0.357)
子代年龄的平方	−0.00941 (0.00914)	−0.00226 (0.00890)	0.00879 (0.00785)	−0.00316 (0.00781)	0.00355 (0.00736)
父代年龄	−0.283 (0.640)	−0.225 (0.623)	0.0140 (0.549)	0.225 (0.546)	−0.316 (0.515)
父代年龄的平方	0.00214 (0.00607)	0.00229 (0.00591)	0.00000559 (0.00521)	−0.00211 (0.00518)	0.00279 (0.00489)
金融资产价值	0.0846 (0.0758)	0.117 (0.0738)	0.0869 (0.0651)	0.0721 (0.0647)	0.103* (0.0610)
耐用消费品价值	0.0301 (0.129)	0.0543 (0.125)	0.148 (0.110)	0.109 (0.110)	−0.00521 (0.104)

续表

项目	q10	q25	q50	q75	q90
常数项	5.117 (16.99)	7.322 (16.54)	6.995 (14.59)	-4.307 (14.51)	17.97 (13.69)
样本容量	79	79	79	79	79
Pseudo R²	0.1169	0.1752	0.1340	0.1503	0.1660

注：括号中为标准误，*** 、** 、* 分别表示在1%、5%和10%的水平上显著。

附表17 　　　　　　　　2002 年父子间的代际收入弹性

项目	q10	q25	q50	q75	q90
父代收入	0.110 (0.125)	0.140 (0.100)	0.318 *** (0.0601)	0.247 *** (0.0645)	0.229 * (0.122)
子代年龄	0.260 (0.161)	0.129 (0.128)	0.159 ** (0.0772)	0.0941 (0.0829)	0.162 (0.157)
子代年龄的平方	-0.00357 (0.00276)	-0.00190 (0.00220)	-0.00282 ** (0.00132)	-0.00197 (0.00142)	-0.00314 (0.00269)
父代年龄	-0.0377 (0.282)	0.217 (0.225)	-0.0342 (0.135)	0.00897 (0.145)	0.0208 (0.275)
父代年龄的平方	-0.0000539 (0.00250)	-0.00205 (0.00200)	0.000402 (0.00120)	0.000239 (0.00129)	0.000159 (0.00244)
金融资产价值	0.0527 (0.0567)	0.121 *** (0.0452)	0.136 *** (0.0272)	0.131 *** (0.0292)	0.150 *** (0.0553)
耐用消费品价值	0.186 *** (0.0686)	0.0775 (0.0548)	0.0903 *** (0.0329)	0.170 *** (0.0354)	0.191 *** (0.0670)
常数项	2.750 (7.156)	-2.427 (5.712)	2.252 (3.432)	1.752 (3.686)	0.448 (6.984)
样本容量	372	372	372	372	372
Pseudo R²	0.0960	0.0766	0.1513	0.1768	0.1948

注：括号中为标准误，*** 、** 、* 分别表示在1%、5%和10%的水平上显著。

· 209 ·

附表 18　　　　　　　　　2008 年父子间的代际收入弹性

项目	q10	q25	q50	q75	q90
父代收入	0.183 * (0.0971)	0.264 *** (0.0890)	0.206 *** (0.0645)	0.267 *** (0.0843)	0.296 *** (0.0922)
子代年龄	0.141 (0.184)	0.254 (0.168)	0.269 ** (0.122)	0.111 (0.160)	0.0985 (0.174)
子代年龄的平方	−0.00241 (0.00351)	−0.00447 (0.00322)	−0.00471 ** (0.00233)	−0.00171 (0.00305)	−0.00158 (0.00333)
父代年龄	0.0758 (0.274)	−0.183 (0.251)	−0.118 (0.182)	0.0757 (0.238)	0.224 (0.260)
父代年龄的平方	−0.000639 (0.00252)	0.00179 (0.00231)	0.00103 (0.00167)	−0.000674 (0.00219)	−0.00204 (0.00239)
金融资产价值	0.0347 (0.0421)	0.0194 (0.0386)	0.0532 * (0.0280)	0.0766 ** (0.0365)	0.128 *** (0.0399)
耐用消费品价值	0.0196 (0.0438)	0.0283 (0.0401)	0.0583 ** (0.0291)	0.0590 (0.0380)	0.00606 (0.0416)
常数项	2.901 (5.955)	7.516 (5.457)	6.186 (3.957)	2.366 (5.170)	−1.291 (5.654)
样本容量	193	193	193	193	193
Pseudo R^2	0.0973	0.1296	0.1448	0.1535	0.1727

注：括号中为标准误，*** 、** 、* 分别表示在 1% 、5% 和 10% 的水平上显著。

附表 19　　　　　　　　　2013 年父子间的代际收入弹性

项目	q10	q25	q50	q75	q90
父代收入	0.316 ** (0.134)	0.355 *** (0.0659)	0.322 *** (0.0408)	0.257 *** (0.0456)	0.293 *** (0.0614)
子代年龄	0.289 (0.197)	0.0547 (0.0963)	0.0651 (0.0597)	0.162 ** (0.0667)	0.0943 (0.0898)

续表

项目	q10	q25	q50	q75	q90
子代年龄的平方	- 0.00421 (0.00344)	- 0.000307 (0.00169)	- 0.000543 (0.00105)	- 0.00236 ** (0.00117)	- 0.00101 (0.00157)
父代年龄	0.224 (0.274)	0.170 (0.134)	0.0310 (0.0831)	- 0.133 (0.0929)	- 0.0361 (0.125)
父代年龄的平方	- 0.00192 (0.00255)	- 0.00161 (0.00125)	- 0.000256 (0.000774)	0.00133 (0.000864)	0.000351 (0.00116)
金融资产价值	0.0904 (0.0703)	0.0707 ** (0.0344)	0.0528 ** (0.0214)	0.0585 ** (0.0239)	0.0618 * (0.0321)
耐用消费品价值	0.0365 (0.0672)	0.0553 * (0.0329)	0.0375 * (0.0204)	0.0285 (0.0228)	- 0.0157 (0.0307)
常数项	- 6.113 (6.055)	- 0.688 (2.966)	3.744 ** (1.840)	7.625 *** (2.056)	6.392 ** (2.767)
样本容量	430	430	430	430	430
Pseudo R^2	0.1562	0.1329	0.1507	0.1528	0.1492

注：括号中为标准误，***、**、*分别表示在1%、5%和10%的水平上显著。

附表20　　　　　　　　1995 年父女间的代际收入弹性

项目	q10	q25	q50	q75	q90
父代收入	0.447 (0.271)	0.576 *** (0.165)	0.483 *** (0.174)	0.432 ** (0.168)	0.310 *** (0.117)
子代年龄	0.342 (0.407)	0.339 (0.249)	0.452 * (0.262)	0.767 *** (0.253)	0.594 *** (0.176)
子代年龄的平方	- 0.00709 (0.00862)	- 0.00709 (0.00526)	- 0.0101 * (0.00555)	- 0.0171 *** (0.00536)	- 0.0131 *** (0.00372)
父代年龄	0.303 (0.562)	- 0.0469 (0.343)	- 0.223 (0.362)	- 0.422 (0.349)	- 0.552 ** (0.243)

续表

项目	q10	q25	q50	q75	q90
父代年龄的平方	−0.00312 (0.00537)	0.000338 (0.00328)	0.00221 (0.00346)	0.00406 (0.00334)	0.00525 ** (0.00232)
金融资产价值	0.113 (0.0879)	0.0938 * (0.0537)	0.124 ** (0.0566)	0.110 ** (0.0547)	0.116 *** (0.0380)
耐用消费品价值	−0.100 (0.115)	−0.168 ** (0.0704)	−0.0989 (0.0743)	0.120 * (0.0718)	0.0682 (0.0498)
常数项	−7.807 (13.98)	0.842 (8.532)	4.049 (9.008)	4.882 (8.696)	11.91 * (6.038)
样本容量	116	116	116	116	116
Pseudo R^2	0.1433	0.1055	0.1688	0.1948	0.1988

注：括号中为标准误，*** 、** 、* 分别表示在1%、5%和10%的水平上显著。

附表 21 　　　　　　　1999 年父女间的代际收入弹性

项目	q10	q25	q50	q75	q90
父代收入	0.419 (0.298)	0.262 (0.406)	0.175 (0.238)	0.431 * (0.224)	0.267 *** (0.0820)
子代年龄	1.529 * (0.778)	0.659 (1.059)	0.343 (0.620)	0.0316 (0.584)	−0.536 ** (0.214)
子代年龄的平方	−0.0318 * (0.0166)	−0.0120 (0.0226)	−0.00516 (0.0133)	0.00179 (0.0125)	0.0127 *** (0.00458)
父代年龄	0.111 (0.721)	0.0437 (0.981)	0.655 (0.574)	1.007 * (0.541)	1.733 *** (0.198)
父代年龄的平方	−0.00123 (0.00678)	−0.000389 (0.00923)	−0.00633 (0.00540)	−0.00976 * (0.00509)	−0.0165 *** (0.00187)
金融资产价值	0.150 (0.100)	−0.116 (0.136)	0.0700 (0.0797)	0.00503 (0.0751)	0.0879 *** (0.0275)

续表

项目	q10	q25	q50	q75	q90
耐用消费品价值	0.536 *** (0.179)	0.137 (0.244)	0.242 * (0.143)	0.257 * (0.134)	0.0661 (0.0493)
常数项	−22.78 (19.26)	−4.068 (26.20)	−17.79 (15.34)	−24.92 * (14.45)	−34.53 *** (5.297)
样本容量	48	48	48	48	48
Pseudo R²	0.1169	0.1752	0.1340	0.1503	0.1660

注：括号中为标准误，*** 、** 、* 分别表示在1%、5%和10%的水平上显著。

附表22　　　　　　　　　2002 年父女间的代际收入弹性

项目	q10	q25	q50	q75	q90
父代收入	0.144 (0.135)	0.258 *** (0.0951)	0.241 *** (0.0743)	0.380 *** (0.0738)	0.396 *** (0.147)
子代年龄	−0.0179 (0.228)	0.161 (0.160)	0.145 (0.125)	0.227 * (0.124)	0.0417 (0.248)
子代年龄的平方	0.000821 (0.00422)	−0.00225 (0.00297)	−0.00257 (0.00232)	−0.00441 * (0.00230)	−0.00170 (0.00460)
父代年龄	0.274 (0.283)	0.0991 (0.199)	0.193 (0.155)	0.0588 (0.154)	−0.144 (0.308)
父代年龄的平方	−0.00269 (0.00256)	−0.00121 (0.00180)	−0.00183 (0.00141)	−0.000477 (0.00140)	0.00143 (0.00279)
金融资产价值	0.102 (0.0636)	0.133 *** (0.0447)	0.165 *** (0.0349)	0.0984 *** (0.0347)	0.0883 (0.0692)
耐用消费品价值	0.184 ** (0.0810)	0.120 ** (0.0569)	0.134 *** (0.0444)	0.165 *** (0.0441)	0.204 ** (0.0881)
常数项	−2.862 (6.823)	−0.652 (4.795)	−3.316 (3.745)	−1.410 (3.721)	6.749 (7.428)

续表

项目	q10	q25	q50	q75	q90
样本容量	303	303	303	303	303
Pseudo R^2	0.0960	0.0766	0.1513	0.1768	0.1948

注：括号中为标准误，***、**、*分别表示在1%、5%和10%的水平上显著。

附表23　　　　　　　　2008 年父女间的代际收入弹性

项目	q10	q25	q50	q75	q90
父代收入	0.214** (0.0928)	0.200* (0.104)	0.302** (0.149)	0.395** (0.151)	0.153 (0.139)
子代年龄	−0.0691 (0.184)	0.0622 (0.206)	0.266 (0.295)	0.510* (0.299)	0.544* (0.275)
子代年龄的平方	0.000778 (0.00369)	−0.00184 (0.00412)	−0.00531 (0.00592)	−0.0102* (0.00600)	−0.0111** (0.00552)
父代年龄	0.109 (0.165)	−0.0420 (0.185)	−0.0423 (0.265)	−0.00674 (0.269)	0.229 (0.247)
父代年龄的平方	−0.000886 (0.00153)	0.000540 (0.00171)	0.000458 (0.00245)	0.000155 (0.00248)	−0.00205 (0.00229)
金融资产价值	0.0873** (0.0359)	0.117*** (0.0401)	0.167*** (0.0576)	0.197*** (0.0584)	0.220*** (0.0537)
耐用消费品价值	−0.00378 (0.0424)	−0.0392 (0.0474)	−0.0725 (0.0680)	−0.0664 (0.0689)	0.0175 (0.0634)
常数项	4.381 (3.905)	6.838 (4.363)	3.279 (6.264)	−1.711 (6.346)	−6.456 (5.841)
样本容量	96	96	96	96	96
Pseudo R^2	0.0973	0.1296	0.1448	0.1535	0.1727

注：括号中为标准误，***、**、*分别表示在1%、5%和10%的水平上显著。

附表 24　　　　　　　　　2013 年父女间的代际收入弹性

项目	q10	q25	q50	q75	q90
父代收入	0. 555 *** (0. 212)	0. 391 *** (0. 0818)	0. 319 *** (0. 0778)	0. 298 *** (0. 0725)	0. 320 *** (0. 0716)
子代年龄	− 0. 0552 (0. 277)	− 0. 0176 (0. 107)	− 0. 0444 (0. 102)	0. 0835 (0. 0950)	0. 0350 (0. 0938)
子代年龄的平方	0. 00189 (0. 00515)	0. 000918 (0. 00199)	0. 00151 (0. 00189)	− 0. 000968 (0. 00176)	− 0. 000255 (0. 00174)
父代年龄	0. 368 (0. 346)	0. 373 *** (0. 134)	0. 250 * (0. 127)	− 0. 0185 (0. 119)	0. 0845 (0. 117)
父代年龄的平方	− 0. 00335 (0. 00328)	− 0. 00339 *** (0. 00127)	− 0. 00235 * (0. 00121)	0. 000237 (0. 00113)	− 0. 000656 (0. 00111)
金融资产价值	0. 0782 (0. 0961)	0. 124 *** (0. 0371)	0. 125 *** (0. 0353)	0. 0892 *** (0. 0329)	0. 0917 *** (0. 0325)
耐用消费品价值	0. 106 (0. 0902)	0. 0506 (0. 0348)	0. 0501 (0. 0332)	0. 0304 (0. 0309)	0. 0786 ** (0. 0305)
常数项	− 7. 945 (7. 715)	− 6. 380 ** (2. 981)	− 1. 473 (2. 836)	4. 888 * (2. 643)	2. 172 (2. 610)
样本容量	241	241	241	241	241
Pseudo R^2	0. 1562	0. 1329	0. 1507	0. 1528	0. 1492

注：括号中为标准误，*** 、** 、* 分别表示在 1% 、5% 和 10% 的水平上显著。

附表 25　　　　　　　　　1995 年东部地区的代际收入弹性

项目	q10	q25	q50	q75	q90
父代收入	0. 616 *** (0. 172)	0. 614 ** (0. 272)	0. 275 (0. 234)	0. 363 * (0. 200)	0. 181 (0. 221)
子代性别	− 0. 0898 (0. 111)	− 0. 0379 (0. 174)	− 0. 218 (0. 150)	− 0. 137 (0. 128)	0. 111 (0. 142)

项目	q10	q25	q50	q75	q90
子代年龄	0.267 (0.198)	0.406 (0.311)	0.365 (0.268)	0.233 (0.229)	0.460* (0.254)
子代年龄的平方	−0.00437 (0.00413)	−0.00691 (0.00650)	−0.00710 (0.00561)	−0.00383 (0.00478)	−0.00905* (0.00530)
父代年龄	−0.0809 (0.387)	−0.000816 (0.610)	−0.329 (0.526)	−0.361 (0.448)	−0.853* (0.497)
父代年龄的平方	0.000759 (0.00373)	−0.000145 (0.00587)	0.00303 (0.00506)	0.00330 (0.00431)	0.00791 (0.00478)
金融资产价值	−0.0202 (0.0613)	−0.0292 (0.0965)	0.00131 (0.0833)	0.0217 (0.0710)	0.0853 (0.0786)
耐用消费品价值	−0.0777 (0.0820)	−0.0114 (0.129)	0.222* (0.111)	0.196** (0.0949)	0.197* (0.105)
常数项	1.649 (10.33)	−2.297 (16.26)	8.307 (14.03)	9.829 (11.96)	21.49 (13.25)
样本容量	64	64	64	64	64
Pseudo R²	0.2652	0.1724	0.2663	0.2723	0.2305

注：括号中为标准误，***、**、*分别表示在1%、5%和10%的水平上显著。

附表26   **1999年东部地区的代际收入弹性**

项目	q10	q25	q50	q75	q90
父代收入	0.676*** (0.107)	0.369 (0.241)	0.122 (0.215)	0.310 (0.210)	0.631*** (0.154)
子代性别	0.0528 (0.0812)	0.0156 (0.182)	−0.214 (0.162)	−0.174 (0.159)	−0.188 (0.117)
子代年龄	−0.132 (0.224)	0.175 (0.503)	0.710 (0.448)	0.0878 (0.438)	0.187 (0.322)

续表

项目	q10	q25	q50	q75	q90
子代年龄的平方	0.00284 (0.00469)	−0.00300 (0.0105)	−0.0137 (0.00937)	−0.00121 (0.00917)	−0.00321 (0.00675)
父代年龄	0.190 (0.295)	0.138 (0.662)	0.840 (0.589)	1.000 * (0.576)	0.400 (0.424)
父代年龄的平方	−0.00175 (0.00278)	−0.00118 (0.00624)	−0.00790 (0.00556)	−0.00950 * (0.00544)	−0.00430 (0.00400)
金融资产价值	0.000635 (0.0388)	0.111 (0.0871)	0.181 ** (0.0775)	0.0800 (0.0759)	0.151 *** (0.0558)
耐用消费品价值	0.195 *** (0.0642)	0.0585 (0.144)	0.0498 (0.128)	0.159 (0.126)	0.409 *** (0.0923)
常数项	−3.413 (7.954)	−3.047 (17.86)	−25.73 (15.90)	−23.63 (15.56)	−13.44 (11.44)
样本容量	61	61	61	61	61
Pseudo R^2	0.3288	0.2850	0.2574	0.2364	0.1795

注：括号中为标准误，***、**、*分别表示在1%、5%和10%的水平上显著。

附表27　　　　　　　**2002年东部地区的代际收入弹性**

项目	q10	q25	q50	q75	q90
父代收入	0.153 (0.133)	0.228 ** (0.0885)	0.318 *** (0.0633)	0.311 *** (0.0844)	0.180 * (0.102)
子代性别	−0.152 (0.145)	−0.0467 (0.0964)	−0.0380 (0.0690)	−0.0492 (0.0919)	−0.0968 (0.111)
子代年龄	0.280 (0.187)	0.0985 (0.125)	0.155 * (0.0894)	0.216 * (0.119)	0.195 (0.144)
子代年龄的平方	−0.00425 (0.00326)	−0.00136 (0.00217)	−0.00272 * (0.00156)	−0.00410 ** (0.00207)	−0.00324 (0.00250)

续表

项目	q10	q25	q50	q75	q90
父代年龄	0.279 (0.375)	0.382 (0.250)	0.0767 (0.179)	-0.291 (0.238)	-0.332 (0.287)
父代年龄的平方	-0.00273 (0.00335)	-0.00360 (0.00223)	-0.000648 (0.00160)	0.00284 (0.00213)	0.00309 (0.00257)
金融资产价值	0.148 ** (0.0706)	0.130 *** (0.0471)	0.112 *** (0.0337)	0.0761 * (0.0449)	0.105 * (0.0541)
耐用消费品价值	0.0120 (0.0789)	0.0881 * (0.0526)	0.101 *** (0.0376)	0.193 *** (0.0501)	0.205 *** (0.0604)
常数项	-6.047 (9.405)	-7.213 (6.270)	-0.346 (4.487)	8.546 (5.978)	11.22 (7.205)
样本容量	343	343	343	343	343
Pseudo R^2	0.1004	0.1064	0.1271	0.1354	0.1826

注：括号中为标准误，***、**、*分别表示在1%、5%和10%的水平上显著。

附表28　　　　　　　2008 年东部地区的代际收入弹性

项目	q10	q25	q50	q75	q90
父代收入	0.252 ** (0.0968)	0.245 *** (0.0809)	0.204 ** (0.0961)	0.314 *** (0.111)	0.314 *** (0.0875)
子代性别	0.113 (0.111)	0.0291 (0.0929)	-0.00114 (0.110)	0.0315 (0.127)	0.149 (0.100)
子代年龄	0.600 *** (0.203)	0.306 * (0.170)	0.602 *** (0.202)	0.218 (0.233)	0.147 (0.184)
子代年龄的平方	-0.0118 *** (0.00389)	-0.00554 * (0.00326)	-0.0111 *** (0.00387)	-0.00334 (0.00446)	-0.00269 (0.00352)
父代年龄	0.0880 (0.301)	-0.261 (0.252)	-0.274 (0.299)	-0.00833 (0.346)	0.0114 (0.273)

续表

项目	q10	q25	q50	q75	q90
父代年龄的平方	−0.000618 (0.00278)	0.00255 (0.00232)	0.00251 (0.00276)	−0.0000875 (0.00319)	−0.000136 (0.00251)
金融资产价值	0.00596 (0.0468)	0.0459 (0.0392)	0.0905 * (0.0465)	0.0845 (0.0537)	0.122 *** (0.0423)
耐用消费品价值	−0.0378 (0.0487)	−0.0270 (0.0407)	0.0401 (0.0483)	−0.0362 (0.0558)	−0.0334 (0.0440)
常数项	−3.194 (6.355)	9.222 * (5.314)	5.719 (6.309)	3.943 (7.285)	4.027 (5.746)
样本容量	164	164	164	164	164
Pseudo R^2	0.0673	0.1522	0.1414	0.1670	0.1703

注：括号中为标准误，***、**、*分别表示在1%、5%和10%的水平上显著。

附表 29　　　　　　　　2013 年东部地区的代际收入弹性

项目	q10	q25	q50	q75	q90
父代收入	0.431 *** (0.113)	0.272 *** (0.0814)	0.203 *** (0.0440)	0.217 *** (0.0497)	0.201 *** (0.0647)
子代性别	−0.201 (0.139)	−0.0148 (0.101)	0.0522 (0.0544)	0.0247 (0.0614)	0.0705 (0.0799)
子代年龄	0.374 ** (0.155)	0.153 (0.112)	0.0876 (0.0605)	0.0964 (0.0683)	0.105 (0.0888)
子代年龄的平方	−0.00537 * (0.00277)	−0.00220 (0.00200)	−0.00122 (0.00108)	−0.00134 (0.00122)	−0.00148 (0.00159)
父代年龄	−0.0180 (0.231)	−0.0871 (0.167)	−0.0279 (0.0903)	−0.0198 (0.102)	−0.0411 (0.133)
父代年龄的平方	0.000211 (0.00215)	0.000956 (0.00156)	0.000448 (0.000842)	0.000273 (0.000951)	0.000387 (0.00124)

续表

项目	q10	q25	q50	q75	q90
金融资产价值	0.134 * (0.0689)	0.120 ** (0.0499)	0.0969 *** (0.0270)	0.110 *** (0.0304)	0.0978 ** (0.0396)
耐用消费品价值	-0.0286 (0.0596)	0.0405 (0.0431)	0.0385 * (0.0233)	0.0140 (0.0263)	0.0540 (0.0342)
常数项	-1.492 (5.371)	4.961 (3.887)	5.531 *** (2.102)	5.642 ** (2.373)	6.374 ** (3.086)
样本容量	312	312	312	312	312
Pseudo R^2	0.2058	0.1818	0.1905	0.1755	0.2088

注：括号中为标准误，*** 、** 、* 分别表示在1%、5%和10%的水平上显著。

附表30　　　　　　　　1995 年中部地区的代际收入弹性

项目	q10	q25	q50	q75	q90
父代收入	0.160 (0.292)	0.358 (0.254)	0.370 ** (0.162)	0.616 *** (0.217)	0.269 (0.166)
子代性别	0.132 (0.168)	0.0497 (0.147)	0.113 (0.0935)	0.114 (0.125)	0.0609 (0.0958)
子代年龄	0.324 (0.283)	0.249 (0.246)	-0.0163 (0.157)	-0.0189 (0.210)	0.181 (0.161)
子代年龄的平方	-0.00689 (0.00564)	-0.00579 (0.00491)	-0.0000425 (0.00313)	0.0000728 (0.00419)	-0.00395 (0.00320)
父代年龄	-0.978 * (0.580)	-0.368 (0.505)	-0.0358 (0.322)	-0.0292 (0.431)	-0.0349 (0.330)
父代年龄的平方	0.00938 * (0.00555)	0.00359 (0.00484)	0.000424 (0.00308)	0.000308 (0.00413)	0.000499 (0.00316)
金融资产价值	-0.0985 (0.0912)	0.0596 (0.0795)	0.134 *** (0.0506)	0.0529 (0.0678)	0.0403 (0.0519)

续表

项目	q10	q25	q50	q75	q90
耐用消费品价值	0.198 * (0.109)	−0.0284 (0.0947)	−0.0565 (0.0603)	−0.0516 (0.0808)	0.0431 (0.0618)
常数项	26.71 * (14.70)	11.08 (12.81)	5.118 (8.154)	3.846 (10.93)	3.795 (8.355)
样本容量	103	103	103	103	103
Pseudo R^2	0.0957	0.0901	0.1175	0.1430	0.1385

注：括号中为标准误，*** 、** 、* 分别表示在 1% 、5% 和 10% 的水平上显著。

附表 31　　　　　　　　　**1999 年中部地区的代际收入弹性**

项目	q10	q25	q50	q75	q90
父代收入	0.0482 (0.405)	0.00524 (0.503)	0.00524 (0.503)	0.405 (0.791)	0.394 (0.677)
子代性别	0.324 (0.300)	0.188 (0.362)	0.122 (0.399)	0.177 (0.591)	0.124 (0.452)
子代年龄	−0.938 (0.917)	−0.961 (1.110)	−0.599 (1.323)	−0.434 (1.496)	0.0236 (1.131)
子代年龄的平方	0.0210 (0.0193)	0.0206 (0.0222)	0.0136 (0.0268)	0.00880 (0.0304)	0.000375 (0.0237)
父代年龄	0.551 (1.419)	1.093 (1.802)	1.768 (1.900)	1.666 (2.045)	2.431 (1.615)
父代年龄的平方	−0.00537 (0.0133)	−0.0104 (0.0170)	−0.0171 (0.0179)	−0.0159 (0.0194)	−0.0237 (0.0159)
金融资产价值	0.00617 (0.145)	−0.148 (0.142)	−0.128 (0.241)	−0.0560 (0.180)	−0.100 (0.245)
耐用消费品价值	−0.617 * (0.298)	−0.557 (0.415)	−0.846 ** (0.338)	−0.110 (0.529)	−0.190 (0.536)

续表

项目	q10	q25	q50	q75	q90
常数项	9.270 (32.46)	-2.858 (37.31)	-23.22 (45.12)	-31.51 (47.92)	-54.55 (39.49)
样本容量	26	26	26	26	26
Pseudo R²	0.5004	0.3483	0.3345	0.2076	0.2318

注：括号中为标准误，*** 、 ** 、 * 分别表示在1%、5%和10%的水平上显著。

附表32 　　　　2002年中部地区的代际收入弹性

项目	q10	q25	q50	q75	q90
父代收入	0.0406 (0.187)	0.0185 (0.110)	0.172 ** (0.0829)	0.210 *** (0.0752)	0.260 ** (0.100)
子代性别	-0.148 (0.186)	0.0594 (0.109)	0.0746 (0.0827)	-0.0283 (0.0750)	-0.0156 (0.1000)
子代年龄	0.333 (0.281)	0.453 *** (0.165)	0.388 *** (0.125)	0.284 ** (0.113)	0.290 * (0.151)
子代年龄的平方	-0.00467 (0.00500)	-0.00790 *** (0.00293)	-0.00680 *** (0.00222)	-0.00495 ** (0.00201)	-0.00538 ** (0.00268)
父代年龄	-0.408 (0.344)	-0.367 * (0.202)	-0.264 * (0.152)	-0.141 (0.138)	-0.0481 (0.184)
父代年龄的平方	0.00343 (0.00309)	0.00342 * (0.00181)	0.00242 * (0.00137)	0.00142 (0.00124)	0.000670 (0.00166)
金融资产价值	0.0299 (0.0808)	0.0875 * (0.0474)	0.0681 * (0.0359)	0.0805 ** (0.032)	0.0857 ** (0.0434)
耐用消费品价值	0.154 (0.104)	0.0978 (0.0608)	0.0867 * (0.0460)	0.0298 (0.0417)	0.0641 (0.0556)
常数项	12.67 (8.561)	9.980 ** (5.022)	7.353 * (3.798)	5.463 (3.445)	2.214 (4.591)

项目	q10	q25	q50	q75	q90
样本容量	192	192	192	192	192
Pseudo R^2	0.1234	0.1127	0.1054	0.1567	0.1699

注：括号中为标准误，*** 、** 、* 分别表示在1%、5%和10%的水平上显著。

附表33　　　　　　　　**2008 年中部地区的代际收入弹性**

项目	q10	q25	q50	q75	q90
父代收入	0.251 ** (0.120)	0.269 * (0.156)	0.212 (0.127)	0.186 (0.145)	0.127 (0.132)
子代性别	0.0223 (0.0924)	0.148 (0.120)	0.159 (0.0977)	0.118 (0.112)	0.0449 (0.101)
子代年龄	−0.0345 (0.227)	0.0497 (0.294)	0.131 (0.240)	0.227 (0.274)	0.0614 (0.249)
子代年龄的平方	0.000534 (0.00436)	−0.000799 (0.00565)	−0.00200 (0.00460)	−0.00343 (0.00525)	−0.000897 (0.00478)
父代年龄	−0.412 ** (0.191)	−0.253 (0.248)	−0.223 (0.202)	−0.217 (0.231)	0.163 (0.210)
父代年龄的平方	0.00416 ** (0.00173)	0.00254 (0.00225)	0.00213 (0.00183)	0.00207 (0.00209)	−0.00132 (0.00190)
金融资产价值	−0.0440 (0.0469)	0.0235 (0.0608)	0.0394 (0.0495)	0.00683 (0.0565)	0.0438 (0.0514)
耐用消费品价值	0.0910 * (0.0505)	0.101 (0.0656)	0.0565 (0.0534)	0.0311 (0.0609)	−0.0390 (0.0554)
常数项	16.59 *** (4.588)	10.81 * (5.956)	10.10 ** (4.847)	9.558 * (5.534)	2.953 (5.030)
样本容量	79	79	79	79	79
Pseudo R^2	0.1874	0.1793	0.1969	0.2021	0.1608

注：括号中为标准误，*** 、** 、* 分别表示在1%、5%和10%的水平上显著。

附表 34 　　　　　　　2013 年中部地区的代际收入弹性

项目	q10	q25	q50	q75	q90
父代收入	0.270 (0.209)	0.318 *** (0.0775)	0.274 *** (0.0586)	0.312 *** (0.0868)	0.392 *** (0.0955)
子代性别	0.0761 (0.223)	0.160 * (0.0826)	0.110 * (0.0625)	0.161 * (0.0926)	0.270 *** (0.102)
子代年龄	0.125 (0.293)	0.196 * (0.108)	0.0561 (0.0820)	0.140 (0.121)	0.0192 (0.134)
子代年龄的平方	−0.00170 (0.00523)	−0.00319 (0.00194)	−0.000391 (0.00146)	−0.00170 (0.00217)	0.000657 (0.00239)
父代年龄	0.541 (0.349)	0.148 (0.129)	0.204 ** (0.0977)	0.172 (0.145)	0.221 (0.159)
父代年龄的平方	−0.00498 (0.00330)	−0.00142 (0.00122)	−0.00200 ** (0.000923)	−0.00171 (0.00137)	−0.00226 (0.00151)
金融资产价值	−0.0250 (0.0847)	0.00995 (0.0314)	0.00420 (0.0237)	0.0115 (0.0351)	−0.0189 (0.0387)
耐用消费品价值	0.0353 (0.0866)	0.0156 (0.0321)	0.0427 * (0.0242)	0.00805 (0.0359)	−0.0270 (0.0395)
常数项	−10.09 (7.986)	−0.501 (2.957)	0.422 (2.235)	0.136 (3.313)	0.647 (3.645)
样本容量	243	243	243	243	243
Pseudo R^2	0.1287	0.1123	0.1047	0.1213	0.1659

注：括号中为标准误，*** 、** 、* 分别表示在1%、5%和10%的水平上显著。

附表 35 　　　　　　　1995 年西部地区的代际收入弹性

项目	q10	q25	q50	q75	q90
父代收入	0.612 *** (0.190)	0.658 *** (0.236)	0.686 ** (0.304)	0.448 *** (0.159)	0.333 ** (0.130)

项目	q10	q25	q50	q75	q90
子代性别	− 0. 112 (0. 0969)	− 0. 0908 (0. 120)	0. 0776 (0. 155)	0. 128 (0. 0809)	0. 167 ** (0. 0663)
子代年龄	− 0. 00464 (0. 230)	0. 557 * (0. 285)	0. 208 (0. 367)	0. 222 (0. 192)	0. 323 ** (0. 157)
子代年龄的平方	0. 00132 (0. 00477)	− 0. 0102 * (0. 00592)	− 0. 00414 (0. 00763)	− 0. 00495 (0. 00398)	− 0. 00714 ** (0. 00326)
父代年龄	0. 817 ** (0. 322)	− 0. 337 (0. 400)	0. 398 (0. 516)	− 0. 302 (0. 269)	− 0. 673 *** (0. 221)
父代年龄的平方	− 0. 00826 *** (0. 00309)	0. 00274 (0. 00383)	− 0. 00400 (0. 00494)	0. 00297 (0. 00258)	0. 00659 *** (0. 00211)
金融资产价值	0. 00727 (0. 0444)	0. 0103 (0. 0551)	0. 00611 (0. 0710)	0. 0383 (0. 0371)	0. 0639 ** (0. 0304)
耐用消费品价值	− 0. 0592 (0. 0603)	− 0. 0523 (0. 0749)	0. 0105 (0. 0965)	0. 0757 (0. 0504)	0. 0573 (0. 0413)
常数项	− 17. 96 ** (7. 878)	5. 110 (9. 776)	− 10. 56 (12. 60)	8. 493 (6. 576)	17. 83 *** (5. 391)
样本容量	79	79	79	79	79
Pseudo R^2	0. 0957	0. 0901	0. 1175	0. 1430	0. 1385

注：括号中为标准误，***、**、* 分别表示在 1%、5% 和 10% 的水平上显著。

附表 36　　　　　　　　1999 年西部地区的代际收入弹性

项目	q10	q25	q50	q75	q90
父代收入	0. 739 (0. 548)	0. 612 * (0. 349)	0. 608 * (0. 354)	0. 505 (0. 381)	0. 412 * (0. 220)
子代性别	0. 658 * (0. 378)	− 0. 0454 (0. 298)	− 0. 291 * (0. 160)	− 0. 0748 (0. 259)	− 0. 258 (0. 242)

续表

项目	q10	q25	q50	q75	q90
子代年龄	0.992 (0.917)	0.0477 (0.977)	−0.757 (0.776)	−0.655 (1.073)	−0.433 (0.963)
子代年龄的平方	−0.0192 (0.0192)	0.00188 (0.0200)	0.0163 (0.0153)	0.0141 (0.0216)	0.0121 (0.0199)
父代年龄	−1.375 (1.554)	0.635 (0.774)	0.848 (1.050)	1.494 (0.982)	1.104 (1.072)
父代年龄的平方	0.0127 (0.0148)	−0.00663 (0.00748)	−0.00785 (0.00984)	−0.0139 (0.00898)	−0.0109 (0.00983)
金融资产价值	−0.0565 (0.264)	0.164 (0.165)	0.0611 (0.0963)	0.0839 (0.105)	−0.0583 (0.125)
耐用消费品价值	0.193 (0.297)	0.218 (0.296)	0.148 (0.217)	0.254 (0.201)	0.564 ** (0.262)
常数项	24.16 (44.40)	−18.00 (25.86)	−12.83 (26.70)	−31.38 (21.51)	−23.60 (27.48)
样本容量	40	40	40	40	40
Pseudo R^2	0.5004	0.3483	0.3345	0.2076	0.2318

注：括号中为标准误，***、**、*分别表示在1%、5%和10%的水平上显著。

附表 37　　　　2002 年西部地区的代际收入弹性

项目	q10	q25	q50	q75	q90
父代收入	0.272 (0.301)	0.487 *** (0.177)	0.309 ** (0.127)	0.260 * (0.143)	0.0277 (0.245)
子代性别	−0.123 (0.283)	−0.0460 (0.166)	0.0603 (0.119)	−0.00367 (0.134)	−0.0899 (0.230)
子代年龄	−0.271 (0.341)	−0.220 (0.200)	−0.123 (0.144)	−0.103 (0.162)	−0.145 (0.278)

项目	q10	q25	q50	q75	q90
子代年龄的平方	0.00536 (0.00593)	0.00445 (0.00347)	0.00222 (0.00250)	0.00171 (0.00281)	0.00179 (0.00482)
父代年龄	0.269 (0.493)	0.410 (0.289)	0.382* (0.208)	0.317 (0.233)	0.0244 (0.401)
父代年龄的平方	-0.00270 (0.00437)	-0.00388 (0.00256)	-0.00347* (0.00184)	-0.00276 (0.00207)	0.0000392 (0.00356)
金融资产价值	0.00959 (0.119)	0.0379 (0.0700)	0.0719 (0.0504)	0.134** (0.0566)	0.202** (0.0972)
耐用消费品价值	0.371** (0.172)	0.150 (0.101)	0.108 (0.0726)	0.149* (0.0815)	0.125 (0.140)
常数项	-1.104 (12.47)	-5.907 (7.304)	-4.606 (5.258)	-3.594 (5.905)	7.059 (10.15)
样本容量	140	140	140	140	140
Pseudo R^2	0.1234	0.1127	0.1054	0.1567	0.1699

注：括号中为标准误，***、**、*分别表示在1%、5%和10%的水平上显著。

附表38　　　　2008 年西部地区的代际收入弹性

项目	q10	q25	q50	q75	q90
父代收入	0.190** (0.0789)	0.226* (0.121)	0.289 (0.186)	0.336 (0.254)	0.235 (0.175)
子代性别	0.194*** (0.0629)	0.243** (0.0962)	0.213 (0.148)	0.211 (0.202)	0.0509 (0.140)
子代年龄	0.183 (0.118)	0.212 (0.181)	0.352 (0.278)	-0.135 (0.380)	-0.273 (0.263)
子代年龄的平方	-0.00357 (0.00238)	-0.00436 (0.00365)	-0.00704 (0.00562)	0.00322 (0.00767)	0.00647 (0.00530)

项目	q10	q25	q50	q75	q90
父代年龄	0. 0614 (0. 182)	0. 358 (0. 279)	0. 818 * (0. 429)	0. 591 (0. 586)	0. 898 ** (0. 405)
父代年龄的平方	− 0. 000581 (0. 00171)	− 0. 00327 (0. 00262)	− 0. 00754 * (0. 00403)	− 0. 00569 (0. 00550)	− 0. 00862 ** (0. 00380)
金融资产价值	− 0. 00113 (0. 0300)	0. 0892 * (0. 0460)	0. 0700 (0. 0708)	0. 105 (0. 0967)	0. 153 ** (0. 0668)
耐用消费品价值	− 0. 0392 (0. 0294)	− 0. 0137 (0. 0449)	− 0. 0366 (0. 0692)	0. 0274 (0. 0945)	0. 0199 (0. 0653)
常数项	3. 890 (4. 064)	− 5. 612 (6. 223)	− 19. 20 * (9. 582)	− 8. 078 (13. 09)	− 13. 48 (9. 040)
样本容量	46	46	46	46	46
Pseudo R^2	0. 1874	0. 1793	0. 1969	0. 2021	0. 1608

注：括号中为标准误，*** 、** 、*分别表示在1%、5%和10%的水平上显著。

附表39　　　　　　　　　　**2013 年西部地区的代际收入弹性**

项目	q10	q25	q50	q75	q90
父代收入	0. 579 ** (0. 262)	0. 444 *** (0. 146)	0. 358 *** (0. 0978)	0. 230 ** (0. 105)	0. 0458 (0. 103)
子代性别	0. 0973 (0. 299)	0. 200 (0. 166)	0. 155 (0. 111)	0. 139 (0. 119)	0. 124 (0. 117)
子代年龄	− 0. 0604 (0. 332)	− 0. 135 (0. 185)	− 0. 0466 (0. 124)	− 0. 0170 (0. 133)	0. 149 (0. 130)
子代年龄的平方	0. 00127 (0. 00593)	0. 00336 (0. 00330)	0. 00165 (0. 00221)	0. 000845 (0. 00237)	− 0. 00230 (0. 00232)
父代年龄	0. 300 (0. 450)	0. 344 (0. 251)	0. 179 (0. 168)	0. 186 (0. 180)	− 0. 0233 (0. 176)

项目	q10	q25	q50	q75	q90
父代年龄的平方	−0.00252 (0.00419)	−0.00329 (0.00233)	−0.00173 (0.00156)	−0.00170 (0.00167)	0.000362 (0.00164)
金融资产价值	0.190 (0.116)	0.0834 (0.0643)	0.127 *** (0.0431)	0.0405 (0.0462)	0.0485 (0.0453)
耐用消费品价值	0.138 (0.125)	0.0874 (0.0694)	0.0689 (0.0465)	0.0975 * (0.0499)	0.0655 (0.0489)
常数项	−7.993 (9.897)	−4.319 (5.509)	−0.183 (3.691)	1.315 (3.955)	6.753 * (3.878)
样本容量	116	116	116	116	116
Pseudo R^2	0.1287	0.1123	0.1047	0.1213	0.1659

注：括号中为标准误，***、**、*分别表示在1%、5%和10%的水平上显著。

附表40　分收入阶层信贷约束影响代际收入弹性实证结果的稳健性检验

项目	10% (1)	25% (2)	50% (3)	75% (4)	90% (5)
fw	0.437 *** (0.061)	0.251 *** (0.032)	0.140 *** (0.019)	0.100 *** (0.019)	0.137 *** (0.024)
cc · fw	−0.017 (0.098)	0.121 ** (0.051)	0.101 *** (0.031)	0.024 (0.030)	−0.047 (0.038)
cc	0.054 (0.959)	−1.279 ** (0.499)	−1.088 *** (0.304)	−0.313 (0.291)	0.402 (0.374)
cage	0.222 *** (0.085)	0.130 *** (0.044)	0.142 *** (0.027)	0.113 *** (0.026)	0.120 *** (0.033)
cage^2	−0.003 ** (0.002)	−0.002 ** (0.001)	−0.002 *** (0.000)	−0.002 *** (0.000)	−0.002 *** (0.001)

续表

项目	10% （1）	25% （2）	50% （3）	75% （4）	90% （5）
fage	0.073 （0.125）	0.027 （0.065）	−0.011 （0.040）	−0.007 （0.038）	−0.001 （0.049）
fage^2	−0.000 （0.001）	−0.000 （0.001）	0.000 （0.000）	0.000 （0.000）	0.000 （0.000）
cpol	0.342 * （0.202）	0.170 （0.105）	0.240 *** （0.064）	0.224 *** （0.06）	0.179 ** （0.079）
cgen	−0.106 （0.094）	−0.090 * （0.049）	−0.100 *** （0.030）	−0.123 *** （0.029）	−0.124 *** （0.037）
cmar	−0.117 （0.097）	−0.048 （0.051）	−0.026 （0.031）	0.023 （0.030）	−0.077 ** （0.038）
pro	−0.152 ** （0.068）	−0.087 ** （0.035）	−0.040 * （0.021）	−0.009 （0.021）	0.038 （0.026）
fe	−0.031 （0.065）	0.013 （0.034）	0.027 （0.021）	0.041 ** （0.020）	0.049 * （0.025）
常数项	−0.303 （2.856）	4.539 *** （1.487）	6.873 *** （0.905）	7.853 *** （0.866）	7.131 *** （1.113）
Pseudo R^2	0.1213	0.1067	0.0919	0.0739	0.0969
N	2272	2272	2272	2272	2272

注：*、**、*** 分别表示在10%、5%和1%水平上显著，括号中为标准误。

附表41　分收入阶层信贷约束影响代际收入传递机制实证结果的稳健性检验

项目	10% （1）	25% （2）	50% （3）	75% （4）	90% （5）
fw	0.445 *** （0.064）	0.252 *** （0.033）	0.113 *** （0.019）	0.085 *** （0.017）	0.135 *** （0.025）

续表

项目	10% （1）	25% （2）	50% （3）	75% （4）	90% （5）
cc · fw	− 0. 028 （0. 103）	0. 103 * （0. 053）	0. 114 *** （0. 031）	0. 0208 （0. 028）	− 0. 052 （0. 040）
cedu	− 0. 169 ** （0. 070）	− 0. 085 ** （0. 036）	− 0. 050 ** （0. 021）	0. 010 （0. 019）	0. 041 （0. 027）
cc · cedu	− 0. 033 （0. 068）	− 0. 009 （0. 035）	0. 025 （0. 020）	0. 045 ** （0. 018）	0. 019 （0. 026）
cc	− 0. 009 （0. 019）	0. 0194 ** （0. 010）	0. 023 *** （0. 006）	0. 0245 *** （0. 005）	0. 029 *** （0. 007）
cage	0. 004 （0. 032）	− 0. 011 （0. 017）	− 0. 018 * （0. 010）	− 0. 011 （0. 009）	− 0. 016 （0. 012）
cage^2	0. 136 （1. 001）	− 0. 971 * （0. 513）	− 1. 021 *** （0. 298）	− 0. 147 （0. 272）	0. 615 （0. 386）
fage	0. 215 ** （0. 088）	0. 117 ** （0. 045）	0. 129 *** （0. 026）	0. 101 *** （0. 024）	0. 087 ** （0. 034）
fage^2	− 0. 003 ** （0. 002）	− 0. 002 ** （0. 001）	− 0. 002 *** （0. 000）	− 0. 001 *** （0. 000）	− 0. 001 ** （0. 001）
cpol	0. 085 （0. 128）	0. 035 （0. 066）	− 0. 008 （0. 038）	0. 000 （0. 035）	0. 025 （0. 049）
cgen	− 0. 001 （0. 001）	− 0. 000 （0. 001）	0. 000 （0. 000）	0. 000 （0. 000）	− 0. 000 （0. 000）
cmar	0. 317 （0. 212）	0. 091 （0. 109）	0. 167 *** （0. 063）	0. 162 *** （0. 058）	0. 150 * （0. 082）
pro	− 0. 081 （0. 098）	− 0. 102 ** （0. 050）	− 0. 125 *** （0. 029）	− 0. 134 *** （0. 027）	− 0. 171 *** （0. 038）
fe	− 0. 138 （0. 102）	− 0. 016 （0. 052）	− 0. 015 （0. 030）	0. 045 （0. 028）	− 0. 016 （0. 039）

续表

项目	10% (1)	25% (2)	50% (3)	75% (4)	90% (5)
常数项	-0.466 (2.945)	4.372*** (1.509)	7.045*** (0.878)	7.700*** (0.802)	6.806*** (1.135)
β_{11}/β_1	101.83%	100.40%	80.71%	85.00%	98.54%
$1-\beta_{11}/\beta_1$	-1.83%	-0.40%	19.29%	15.00%	1.46%
γ_{11}/γ_1		85.12%	112.87%		
$1-\gamma_{11}/\gamma_1$		14.88%	-12.87%		
Pseudo R^2	0.1216	0.1084	0.0958	0.0820	0.1066
N	2268	2268	2268	2268	2268

注：*、**、***分别表示在10%、5%和1%水平上显著，括号中为标准误。

参 考 文 献

[1] 白永秀，马小勇.农户个体特征对信贷约束的影响：来自陕西的经验证据 [J].中国软科学，2010（90）：148 - 157.

[2] 才国伟，刘剑雄.收入风险、融资约束与人力资本积累——公共教育投资的作用 [J].2014（7）：67 - 80.

[3] 陈斌开，李涛.中国城镇居民家庭资产—负债现状与成因研究 [J].经济研究，2011（S1）：5 - 79.

[4] 陈健，陈杰，高波.信贷约束、房价与居民消费率——基于面板门槛模型的研究 [J].金融研究，2012（4）：45 - 57.

[5] 陈杰，苏群，周宁.农村居民代际收入流动性及传递机制分析 [J].中国农村经济，2016（3）：36 - 53.

[6] 陈杰，苏群.我国居民代际收入传递机制研究 [J].江西社会科学，2015（5）：74 - 80.

[7] 陈琳，袁志刚.中国代际收入流动性的趋势与内在传递机制 [J].世界经济，2012（6）：115 - 131.

[8] 陈琳，袁志刚.授之以鱼不如授之以渔？——财富资本、社会资本、人力资本与中国代际收入流动性 [J].复旦学报（社会科学版），2012（4）：99 - 124.

[9] 陈琳.促进代际收入流动：我们需要怎样的公共教育——基于CHNS 和 CFPS 数据的实证分析 [J].中南财经政法大学学报，2015（1）：27 - 33.

[10] 陈琳.中国城镇代际收入弹性研究：测量误差的纠正和收入影

响的识别 [J]. 经济学（季刊），2015（1）：33 – 52.

[11] 陈彦斌，邱哲圣，李方星. 宏观经济学新发展：Bewley 模型 [J]. 经济研究，2010（7）：141 – 151.

[12] 陈永伟，顾佳峰，史宇鹏. 住房财富、信贷约束与城镇家庭教育开支——来 CFPS2010 数据的证据 [J]. 经济研究，2014（1）：89 – 101.

[13] 邸玉娜. 代际流动、教育收益与机会平等——基于微观调查数据的研究 [J]. 经济科学，2014（1）：65 – 74.

[14] 方匡南，章紫艺. 社会保障对城乡家庭消费的影响研究 [J]. 统计研究，2013，30（3）：51 – 58.

[15] 方鸣，应瑞瑶. 中国城乡居民的代际收入流动性及分解 [J]. 中国人口·资源环境，2010，20（5）：123 – 128.

[16] 高明，刘玉珍. 跨国家庭金融比较：理论与政策意涵 [J]. 经济研究，2013（2）：134 – 149.

[17] 郭丛斌，闵维方. 中国城镇居民教育与收入代际流动的关系研究 [J]. 教育研究，2007（5）：3 – 14.

[18] 郭建军，王磊，苏应生. 样本选择性偏误、TS2SLS 估计与我国代际收入流动性水平 [J]. 统计研究，2017（8）：120 – 128.

[19] 郭士祺，梁平汉. 社会互动、信息渠道与家庭股市参与——基于 2011 年中国家庭金融调查的实证研究 [J]. 经济研究，2014（S1）：116 – 131.

[20] 韩军辉. 机会不等与收入不均：城乡家庭收入的代际流动 [J]. 华南农业大学学报（社会科学版），2010（3）：72 – 78.

[21] 韩军辉. 基于面板数据的代际收入流动研究 [J]. 中南财经政法大学学报，2010（4）：21 – 25.

[22] 韩俊，罗丹，程郁. 信贷约束下农户借贷需求行为的实证研究 [J]. 农村经济问题，2007（2）：44 – 53.

[23] 何丽芬. 家庭金融研究的回顾与展望 [J]. 科学决策，2010b（6）：79 – 94.

［24］何丽芬. 家庭金融资产结构的国际比较及启示［J］. 国际经济合作, 2010a（5）: 58 – 64.

［25］何石军, 黄桂田. 中国社会的代际收入流动性趋势: 2000 – 2009［J］. 金融研究, 2013（2）: 19 – 32.

［26］何石军. 中国社会的代际收入流动性趋势: 2000 ~ 2009［J］. 金融研究, 2013（2）: 19 – 32.

［27］何石军. 代际网络、父辈权力与子女收入——基于中国家庭动态跟踪调查数据的分析［J］. 经济科学, 2013（4）: 65 – 78.

［28］胡洪曙, 亓寿伟. 中国居民家庭收入分配的收入代际流动性［J］. 中南财经政法大学学报, 2014（2）: 20 – 29.

［29］胡振, 王春燕, 臧日宏. 家庭异质性与金融资产配置行为——基于中国城镇家庭的实证研究［J］. 管理现代化, 2015（2）: 16 – 18.

［30］黄潇. 如何预防贫困的马太效应——代际收入流动视角［J］. 经济管理, 2014（5）: 153 – 163.

［31］贾俊雪, 郭庆旺, 宁静. 传统文化信念、社会保障与经济增长［J］. 世界经济, 2011（8）: 3 – 18.

［32］江求川. 中国代际收入流动性估计: 基于随机系数模型［J］. 南方经济, 2017（5）: 66 – 82.

［33］孔丹凤, 吉野直行. 中国家庭部门流量金融资产配置行为分析［J］. 金融研究, 2010（3）: 24 – 33.

［34］孔荣, 陈传梅, 衣明卉. 农户正规信贷可得性影响因素的实证分析——以江西省 756 户农户的调查为例［J］. 农业经济与管理, 2010（3）: 36 – 45.

［35］李超, 商玉萍, 李芳芝. 中国居民代际收入差距对代际收入流动的影响研究［J］. 云南财经大学学报, 2018（1）: 32 – 46.

［36］李宏彬等. 父母的政治资本如何影响大学生在劳动力市场中的表现?——基于中国高校应届毕业生就业调查的经验研究［J］. 经济学（季刊）, 2012, 11（3）: 1011 – 1026.

[37] 李力行，周广肃．家庭借贷约束、公共教育支出与社会流动性 [J]．经济学（季刊），2014，14（1）：65-82.

[38] 李庆海，李锐，汪三贵．农户信贷配给及其福利损失——基于面板数据的分析 [J]．数量经济技术经济研究，2012（8）：35-49.

[39] 李任玉，陈悉榕，甘犁．代际流动性趋势及其分解：增长、排序与离散效应 [J]．经济研究，2017（9）：165-181.

[40] 李锐，朱喜．农户金融抑制及其福利损失的计量分析 [J]．经济研究，2007（2）：146-155.

[41] 李涛．社会互动、信任与股市参与 [J]．经济研究，2006（1）：34-45.

[42] 李小胜．中国城乡居民代际收入流动分析 [J]．统计与信息论坛，2011（9）：48-54.

[43] 李岩，赵翠霞，兰庆高．农户正规供给型信贷约束现状及影响因素——基于农村信用社实证数据分析 [J]．农业经济问题，2013（10）：41-48.

[44] 李祎雯，张兵．非正规金融对农村家庭创业的影响机制研究 [J]．经济科学，2016（2）：93-115.

[45] 李勇辉，李小琴．人力资本投资、劳动力迁移与代际收入流动性 [J]．云南财经大学学报，2016（5）：39-50.

[46] 李长生，张文棋．农户正规信贷需求和信贷约束——基于江西省的调查 [J]．农林经济管理学报，2014，13（4）：406-413.

[47] 林莞娟，张戈．教育的代际流动：来自中国学制改革的证据 [J]．北京师范大学学报（社会科学版），2015（2）：118-129.

[48] 林建浩，吴冰燕，李仲达．家庭融资中的有效社会网络：朋友圈还是宗族？[J]．金融研究，2016（1）：130-144.

[49] 刘辉煌，吴伟．我国家庭信贷状况研究：基于 CHFS 微观数据的分析 [J]．商业经济与管理，2014（8）：81-88.

[50] 刘建和，胡跃峰．基于家庭金融性资产与借贷规模的居民收入

代际传递研究 [J]. 海南金融，2014 (3)：4 - 9.

[51] 刘建和，邢慧敏，黄林峰. 我国居民金融性资产收入代际传递影响因素研究 [J]. 商业研究，2016 (473)：54 - 63.

[52] 刘进军. 中国城镇居民家庭异质性与风险金融资产投资 [J]. 经济问题，2015 (3)：51 - 60.

[53] 刘奕君. 中国居民收入的代际流动及其趋势 [J]. 南大商学评论，2014，11 (3)：22 - 43.

[54] 龙翠红，王潇. 中国代际收入流动性及传递机制研究 [J]. 华东师范大学学报，2014 (5)：156 - 164.

[55] 鲁强. 农村金融排斥的区域差异与影响因素——理论分析与实证检验 [J]. 金融论坛，2014 (1)：17 - 28.

[56] 吕光明，李莹. 中国居民代际收入弹性的变异及影响研究 [J]. 厦门大学学报，2017 (3)：35 - 45.

[57] 马九杰，吴本健，周向阳. 农村金融欠发展的表现、成因与普惠金融体系构建 [J]. 理论探讨，2013 (2)：74 - 78.

[58] 马双，赵朋飞. 金融知识、家庭创业与信贷约束，投资研究 [J]. 2015 (1)：25 - 38.

[59] 孟亦佳. 认知能力与家庭资产选择 [J]. 经济研究，2014 (S1)：132 - 142.

[60] 宁国强，兰庆高，武翔宇. 种粮大户正规信贷约束程度的测度与分析 [J]. 华南农业大学学报（社会科学版），2016 (4)：31 - 41.

[61] 史代敏、宋艳. 居民家庭金融资产选择的实证研究 [J]. 统计研究，2005 (10)：43 - 49.

[62] 宋光辉，徐青松. 股市投资功能与居民金融资产多元化发展 [J]. 经济经纬，2006 (1)：144 - 145.

[63] 宋铮. 中国居民储蓄行为研究 [J]. 金融研究，1999 (6)：46 - 50.

[64] 孙三百，黄薇，洪俊杰. 劳动力自由迁移为何如此重要？——

基于代际收入流动的视角 [J]. 经济研究, 2012 (5): 147-159.

[65] 谭远发. 父母政治资本如何影响子女工资溢价: "拼爹" 还是 "拼搏"? [J]. 管理世界, 2015 (3): 22-33.

[66] 王聪, 田存志. 股市参与、参与程度及其影响因素 [J]. 经济研究, 2012 (10): 97-107.

[67] 王聪, 张海云. 中美家庭金融资产选择行为的差异及其原因分析 [J]. 国际金融研究, 2010 (6): 55-61.

[68] 王定祥等. 贫困型农户信贷需求与信贷行为实证研究 [J]. 金融研究, 2011 (5): 124-138.

[69] 王刚贞, 左腾飞. 城镇居民家庭金融资产选择行为的实证分析 [J]. 财经纵横, 2015 (12): 151-154.

[70] 王海港. 中国居民收入分配的代际流动 [J]. 经济科学, 2005 (2): 18-25.

[71] 王美今, 李仲达. 中国居民收入代际流动性测度——"二代" 现象经济分析 [J]. 中山大学学报 (社会科学版), 2012 (1): 172-181.

[72] 王学龙, 袁易明. 中国社会代际流动性之变迁: 趋势与原因 [J]. 经济研究, 2015 (9): 58-71.

[73] 魏昊等. 粮食种植户风险态度对信贷约束效果的影响——基于四省农户调查的实证分析 [J]. 农林经济管理学报, 2016, 15 (4): 405-416.

[74] 吴卫星, 易尽然, 郑建明. 中国居民家庭投资结构: 基于生命周期、财富和住房的实证分析 [J]. 经济研究, 2010 (S): 72-82.

[75] 吴卫星, 启天翔. 流动性、生命周期与投资组合相异性——中国投资者行为调查实证分析 [J]. 经济研究, 2007 (2): 97-110.

[76] 吴雨, 宋全云, 尹志超. 农户正规信贷获得和信贷渠道偏好分析——基于金融知识水平和受教育水平视角的解释 [J]. 中国农村金融, 2016 (5): 43-55.

[77] 徐晓红. 中国城乡居民收入差距代际传递变动趋势: 2002—2012 [J]. 中国工业经济, 2015 (3): 5-17.

[78] 严斌剑，王琪瑶. 城乡代际收入流动性的变迁及其影响因素分析 [J]. 统计观察，2014 (17)：91 - 95.

[79] 杨娟，赖德胜，邱牧远. 如何通过教育缓解收入不平等？[J]. 经济研究，2015 (9)：86 - 99.

[80] 杨娟，张绘. 中国城镇居民代际收入流动性的变化趋势 [J]. 财政研究，2015 (7)：40 - 45.

[81] 杨娟、赖德胜、邱牧远. 如何通过教育缓解收入不平等 [J]. 经济研究，2015 (9)：86 - 99.

[82] 杨瑞龙，王宇锋，刘和旺. 父亲政治身份、政治关系和子女收入 [J]. 经济学 (季刊)，2010，9 (3)：873 - 892.

[83] 杨瑞龙. 父亲政治身份、政治关系和子女收入 [J]. 经济学 (季刊)，2010 (3)：871 - 890.

[84] 杨亚平，施正政. 中国代际收入传递的因果机制研究 [J]. 上海经济研究，2016 (3)：61 - 72.

[85] 姚先国，赵丽秋. 中国代际收入流动性与传递路径研究：1989 - 2000，第六届中国经济学年会入选论文.

[86] 易纲，宋旺. 中国金融资产结构演进：1991 - 2007 [J]. 经济研究，2008 (8)：4 - 15.

[87] 易小兰. 农户正规借贷需求及其正规贷款可获性的影响因素分析 [J]. 中国农村经济，2012 (2)：56 - 64.

[88] 尹志超，吴雨，甘犁. 金融可得性、金融市场参与和家庭资产选择 [J]. 经济研究，2015 (3)：87 - 99.

[89] 于雪. 我国居民金融资产的新变化与国际比较研究 [J]. 统计研究，2011 (6)：16 - 21.

[90] 张号栋，尹志超. 金融知识和中国家庭的金融排斥——基于 CHFS 数据的实证研究 [J]. 金融研究，2016 (7)：80 - 95.

[91] 张建华. 一种简便易用的基尼系数计算方法 [J]. 山西农业大学学报社会科学版，2007 (3)：275 - 283.

［92］张林，冉光和．加入农村资金互助会可以提高农户的信贷可得性吗？——基于四川7个贫困县的调查［J］．经济与管理研究，2016，37（2）：70－76．

［93］张琳琬，吴卫星．风险态度与居民财富——来自中国微观调查的新探究［J］．金融研究，2016（4）：115－127．

［94］张顺．城市居民代际职业流动性变迁及其阶层差异［J］．中国人口科学，2017（3）：43－54．

［95］张学勇，贾深．居民金融资产结构的影响因素—基于河北省的调查研究［J］．金融研究，2010（3）：34－44．

［96］赵静．养老保险对家庭教育支出的影响——基于世代交叠模型的分析［J］．中国经济问题，2014（7）：75－87．

［97］钟春平，孙焕民，徐长生．信贷约束、信贷需求与农户借贷行为：安徽的经验数据［J］．金融研究，2010（11）：189－206．

［98］周波，苏佳．财政教育支出与代际收入流动性［J］．世界经济，2012，（12）：41－62．

［99］周波．财政教育支出与代际收入流动性［J］．世界经济，2012（12）：41－61．

［100］周铭山，孙磊，刘玉珍．社会互动、相对财富关注及股市参与［J］．金融研究，2011（2）：172－184．

［101］周兴，王芳．城乡居民家庭代际收入流动的比较研究［J］．人口学刊，2014（2）：64－73．

［102］周兴，王芳．中国城乡居民的收入流动、收入差距与社会福利［J］．管理世界，2010（5）：54－74．

［103］周兴，张鹏．代际间的收入流动及其对居民收入差距的影响［J］．中国人口科学，2013（5）：50－59．

［104］周兴．代际间的职业流动与收入流动——来自中国城乡家庭的经验研究［J］．经济学（季刊），2014（1）：351－372．

［105］周月书，刘茂彬．基于生命周期理论的居民家庭金融资产结构

影响分析 [J]. 上海金融, 2014 (12): 11 - 16.

[106] 朱守银等. 中国农村金融市场供给和需求——以传统农区为例 [J]. 管理世界, 2003 (3): 88 - 95.

[107] 朱喜, 马晓青, 史清华. 信誉、财富与农村信贷配给——欠发达地区不同农村金融机构的供给行为研究 [J]. 财经研究, 2009 (8): 4 - 15.

[108] 朱信凯, 刘刚. 二元金融体制与农户消费信贷选择——对合会的解释与分析 [J]. 经济研究, 2009 (2): 43 - 55.

[109] 卓玛草, 孔祥利. 农民工代际收入流动性与传递路径贡献率分解研究 [J]. 经济评论, 2016 (6): 123 - 135.

[110] Ahlin C., Lin, Maio M.. Where does Micro-finance Flourish? Micro-finance Institution Performance in Macroeconomic Context [J]. *Journal of Development Economics*, 2010, 5 (3): 509 - 516.

[111] Aiyagari, S. R. Uninsured Idiosyncratic Risk and Aggregate Saving [J]. *Quarterly Journal of Economics*, 1994, 109 (3): 659 - 684.

[112] Antoni C. and Matthew A.. Like Father, Like Son: Social Networks, Human Capital Investment, and Social Mobility [J]. *IDEAS Working Paper Series from RePEc*, 2005.

[113] Atkinson, Anthony B., A. K. Maynard. Evidence on Intergenerational Income Mobility in Britian [J]. *Economics Letter*, 1978.

[114] Bailey M. J. and Dynarski S. M. *Gains and Gaps: Changing Inequality in U. S. College Entry and Completion* [R]. NBER Working Paper Series, Dec 2011.

[115] Bayoumi, T.. Financial Deregulation and Consumption in the United Kingdom [J]. *Review of Economics and Statistics*, 1993, 75 (3): 55 - 84.

[116] Becker G. S., Tomes N. An Equilibrium Theory of the Distribution of Income and Intergenerational Mobility [J]. *Journal of Political Economy*, 1979, 87 (6): 1153 - 1189.

[117] Becker G. S, Tomes N. Human Capital and the Rise and Fall of Families [J]. *Journal of Labor Economics*, 1986, 4 (03): 01 – 39.

[118] Becker, G. S., Tomes, N. Child Endowments, and the Quantity and Quality of Children [J]. *NBER Working Paper Series*, 1976.

[119] Behrman J, Taubman P. Intergenerational Earnings Mobility in the United States: Some Estimates and a Test of Becker's Intergenerational Endowments Model [J]. *Review of Economics and Statistics*, 1985, 67 (01): 144 – 151.

[120] Belley P. and L. Lochner. The Changing Role of Family Income and Ability in Determining Educational Achievement [J]. *Journal of Human Capital*, 2007 (1): 37 – 89.

[121] Besley T., Coate S. and Loury G. Rotating Savings and Credit Associations, Credit Markets and Efficiency [J]. *The Review of Economic Studies*, 1994, 61 (61): 701 – 719.

[122] Bewley, T. F. A Difficulty with the Optimum Quantity of Money [J]. *Econometrica*, 1983 (5): 1485 – 1504.

[123] Bewley, T. F. The Permanent Income Hypothesis: A Theoretical Formulation [J]. *Journal of Economic Theory*, 1977 (2): 252 – 292.

[124] Bhattacharya J., Xiao X., and Wang M. Endogenous Borrowing Constraints and Wealth Inequality [J]. *Macroeconomic Dynamics*, 2016, (20) 6: 1413 – 1431.

[125] Bian. Information and Favoritism: The Network Effect on Wage Income in China [J]. *Social Network*, 2015, 40: 129 – 138.

[126] Bjorklund A., Roine J., and Waldenstrom D. Intergenerational Top Income Mobility in Sweden: Capitalist Dynasties in the Land of Equal Opportunity [J]. *Journal of Public Economics*, 2012, 96 (5 – 6): 474 – 484.

[127] Bjorklund A., et al., Intergenrational Income Mobility in Sweden Compared to the United States [J]. *The American Economic Review*, 1997, (87) 5: 1009 – 1018.

[128] Bjorklund A. , et al. Nature in the Intergenerational Transmission of Socioeconomic Status: Evidence from Swedish and their Biological and Learning parents [J]. *Journal of Economic Analysis and Policy*, 2007, (7) 2: 4 – 25.

[129] Bjorklund Anders and Markus Jantti. Intergenerational Income Mobility in Sweden Compared to the United States [J]. *American Economic Review*, 1977, (87): 1009 – 1018.

[130] Blanden J. *Intergenerational Mobility and Assortative Mating in the UK* [M]. Center for Economic Performance, 2005.

[131] Blanden Jo, Gregg Paul and Macmillan Lindsey. Accounting for Intergenerational Income Persistence: Non-cognitive Skills, Ability and Education [J]. *Economic Journal*, 2007, 117 (519): C43 – C60.

[132] Blanden Jo. Cross-country Rankings in Intergeneration Mobility: A Comparison of Approaches from Economic and Sociology [J]. *Journal of Economic Surveys*, 2011, (6): 1 – 41.

[133] Blanden Jo. Love and money: Intergenerational Mobility and Marital Matching on Parental Income [J]. *Research Paper*, 2005, (272): 01 – 42.

[134] Blau, Peter Michael and Otis Dudley Duncan. *The American Occupational Structure* [M]. New York: Wiley, 1967.

[135] Bourdieu, P. The Forms of Capital, *Handbook of Theory and Research in the Sociology of Education* [M]. West port, CT: Greenwood, 1983.

[136] Bowles, S. and Gintis, H. The Inheritance of Inequality [J]. *Journal of Economic Perspectives*, 2002, 16 (3): 3 – 30.

[137] Caballero, R. J. Consumption Puzzles and Precautionary Savings [J]. *Journal of Monetary Economics*, 1990 (XXV): 113 – 36.

[138] Cagetti, M. and Mariacristina, D. N. Wealth Inequality: Data and Models [J]. *Macroeconomic Dynamics*, 2008 (12): 285 – 313.

[139] Cagetti, M. Wealth Accumulation over the Life Cycle and Precautionary Savings [J]. *Journal of Business and Economic Statistics*, 2003 (3):

339 – 353.

[140] Cameron, S. and C. Taber. Estimation of Educational Borrowing Constraints Using Returns to Schooling [J]. *Journal of Political Economy*, 2004, 112 (1): 132 – 182.

[141] Campbell, J. Y. and Cocco, J. F. Household Risk Management and Optimal Mortgage Choice [J]. *Quarterly Journal of Economics*, 2003 (4): 1449 – 1494.

[142] Campbell, J. Y. Asset Pricing at the Millennium [J]. *Journal of Finance*, 2000 (4): 1515 – 1564.

[143] Campbell, J. Y. Household Finance [J]. *Journal of Finance*, 2006 (61): 1553 – 1604.

[144] Carneiro P. and Heckman J. J. *The Evidence on Credit Constraints in Post – Secondary Schooling* [R]. NBER Working Paper Series, July 2002.

[145] Carroll, C. D. Buffer Stock Saving and the Life – Cycle/Permanent Income Hypotheses [J]. *Quarterly Journal of Economics*, 1997 (1): 1 – 55.

[146] Carroll, C. D. , Dynan, K. E. and Krane, S. S. Unemployment Risk and Precautionary Wealth: Evidence from Households Balance Sheets [J]. *Review of Economics and Statistics*, 2003 (3): 586 – 604.

[147] Chadwick, Laura and Solon Gary. Intergenerational Income Mobility among Daughters [J]. *The American Economic Review*, 2002, 92 (01): 335 – 344.

[148] Charles, Kerwin K. , Hurst, Erik. The Correlation of Wealth across generations [J]. *The Journal of Political Economy*, 2003, 111: 1155 – 1182.

[149] Christelis, D. , Georgarakos, D. and Haliassos, M. Differences in Portfolios across Countries: Economic Environment versus Household Characteristics [J]. *Review of Economics and Statistics*, 2011, Forthcoming.

[150] Coleman J S. Social Capital in the Creation of Human Capital [J]. *American Journal of Sociology*, 1988: S95 – S120.

[151] Corak M, Heisz A. The Intergenerational Income Mobility of Canadian Men [J]. *Canadian Business Economics*, 1995: 59 – 69.

[152] Corak, M. Do Poor Children Become Poor Adults? Lessons from a Cross Country Comparison of Generational Earnings Mobility [R]. IZA Discussion Paper No. 1993, 2006.

[153] Dan A, Fredrik A. Stratification, Social Net-works in the Labor Market and Intergenerational Mobility [J]. *The Economic Journal*, 2007, 117 (520): 782 –812.

[154] Davies, J. B. and Shorrocks, A. F. *The Distribution of Wealth* [M]. Handbook of Income Distributionm, 2000: 605 – 675.

[155] Deng Q, Gustafsson B, Li S. Intergenerational Income Persistence in Urban China [J]. *Review of Income and Wealth*, 2013, 59 (03): 416 –436.

[156] Deng, Q. H. , B. Gustafsson, and S. Li. *Intergenerational Income Persistence in Urban China* [R], IZA DP No. 6907, 2012.

[157] Donald Cox and Tullio Japelli. Credit Rationing and Private Transfers: Evidence from Survey Data [J]. *The Review of Economics and Statistics*, 1990, (72): 445 –454.

[158] Donald Cox and Tullio Japelli. The Effect of Borrowing Constraints on Consumer Liabilities [J]. *Journal of Money, Credit and Banking*, 1993, 25 (2): 197 –213.

[159] Douglas Holtz – Eakin, David Joulfaian, Harvey S. Rosen. Sticking it out: Entrepreneurial Survival and Liquidity Constraints [J]. *The Journal of Political Economy*, 1994, (102) 1: 53 –75.

[160] Dunn C E. The Intergenerational Transmission of Lifetime Earnings: Evidence from Brazil [J]. *Journal of Economic Analysis and Policy*, 2007, 7 (2): 1782 – 1782.

[161] Dynan, K. , Skinner, J. and Zeldes, S. Do the Rich Save More? [J]. *Journal of Political Economy*, 2004 (2): 397 –444.

［162］ Ehrlich, I. and Kim, Jinyong. *Social Security, Demographic Trends, and Economic Growth: Theory and Evidence from the International Experience* ［R］. NBER Working Paper, No. 11121, 2005.

［163］ Eriksson, T. , B. Bernt, and R. Oddbjorn. Earning Persistence across Generations: Transmission through Health ［J］. *Memorandum* NO. 35, 2005.

［164］ Favilukis, J. Inequality, Stock Market Participation, and the Equity Premium ［J］. *Journal of Financial Economics*, 2012, http: //dx. doi. org/ 10. 1016/j. jfineco.

［165］ Fern and Fan, Jianqing and Huang, Tao. Profile Likelihood Inferences on Semiparametric Varying-coefficient Partially Linear Models ［J］. *Bernoulli*, 2005,

［166］ Fernandez, R. and Rogerson, R. Sorting and Long-run Inequality ［M］. *National Bureau of Economic Research*, 2000.

［167］ Fratantoni, M. C. Homeownership and Investment in Risky Assets ［J］. *Journal of Urban Economics*, 1998, 1 (44): 27 – 42.

［168］ Friedman, M. A. *Theory of the Consumption Function* ［M］. Princeton, NJ: Princeton University Press, 1957.

［169］ Gale, W. G. and Scholz, J. K. Intergenerational Transfers and the Accumulation of Wealth ［J］. *Journal of Economic Perspectives*, 1994 (4): 145 – 160.

［170］ Gong, H. , A. Leigh, and X. Meng. Intergenerational Income Mobility in Urban China ［J］. *Review of Income and Wealth*, 2012, (58) 3: 481 – 503.

［171］ Grawe N D. Intergenerational Mobility in the US and Abroad: Quantile and Mean Regression Measures ［J］. *Income*, 2001.

［172］ Greenwood, D. An Estimation of U. S. Family Wealth and Its Distribution from Microdata ［J］. *Review of Income and Wealth*, 1983 (XXIX): 23 – 44.

［173］ Greenwood, J. , et al. *Marry Your Like: Assortative Mating and Income Inequality* ［M］. Social Science Electronic Publishing, 2015, 104 (5): 348 – 53.

［174］ Gregg, P. , et al. *Understanding Income Mobility: the Role of Education for Intergenerational Income Persistence in the US, UK and Sweden* ［R］. DoQSS Working Paper No. 13 – 12, October 2013.

［175］ Guiso L. , Haliassos, M. and Jappelli, T. *Household Portfolio: An International Comparison* ［R］. SSRN 245805, 2010.

［176］ Guiso, L. , Sapienza, P. , and Zingales, L. Trusting the Stock Market ［J］. *Journal of Finance*, 2008 (63): 2557 – 2660.

［177］ Haider, Steven and Solon, Gary. Life – Cycle Variation in the Association between Current and Lifetime Earnings ［J］. *The American Economic Review*, 2006, (96) 4: 1308 – 1320.

［178］ Han, S. and Casey B. Mulligan. Human Capital, Heterogeneity, and Estimated Degrees of Intergenerational Mobility ［J］. *Economic Journal*, 2001, (111) 4: 207 – 273.

［179］ Haoming Liu, Jinli Zeng. Genetic Ability and Intergenerational Earnings Mobility ［J］. *Journal of Population Economics*, 2009, 22 (01): 75 – 95.

［180］ Hayashi, F. The Effect of Liquidity Constraints on Consumption: A Cross – Sectional Analysis ［J］. *The Quarterly Journal of Economics*, 1985, 100 (1): 183 – 206.

［181］ Hertz, B. T. N. *Education, Inequality and Economic Mobility in South Africa* ［J］. 2001, http://www. openthesis. org/documents/Education-inequality-economic-mobility-in – 372913. html.

［182］ Hirvonen, L. Intergenerational Earnings Mobility among Daughters and Sons: Evidence from Sweden and a Comparison with the United States ［J］. *American Journal of Economics and Sociology*, 2008, 67 (5): 777 – 826.

［183］Hochguertel, S. Precautionary Motives and Portfolio Decisions ［J］. *Journal of Applied Econometrics*, 2002 (18): 61 – 77.

［184］Hong, H., Kubik, J. D. and Stein, J. C. Social Interaction and Stock – Market Participation ［J］. *Journal of Finance*, 2004 (59): 137 – 163.

［185］Honge Gong, Andrew, Xin Meng. Intergenerational Income Mobility in Urban China ［J］. *Review of Income and Wealth*, 2012, 58 (03): 481 – 503.

［186］Huggett, M. Wealth Distribution in Life – Cycle Economies ［J］. *Journal of Monetary Economics*, 1996 (3): 469 – 494.

［187］Jantti M. B. et al. *American Exceptionalism in a New Light: A Comparison of Intergeneration Earnings Mobility in the Nordic Countries* ［R］. The United Kingdom and the United States, IZA Discussion paper, No. 1938, 2006.

［188］Jappelli Tullio. Who Is Credit Constrained In The U. S. Economy? ［J］. *The Quarterly Journal of Economics*, 1990, 105 (1): 219 – 234.

［189］Jerrim, J. and Macmillan, L. *Income Mobility, Intergenerational Mobility and the Great Gatsby Curve: Is Education the Key?* ［R］. Department of Quantitative Social Science Working Paper No. 14 – 18, October 2014.

［190］John E., Marco F., Thomas S. Intergenerational Mobility and Maritak Sorting ［J］. *The Economic Journal*, 2006, 116 (513): 659 – 679.

［191］Kaganovich M., Zilcha I. Education, Social Security, and Growth ［J］. *Public Econ*, 1999, 71 (2): 289 – 309.

［192］Keane, M. P., and Kenneth I. W. The Effect of Parental Transfers and Borrowing Constraints on Educational Attainment ［J］. *International Economic Review*, 2001, 42 (4): 1051 – 1103.

［193］Kemnitz, A. and Wigger, B. U. Growth and Social Security: the Role of Human Capital ［J］. *European Journal of Political Economy*, 2000, 16 (4): 673 – 683.

［194］Kennichell, A. B. and McManus, D. A. Sampling for Household Financial Characteristic Using Frame Information on Past Income [J]. *Proceedings of the Section of Survey Research Methods*, ASA, 1993.

[195] Kennichell, A. B. A Rolling Tide: *Change in the Distribution of Wealth in the U. S.*, 1989 – 2001 [R]. FRB Working Paper, 2003.

[196] Kessler, D. and Wolff, E. N. A Comparative Analysis of Household Wealth Patterns in France and the United States [J]. *Review of Income and Wealth*, 1992 (XXXVII): 53 – 73.

[197] Keynes, J. M. *The General Theory of Employment, Interest and Money* [M]. London: Macmillan, 1936.

[198] KK Charles, E Hurst. The Correlation of Wealth Across Generation [J]. *The Journal of Political Economy*, 2003, (111): 1155 – 1182.

[199] Koenker R, Bassett G. . Regression Quantiles [J]. *Econometrica*, 1978, 1 (46): 33 – 50.

[200] Kramarz F, et al. With a Little Help from My Parents? Family Networks and Youth Labor Market Entry [J]. *Citeseer*, 2010.

[201] Kremer, M. *How Much does Sorting Increase Inequality?* [M]. National Bureau of Economic Research, 1996.

[202] Krusell, P. and Smith, A. A. Jr. Income and Wealth Heterogeneity in the Macro-economics [J]. *Journal of Political Economy*, 1998 (5): 867 – 896.

[203] L. Dearden, S. Machin, H. Reed. Intergenerational Mobility in Britian [J]. *Economic Journal*, 1995, 107 (440): 47 – 66.

[204] Laura, C. and Gary, S. Intergenerational Income Mobility among Daughters [J]. *The American Economic Review*, 2002, 92 (1): 335 – 344.

[205] Lawrance, E. Poverty and the Rate of Time Preference: Evidence from Panel Data [J]. *Journal of Political Economy*, 1991 (99): 54 – 77.

[206] Lefranc A. , A. Trannoy. Intergenerational Earnings Mobility in France: Is France More Mobile than the US? [J]. *Journal of Labor Economics*, 2004, 24 (3): 131 – 139.

[207] Lillard L. and Kilburn, R. M. *Intergenerational Earnings Links: Son and Daughters* [R]. Rand Working Paper Series, 1995: 95 – 17.

[208] Lochner, L. J. and Monge – Naranjo A. The Nature of Credit Constraints and Human Capital [J]. *The American Economic Review*, 2011, 101 (6): 2487 – 2529.

[209] Lonnie Magee, John Burbidge, Les Robb. *The Correlation between Husband's and Wife's Education: Canada* [R]. Quantitative Studies in Economics and Population Research Reports, 353, 2000.

[210] Lucas, R. E. B and Kerr, S. P. Intergenerational Income Immobility in Finland: Contrasting Roles for Parental Earnings and Family Income [J]. *Journal of Population Economics*, 2013, 26 (3): 1057 – 1094.

[211] Mankiw, N. G. and Zeldes, S. P. The Consumption of Stockholders and Non – Stockholders [J]. *Journal of Financial Economics*, 1991 (XXIX): 97 – 112.

[212] Mariacristina, D. N. and Yang, F. *Wealth Inequality, Family Background, and Estate Taxation* [R]. NBER Working Paper21047, March 19, 2015.

[213] Mariacristina, D. N. *Quantitative Models of Wealth Inequality: A Survey* [R]. NBER Working Paper 21106, April 2015.

[214] Markowitz, H. M. Portfolio Selection [J]. *Journal of Finance*, 1952 (7): 77 – 91.

[215] Mazumder, B. Sibling Similarities and Economic Inequality in the US [J]. *Journal of Population Economics*, 2008, 21 (3): 685 – 701.

[216] Meng, X. Wealth Accumulation and Distribution in Urban China [J]. *Economic Development and Cultural Change*, 2007 (4): 761 – 791.

[217] Merton, R. C. Lifetime Portfolio Selection under Uncertainty: the Continuous Time Case [J]. *Review of Economics and Statistics*, 1969, 51 (3): 247 – 257.

[218] Modigliani, F. The Role of Intergenerational Transfers and Life Cycle Saving in the Accumulation of Wealth [J]. *Journal of Economic Perspectives*, 1988 (II): 15 – 40.

[219] Morduch J.. The Microfinance Schism [J]. *World Development*, 2000, 23 (38): 617 – 629.

[220] Mulligan, C. B. Calton vs. The Human Capital Approach to Inheritance [J]. *Journal of Political Economy*, 1999, 107 (6): 184 – 224.

[221] Mulligan, C. B. *Parental Priorities and Economic Inequality* [M]. Chicago and London: University of Chicago Press, 1997.

[222] Ng, Irene. Intergenerational Income Mobility in Singapore [J]. *The B. E. Journal of Economic Analysis and Policy*, 2007, 7 (2), Article 3.

[223] Nicoletti, Cheti and John Ermisch. Intergenerational Earnings Mobility: Changes Across Cohorts in Britain [J]. *Journal of Economics Analysis and Policy*, 2007, 7 (2): 16.

[224] Nilsen, O. A. , K. Vaage, A. Arkvik, and K. Jacobsen, Intergenerational Earnings Mobility Revisited: Estimation Based on Lifetime Earnings [J]. *The Scandinavian Journal of Economics*, 2012, 114 (1): 1 – 23.

[225] Nunez, J. I. , and L. Miranda. Intergenerational Income Mobility in a Less-developed, High-inequality Context: The Case of Chile [J]. *The B. E. Journal of Economic Analysis and Policy*, 2010, 10 (1): 1 – 17.

[226] Paul A. Samuelson. An Exact Consumption – Loan Model of Interest with or without the Social Contrivance of Money [J]. *Journal of Political Economy*, 1958, 66 (6): 467 – 482.

[227] Pekkarinen, T. and Kerr, S. . School Tracking and Intergenerational Income Mobility: Evidence from the Finnish Comprehensive School [J]. *Journal of Public Economics*, 2009, 93: 7 – 8.

[228] Pelizzon, L. and Weber, G. Are Household Portfolios Efficient? An Analysis Conditional on Housing [J]. *Journal of Financial and Quantitative*

Analysis, 2008 (43): 401 – 431.

［229］Peter A. Diamond. National Debt in a Neoclassical Growth Model ［J］. *American Economic Review*, 1965, 55 (5): 1126 – 1150.

［230］Quadrini, V. Entrepreneurship, Saving, and Social Mobility ［J］. *Review of Economic Dynamics*, 2000 (1): 1 – 40.

［231］Raj chetty, et al. Where is the Land of Opportunity? The Geography of Intergenerational Mobility in The United States ［J］. *The Quarterly Journal of Economics*, 2014, 11: 1553 – 1626.

［232］Restuccia, D. and Urrutia, C. . Intergenerational Persistence of Earnings: The Role of Early and College Education ［J］. *The American Economic Review*, 2004, 95 (5): 1178 – 1354.

［233］Robert E. B. Lucas, Sari P. K. Intergenerational Income Immobility in Finland: Contrasting Roles for Parental Earnings and Family Income ［J］. *Journal of Population Economics*, 2013, 26 (3): 1057 – 1094.

［234］Rosen, H. S. and Wu, S. Portfolio Choice and Health Status ［J］. *Journal of Financial Economics*, 2004 (72): 457 – 484.

［235］Sacerdote B. How Large are the Effects from Changes in Family Environment? A Study of Korean American Adoptees ［J］. *The Quarterly Journal of Economics*, 2007, 122 (1): 119 – 157.

［236］Sacerdote, B. How Large Are the Effects from Changes in Family Environment? A Study of Korean American Adoptees ［J］. *The Quarterly Journal of Economics*, 2007: 119 – 157.

［237］Sacerdote, B. The Nature and Nurture of Economic Outcomes ［J］. *The American Review*, 2002, 92 (02): 344 – 348.

［238］Samuelson, P. A. Lifetime Portfolio Selection by Dynamic Stochastic Programming ［J］. *Review of Economics and Statistics*, 1969, 2 (51): 239 – 246.

［239］Sarno, L. and M. Taylor. Real Interest Rates, Liquidity Constraints and Financial Deregulation: Private Consumption Behaviour in the U. K. ［J］.

Journal of Macroeconomics, 1998, 20 (2): 221 –242.

[240] Skinner, J. S. Risky Income, Life Cycle Consumption, and Precautionary Savings [J]. *Journal of Monetary Economics*, 1988 (XXII): 237 –55.

[241] Solon G. Intergenerational Income Mobility in the United States [J]. *American Economic Review*, 1992, 82 (03): 393 –408.

[242] Solon G. A. Model of Intergenerational Mobility Variation over Time and Place, Miles Corak (ed.), Generational Income Mobility in North America and Europe (Cambridge University Press, 2004).

[243] Solon, Gary. Biases in the Estimation of Intergenerational Earnings Correlations [J]. *Review of Economics and Statistics*, 1989, 71: 172 –4.

[244] Solon, G.. Intergenerational Income Mobility in the United States [J]. *American Economic Review*, 1992, 82: 393 –408.

[245] Spant, R. Wealth Distribution in Sweden: 1920 –1983 [J]. in E. N. Wolff, ed. International Comparisons of the Distribution of Household Wealth. Clarendon Press, Oxford, 1987: 51 –71.

[246] Stiglitz J. , A. Weiss. Credit Rationing in Markets with Imperfect Information [J]. *American Economic Review*, 1981, 71 (3): 393 –410.

[247] Tor Eriksson, *Bernt Bratsberg and Oddbjorn Raaum. Earnings Persistence across Generations: Transmission Through Health* [R]. Memorandum, 35/2005.

[248] Tran M. C. , et al.. Credit Constraints and Their Impact on Farm Household Welfare: Evidence from Vietnam's North Central Coast Region [J]. *International Journal of Social Economics*, 2016, 43 (8): 782 –803.

[249] Vissing, J. A. *Towards An Explanation of Household Portfolio Choice Heterogeneity: Nonfinancial Income and Participation Cost Structures* [R]. NBER Working Paper, 2002.

[250] Wolff, E. N. Trends in Aggregate Household Wealth in the U. S. , 1900 –1983 [J]. *Review of Income and Wealth*, 1989 (3): 1 –29.

［251］ Worthington, A. C. Household Asset Portfolio Diversification: Evidence from the Household, Income and Labor Dynamics in Australia (HILDA) Survey ［EB/OL］. Working Paper, http://ssrn. com/abstract = 1421567, 2009.

［252］ Yao, R. and Zhang, H. H. Optimal Consumption and Portfolio Choices with Risky Housing and Borrowing Constraints ［J］. *Review of Financial Studies*, 2005 (18): 197 – 239.

［253］ Zeldes, S. P. Consumption and Liquidity Constraints: An Empirical Investigation ［J］. *The Journal of Political Economy*, 1989, 97 (2): 305 – 346.

［254］ Zeldes, S. P. Optimal Consumption with Stochastic Income: Deviations from Certainty Equivalence ［J］. *Quarterly Journal of Economics*, 1989 (CIV): 275 – 98.

［255］ Zhang, Jie and Zhang, Junsen. How Does Social Security Affect Economic Growth? Evidence from Cross-country Data ［J］. *Journal of Population Economics*, 2004, 17 (3): 473 – 500.

［256］ Zhang, Jie. Social Security and Endogenous Growth ［J］. *Journal of Public Economics*, 1995, 58 (2): 185 – 213.

［257］ Zhao, Jianmei, J. Barry, Peter. Effects of Credit Constraints on Rural Household Technical Efficiency: Evidence from A City in Northern China ［J］. *China Agricultural Economic Review*, 2014, 6 (4): 654 – 668.

［258］ Zimmerman, D. J. Regression toward Mediocrity in Economic Stature ［J］. *American Economic Review*, 1992, 82: 409 – 429.